La protection juridique des forêts

Collection **Droit du patrimoine culturel et naturel**
dirigée par Marie Cornu et Jérôme Fromageau

Cette collection, initiée par le Centre de recherche « Droit du patrimoine culturel et naturel » a pour but de développer et enrichir la réflexion sur les objets et modes de protection dans le domaine du patrimoine culturel et naturel. Les questions que soulèvent la conservation, la circulation, la valorisation du patrimoine sollicitent, en effet, ces deux disciplines. Le contexte d'un monument historique, son environnement, le paysage dans lequel il s'inscrit sont souvent essentiels à sa mise en valeur. Le droit de la culture et le droit de l'environnement développent cependant des concepts propres. Ils ne sont pas toujours en accord sur les méthodes et les moyens de protection, d'où l'intérêt de la confrontation et de la comparaison des ressources tirées de ces deux dispositifs.

C'est pourquoi la réflexion doit se renouveler sur les concepts fondamentaux du patrimoine, sur la délimitation des éléments qui méritent protection. Dans la compréhension des différents mécanismes et l'ouverture vers de nouveaux modèles, le droit comparé est essentiel, ainsi que le droit international.

Déjà parus

CHRISTOPHE DOUBOVETZKY, *L'action culturelle territoriale en droit public français*, 2023

VALENTINE MOLINEAU, *Le rôle du musée dans la lutte contre le trafic illicite de biens culturels*, 2023

MARIE CORNU, JEROME FROMAGEAU (sous la direction de), *Les collections privées. Approches historiques et juridiques*, 2022

PERRINE MARX, *La place de la création contemporaine dans la fabrique urbaine. État des lieux juridique de l'initiative artistique dans la ville*, 2021.MYLENE LE ROUX (sous la direction de), *La reconversion du patrimoine public monumental. L'exemple du Grand Hôtel-Dieu de Lyon*, 2020.

GUILLAUME LAMBERT, *Blanchiment et marché de l'art. Le droit et la pratique*, 2020.

SOLENE GRANDJEAN, *La forêt et le droit. La définition de la forêt en droit français*, 2020.

AGATHE LAGAUCHE, *Les musées de France à l'heure de la métropolisation*, 2019.

NATHALIE BETTIO, PIERRE-ALAIN COLLOT (sous la direction de), *Le financement privé du patrimoine culturel*, 2018.

INES LAMOURI, *Les ensembles décoratifs en droit. Enjeux juridiques de la protection patrimoniale des meubles et des immeubles formant une cohérence d'ensemble*, 2018.

GERALDINE GOFFAUT CALLEBAUT (sous la direction de), *Éthique et patrimoine culturel. Regards croisés*, 2016.

Correcteur : *Caroline Schnettler*
Université Paris-Saclay

Sous la direction de
Raphaël Brett et Jérôme Fromageau

La protection juridique des forêts

Perspectives nationales et internationales

L'Harmattan

5-7, rue de l'Ecole-Polytechnique, 75005 Paris
http://www.editions-harmattan.fr
ISBN : 978-2-336-43956-3
EAN : 9782336439563

SOMMAIRE

Avant-propos

L'intuition des concepteurs du colloque consacré à « La protection juridique des forêts : perspectives nationales et internationales », dont le présent ouvrage regroupe les actes, était la suivante : le sort réservé par le droit aux écosystèmes forestiers constitue l'un des points aveugles de la protection de l'environnement. Alors même que les forêts constituent des espaces aux implications écologiques centrales pour le vivant, leur protection juridique s'est longtemps révélée parcellaire, souvent lacunaire et parfois incohérente. Il semble pourtant que la situation évolue : les actualités les plus récentes, des « méga-feux » qui embrasent tragiquement le monde en période estivale – voire hors de cette période – au règlement de l'Union européenne « anti-déforestation » du 31 mai 2023, en passant par l'instauration d'une « Alliance mondiale des trois bassins » ou la tenue en France d'Assises nationales de la forêt et du bois, illustrent combien la thématique forestière est devenue majeure dans l'agenda des politiques (environnementales) nationales, régionales et mondiales.

Fruit d'un travail de préparation de près de 2 ans, les trois journées des 25, 26 et 27 septembre 2019 avaient l'ambition, sinon d'apporter quelques certitudes sur le rôle du droit dans la protection des forêts, au moins de circonscrire avec précision les questionnements y afférents. Le panel d'universitaires, d'experts et d'acteurs – publics et privés – qui se sont succédé lors de ces journées, à Paris comme à Nancy, a permis de relever ce défi complexe. Centré sur le droit, ce colloque fut l'occasion d'échanges fructueux entre des juristes de tous horizons : professionnels et universitaires ; privatistes, publicistes et historiens ; français et étrangers, ont ainsi pu témoigner de la transversalité des réflexions juridiques sur la forêt et de la fécondité de l'approche retenue. Afin d'embrasser aussi largement que possible son sujet, l'événement a en outre recouru à une nécessaire interdisciplinarité, invitant aussi bien écologues, forestiers, anthropologues, géographes ou encore économistes à partager leurs résultats.

Réalisé avec le concours de l'Institut d'Études de droit public de l'Université Paris-Saclay, d'AgroParisTech, de l'Office national des forêts et de la Société française pour le droit de l'environnement, ce colloque, et l'ouvrage qui en est issu après 4 ans de gestation, espère pouvoir contribuer modestement à ancrer encore davantage l'étude de la protection des forêts dans la recherche en droit de l'environnement.

En plus des intervenants et participants, les directeurs du présent ouvrage souhaiteraient remercier celles et ceux qui, dans l'ombre, ont œuvré pour la réalisation de ce colloque et la confection de cet ouvrage. Que mesdames Marie-Christine Carla-Coissac et Christine Rey trouvent ici l'expression de notre infinie gratitude pour l'excellence de l'organisation matérielle de ces trois journées et de ses suites. Enfin, nos plus vifs remerciements à Madame Caroline Schnettler, c'est à elle que nous devons enfin la publication de ces Actes !

Raphaël BRETT & Jérôme FROMAGEAU

I

ENJEUX CROISÉS DE LA PROTECTION DES FORÊTS

Sous la présidence de Jean-Pierre Beurier

Le regard de l'écologue
Forêt(s) et naturalité(s) : pour une approche évocentrée

Jane LECOMTE
Professeur d'écologie
Directrice du laboratoire Écologie, Systématique et Évolution
Université Paris-Saclay
François SARRAZIN
Professeur au Centre d'Écologie et des Sciences de la Conservation
(CESCO, MNHN-CNRS-UPMC)
Université Pierre et Marie Curie

Quel est le regard de l'écologue sur les forêts ? Depuis la fin du XXe siècle, l'écologie scientifique s'intéresse aux forêts comme des systèmes complexes à étudier, à gérer mais aussi à préserver. Les forêts sont en effet au cœur d'enjeux environnementaux majeurs tels que les changements climatiques et l'érosion de la biodiversité compte tenu de leur rôle à la fois de puits de carbone et de réservoir de biodiversité. Mais c'est en tant que creuset des premiers mouvements de protection de la nature et de différentes formes de naturalité(s), que les forêts sont aussi des lieux privilégiés où l'on peut s'interroger sur différentes relations possibles à nouer entre humains et non-humains. La façon dont le droit pourrait s'inspirer de ces nouvelles éthiques apparaît centrale pour faciliter une transition évolutive et penser la protection des forêts au-delà des cadres anthropocentrés.

L'écologie scientifique s'intéresse aux interactions des êtres vivants, issus de processus d'évolution et d'adaptation, avec leurs environnements. Pour l'écologue, une forêt est un système complexe, un écosystème à proprement parler, qu'il étudie pour mieux comprendre son fonctionnement et l'évolution des organismes vivants qui vivent en interaction en son sein. Deux grands courants de recherche existent en effet en écologie : l'écologie fonctionnelle et l'écologie évolutive.

L'écologie fonctionnelle s'intéresse aux processus biogéochimiques des individus aux écosystèmes et étudie, d'une part, la structure et le fonctionnement des réseaux écologiques en interaction avec le milieu physico-chimique via les flux de matière et d'énergie et, d'autre part, les contraintes physico-chimiques qui influencent le fonctionnement, la dynamique et l'organisation des écosystèmes. L'écosystème forestier peut donc à ce titre être étudié par exemple via les flux de CO_2 entre la forêt et l'atmosphère. Cet exemple d'étude en écologie fonctionnelle revêt un intérêt tout particulier compte tenu des changements climatiques induits par les émissions grandissantes de CO_2. Les écosystèmes forestiers jouent, en effet, un rôle de puits de carbone et peuvent capter 1/3 des émissions annuelles mondiales de

CO_2 (Pan *et al.* 2011). L'écologie évolutive s'intéresse aux processus biodémographiques et à leur évolution darwinienne. Elle vise à décrire et comprendre la variabilité génétique mais aussi celle des formes, des traits et des processus que l'on peut observer dans les systèmes naturels, de l'échelle des organismes jusqu'à celle des communautés d'organismes. Des études en écologie et génétique évolutives sur les flux de gènes entre pommiers sauvages présents dans les forêts et pommiers cultivés permettent, par exemple, de mieux comprendre l'impact évolutif des humains sur les écosystèmes forestiers. Ce type d'étude permet aussi de donner des clés pour mieux préserver la diversité génétique des pommiers sauvages et cultivés (Cornille *et al.* 2012 ; Feurtey *et al.* 2017).

L'écologue peut questionner l'avenir des écosystèmes forestiers à court, moyen et long terme y compris dans leurs dimensions évolutives mais aussi l'impact des types et des niveaux d'anthropisation sur ces trajectoires évolutives. Le fonctionnement et la dynamique des forêts peuvent en effet différer selon leur degré d'anthropisation. Il s'agit alors pour l'écologue de passer de l'étude de l'écosystème sensu stricto au socio-écosystème qui considère à la fois les relations et rétroactions entre les écosystèmes forestiers et les sociétés humaines. Ainsi, outre les contraintes climatiques liées à leur localisation géographique, la forêt primaire de Bialowieza en Pologne et Biélorussie qui est reconnue comme patrimoine mondial de l'UNESCO, la forêt amazonienne sujette à des destructions massives et la forêt de pins gérée des Landes sont, par exemple, trois forêts au fonctionnement et aux dynamiques profondément différentes. En réponse à la pression anthropique de plus en plus forte sur les espaces forestiers qui aboutit à des destructions à large échelle, les connaissances en écologie et en évolution sont mobilisées à des fins de conservation des forêts. De manière générale, cette vision normative de l'écologie scientifique a conduit dans les années 1980 à ce qu'on appelle la biologie, ou aujourd'hui plus souvent, l'écologie de la conservation (Soulé, 1985). Les actions de préservation des forêts ont cependant des origines beaucoup plus anciennes en occident et ont été portées au départ par des arguments esthétiques, moraux et spirituels. En 1872, ce sont les peintres de Barbizon mais aussi des écrivains comme George Sand qui ont permis la préservation de la forêt de Fontainebleau en tant que paysage pictural alors que l'état français projetait de la transformer en forêt de pins (Blandin, 2019). Au tout début du XXe siècle, c'est grâce aux arguments moraux et spirituels de l'écrivain John Muir et grâce à son intervention pugnace auprès de Theodore Roosevelt que le site de Yosemite obtint une gouvernance de l'État fédéral en tant que troisième parc national des États-Unis d'Amérique et, qu'ainsi, ses forêts mixtes de conifères (pins, sapins, cèdres, séquoias géants) mais aussi d'arbres à feuilles persistantes (cornouiller, chêne, aulne, érable, saule, peuplier, laurier…) furent préservées de la destruction. John Muir participe alors à la définition d'espaces dits de *wilderness*. Et c'est Aldo Leopold, forestier et défenseur de l'environnement qui contribua dès 1924 à l'obtention de la gestion d'une partie de la forêt nationale de Gila au Nouveau Mexique en tant que premier espace de *wilderness* par le gouvernement fédéral américain. En toile de fond de ces argumentations est mise en avant la volonté de préserver une certaine forme de naturalité. Le terme de naturalité peut en effet prendre plusieurs sens susceptibles de refléter des situations et des positionnements différents voire contradictoires suivant les finalités qu'on lui attribue (Anderson, 1991 ; Götmark, 1992 ; Vallaury, 2007). L'écologue pour sa part peut définir deux grands types de naturalité que sont la naturalité historique et la naturalité de processus (Sarrazin & Lecomte, sous presse).

La naturalité historique des entités de biodiversité peut être définie via le niveau d'anthropisation passée subi par les espèces, les communautés ou les écosystèmes. Elle est envisagée selon un gradient de forte à faible naturalité historique qui va des espaces qui sont restés non anthropisés sur le long terme, *i.e.* de *wilderness*, jusqu'à des espaces qualifiés de « nouveaux écosystèmes » qui traduisent une transformation profonde du système écologique pour correspondre généralement à des finalités fortement anthropocentrées. Notons que le concept de *wilderness* prête souvent le flanc à des critiques car l'absence totale d'une anthropisation passée peut s'avérer relativement difficile à prouver (Callicott & Nelson, 1998). Quoi qu'il en soit, il faut s'accorder sur le fait que de tels espaces où la vie sauvage s'exprime sous faible pilotage anthropique correspondent bien au niveau minimal d'anthropisation (Marris, 2018). La naturalité des processus concerne le niveau d'anthropisation qui affecte actuellement ou affectera dans le futur les mécanismes biologiques, écologiques et évolutifs qui régissent le devenir de chaque entité de biodiversité.

Si on reprend l'exemple des trois forêts, cité précédemment, la forêt de Bialowieza, en tant que l'une des dernières forêts d'Europe considérées comme primaires, correspond à ce niveau minimal d'anthropisation. Elle exprime donc à la fois une naturalité historique et une naturalité de processus. Ajoutons que cette forêt a fait l'objet et fait encore l'objet de tentatives plus ou moins réussies de réintroductions d'espèces, notamment de grands herbivores comme le bison d'Europe, pour y restaurer une large gamme de processus écologiques et potentiellement une plus grande naturalité de processus. Soulignons aussi qu'elle est actuellement menacée par des volontés de gestion en réponse à des pressions parasitaires, qui s'opposent à des volontés tout aussi fortes de maintien d'une libre évolution, et donc de non-gestion, y compris face à de telles perturbations écologiques. À une échelle bien plus vaste, la forêt amazonienne comprend actuellement un gradient d'espaces à forte naturalité historique jusqu'à des espaces de plus en plus nombreux et de plus en plus grands qui sont impactés très rapidement par les activités humaines principalement pour transformation en culture ou pâture.

C'est donc une forêt « mosaïque » avec un mitage de plus en plus important de ses zones de forte naturalité par des espaces fortement anthropisés et donc à très faible naturalité de processus. Enfin, de façon contrastée, la forêt de pins des Landes, créée par plantations successives en grande partie au XIXe siècle, correspond pour une majeure partie de son massif à un degré extrême d'anthropisation et de simplification du système écologique donc à très faible naturalité. À l'instar des forêts plantées d'eucalyptus ou de palmiers à huile plus récentes encore, la forêt des Landes s'apparente plus à un champ d'arbres cultivés selon un mode d'agriculture conventionnelle, donc à très faible naturalité historique et de processus. Quel peut être le lien entre la naturalité et le rôle de puits de carbone des écosystèmes forestiers ? Les forêts à forte naturalité, qui sont des forêts relativement âgées, fixent chaque année du carbone, même si elles en fixent un peu moins que des forêts plus jeunes. Cependant, ces forêts âgées renferment le plus souvent des quantités considérables de carbone, qu'elles ont accumulé au fil des ans. Les plantations de pins ou d'eucalyptus, quant à elles, ont un cycle de vie relativement court. Ce sont donc des forêts qui fixent moins de CO_2 tout au long de leur vie. Le fait que ces plantations soient récoltées régulièrement pour la production de bois réduit mécaniquement la quantité de carbone qui y est stockée. Les coupes « à blanc » qui y sont souvent pratiquées sont par ailleurs particulièrement impactantes pour la biodiversité de ces écosystèmes déjà à faible naturalité. Ces différentes formes de naturalité sont aussi susceptibles d'influencer la structure des assemblages d'espèces, les interactions entre les organismes, de façonner leurs traits, d'induire de nouvelles pressions de sélection et de co-évolution et ainsi d'impacter à terme les trajectoires évolutives au sein de ces écosystèmes forestiers.

Cependant, ces naturalités questionnent les relations que nous nouons avec les non-humains, le nombre de degrés de liberté que nous sommes capables de leur laisser, mais aussi ce qui peut en découler en termes juridiques. Les éthiques environnementales apportent à cet égard un éclairage important sur les valeurs que l'on peut attribuer aux non-humains (Callicot & Frodeman, 2009). Ces éthiques s'articulent autour des valeurs intrinsèques, instrumentales et relationnelles (Larrère & Larrère, 2015 ; Chan *et al.* 2016, Marris, 2018). Ces éthiques ont notamment largement débattu, et débattent encore, de la possibilité de reconnaître une valeur intrinsèque à des entités non-humaines, c'est-à-dire les considérer comme des fins en soi, indépendamment de l'utilisation qu'il est possible d'en faire. La valeur instrumentale considère, à l'inverse, les entités non-humaines comme des moyens pour servir d'autres fins, *i.e.* celle des humains. Actuellement, le droit forestier s'est construit sur la base de ce type de valeur. C'est en effet pour continuer de pouvoir produire du charbon de bois mais aussi de construire des navires et développer des fonderies qu'est apparu en France le code forestier dès le XIVe siècle. De tout temps, les humains ont de fait tiré des écosystèmes forestiers et des organismes qui y vivent des ressources et des services écosystémiques d'approvisionnement (le bois, le gibier…), de régulation (les sols forestiers, la qualité des eaux…) et de services culturels (les représentations spirituelles, les loisirs actuels…). Au tout début du XXe siècle, c'est pour préserver leurs ressources de la destruction par des compagnies privées que Gifford Pinchot, contemporain de John Muir, a œuvré pour préserver les forêts américaines en leur donnant le statut de « forêts nationales » (Barthod, 2015). Et en France, si dès la fin du XIXe siècle, certains poussent pour faire valoir d'autres usages de la forêt dans le droit forestier, il aura fallu attendre en France l'article 72 de la loi n° 2001-602 du 9 juillet 2001 d'orientation sur la forêt pour que cela soit traduit dans la loi « *Les forêts publiques satisfont de manière spécifique à des besoins d'intérêt général, soit par l'accomplissement d'obligations particulières dans le cadre du régime forestier, soit par une promotion des activités telles que l'accueil du public, la conservation des milieux, la prise en compte de la biodiversité et la recherche scientifique* ». Au-delà de la valeur instrumentale, la valeur relationnelle considère plutôt l'ensemble des liens, représentations, attachements, valeurs esthétiques, spirituelles, ou soins envers les non-humains. La mise en avant des valeurs relationnelles vise ainsi à dépasser le clivage entre valeurs intrinsèques et valeurs instrumentales en s'appuyant d'une manière plus concrète, voire opérationnelle, sur la réalité et la diversité des liens matériels et immatériels que les individus et les sociétés entretiennent avec les non-humains. Les toutes premières préservations de forêts qui ont mobilisé des écrivains et philosophes, tels que celles de George Sand et John Muir que nous avons décrites, étaient donc éminemment basées sur ce type de valeur relationnelle. Bien plus récemment, la plateforme intergouvernementale scientifique et politique sur la biodiversité et les services écosystémiques, l'IPBES, a développé le concept de « contribution de la nature aux sociétés » pour témoigner de la très grande diversité des représentations de la nature existant au-delà des points de vue occidentaux et qui mobilisent des valeurs relationnelles (Díaz *et al.*, 2018). Les différents rapports au vivant non humain ont de fait été analysés par l'anthropologie. Notamment Philippe Descola établit une typologie d'interactions humains / non-humains selon les ressemblances ou différences d'intériorité et de physicalité (Descola, 2005). Il définit le naturalisme ou dualisme, qui correspond à la vision occidentale la plus classique, les humains sont les seuls détenteurs d'une intériorité et ont des physicalités similaires avec les non-humains. Il en résulte une distanciation importante entre humains et non-humains qui aboutit dans le cas des forêts à les transformer en champs d'arbres comme dans le cas de la forêt des Landes. Dans le cas de l'animisme, qui est courant dans les populations autochtones vivant au sein des forêts amazoniennes, on note par contre une discontinuité des physicalités mais une continuité des intériorités entre humains et non-humains, les humains de ces populations pouvant « dialoguer » avec les non-humains. On peut dans ce sens s'interroger sur la place des relations à la forêt dans les argumentaires mobilisés par Raoni Metuktire, chef du peuple amazonien Kayapo, à assigner en janvier 2021 le président brésilien devant la Cour pénale internationale de la Haye. Compte tenu des dommages graves et durables à la fois aux peuples autochtones d'Amazonie et à la forêt amazonienne, son avocat invoque de fait que cette affaire pourrait conduire à ce que Jair Bolsonaro soit jugé pour crime contre l'humanité mais aussi pour écocide.

Depuis le début des années 2000, des actions juridiques ont conduit à des avancées en termes de Droit relatif aux non-humains. Au sein des éthiques environnementales, ces avancées nous semblent relever soit des éthiques dites biocentrées ou écocentrées. Les éthiques biocentrées proposent d'attribuer une valeur intrinsèque aux vivants au-delà des seuls individus humains, ceci pouvant concerner chaque forme vivante quelle qu'elle soit ou seulement les êtres sensibles. Citons en ce sens l'article 515-14 de la loi n° 2015-177 du 16 février 2015, qui, en France considère qu'un animal n'est plus considéré comme une valeur marchande et patrimoniale mais plutôt par ce qu'il peut représenter comme valeur intrinsèque. Cependant, selon Holmes Rolston III (1994), attribuer une valeur intrinsèque aux entités vivantes ne veut pas dire qu'ils doivent être considérés comme des agents moraux mais plutôt qu'il est du devoir des humains de les protéger. L'éthique écocentrée, développée par Aldo Leopold et reprise par Calicott (1989), met en avant les valeurs relationnelles qui lient les humains au sein des communautés biotiques. Elle prône que les humains ont des devoirs à l'égard de chacun des autres membres qui composent cette communauté biotique et de la communauté comme un tout. Ce type d'éthique peut donc ouvrir les questions de Droit non plus seulement à l'échelle des individus mais à des communautés au sein des écosystèmes (Chapron *et al.,* 2019). Ainsi, dans une décision de 2015 relative à l'élevage illégal de crevettes à l'origine de la destruction des forêts de mangrove et de la perturbation des flux naturels de l'eau à travers les estuaires, la Cour constitutionnelle en Équateur a expliqué que « les droits de la nature sont « transversaux », de sorte que « toutes les actions de l'État, ainsi que celles des individus, doivent être conformes[...] aux droits de la nature ». La Cour a expliqué qu'en vertu de la Constitution équatorienne, la nature est désormais titulaire de droits et que le gouvernement et le peuple ont la responsabilité de faire respecter et de protéger ces droits. Encore plus récemment, trois fleuves ont obtenu le statut de personnalité juridique par deux États différents. En 2017, un traité entre les tribus Maories et le gouvernement de la Nouvelle-Zélande reconnaît le fleuve Whanganui comme personnalité légale et, en 2018, c'est la Haute Cour de l'État Himalayen du Uttarakhand qui déclare le Gange, où le fleuve prend sa source, ainsi que le fleuve Yanuma comme entités légales ayant les mêmes droits qu'une personne humaine. Marie-Angèle Hermitte (2017) voit dans ces nouveaux droits, de nouveaux liens à construire : « *Vous donnez une personnalité juridique aux entités non-humaines, vous cessez de considérer que l'humain est le seul à pouvoir avoir des droits. Dans une perspective un peu philosophique, c'est évidemment essentiel car cela contribue à laisser plus de place, au moins en théorie, au non-humain à côté des humains* ». Si ces nouveaux droits donnent lieu à controverses, ils témoignent surtout pour Chapron *et al.* (2019) d'une demande forte pour revisiter le Droit face à l'érosion de la biodiversité en particulier : « *Conflicts between nature and human activities happen on a massive and systematic scale. When people and corporations have rights and nature does not, nature frequently loses, as evidenced by the continuing deterioration of the environment. Rights of nature may help to prevent this one-sided outcome* ».

Peut-on aller plus loin dans la conception du Droit en introduisant un angle qui irait au-delà d'une vision strictement anthropocentrée et qui serait basé sur une autre forme de relation humains / non-humains ? L'éthique évocentrée (Sarrazin & Lecomte, 2016) vise ainsi à respecter la naturalité des trajectoires évolutives des non-humains qu'elles contribuent ou non au bien-être ou aux besoins vitaux des humains. Cette éthique ne nie pas les besoins humains et la nécessité impérieuse de justice entre humains. Elle ne refuse pas toute interaction avec les non-humains mais elle vise à en éviter, réduire voire compenser les conséquences évolutives pour les non-humains. La préservation de la naturalité existe de ce fait sous toutes ses formes, que cela soit dans les forêts les plus préservées dans leur naturalité historique, par exemple celle de Bialowieza, que celle existant au cœur de la ville de Francfort où la naturalité de processus est préservée le plus possible. Cette éthique renverse donc la charge de la preuve en cela qu'elle questionne moins ce qu'on peut conserver mais plutôt ce qu'on peut détruire, exploiter, gérer, sous réserve de ne pas impacter significativement les trajectoires évolutives des non-humains. Dans une perspective plus large, elle s'inscrit dans un « dépassement de l'Anthropocène » en cela qu'elle refuse un pilotage global des non-humains pour les seuls besoins anthropocentrés. Au-delà de nos enjeux sociétaux, donc entre humains, il peut s'agir à l'échelle de l'histoire du vivant d'une véritable transition évolutive (*sensu* Szathmáry & Smith, 1995). En effet, dans l'état actuel de nos connaissances en sciences de l'évolution, aucune espèce ne réduit volontairement et de manière désintéressée ses impacts sur d'autres organismes. En sommes-nous capables ? Et l'innovation en Droit peut-il y contribuer ? Ce renversement de paradigme pourrait-il inspirer le fondement des approches nouvelles en Droit à construire dans un cadre non strictement anthropocentré ? Une proposition qui pourrait ouvrir sur des collaborations de recherche entre écologues et juristes !

Bibliographie

Anderson J.E. (1991), « A conceptual framework for evaluating and quantifying naturalness », *Conservation biology* 5(3), p. 347-352.

Barthod C. (2015), *Redécouvrir Gifford Pinchot (1865-1946)*, Revue Forestière Française, 67 : 53-75

Blandin P. (2019), *De la protection de la nature au pilotage de la biodiversité*, Quae.

Callicott J.B. (1989), *In defense of the land ethic: Essays in environmental philosophy*. Suny Press.

Callicot J.B & Frodeman R. Eds. (2009), *Encyclopedia of environmental ethics and philosophy*. Macmillan Reference USA.

Callicott J.B. & Nelson M.P. (1998), *The great new wilderness debate*. University of Georgia Press.

Chan K.M., Balvanera P., Benessaiah K., Chapman M., Díaz S., Gómez-Baggethun E., Gould R., Hannahs N., Jax K., Klain S., Luck G.W., Martín-López B., Muraca B., Norton B., Ott K., Pascual U., Satterfield T., Tadaki M., Taggart J. & Turner N. (2016), « Opinion: Why protect nature? Rethinking values and the environment », *Proceedings of the National Academy of Sciences*, 113: 1462-1465.

Chapron G., Epstein Y. & López-Bao J.V., 2019. *A rights revolution for nature*, Science, 363: 1392-1393.

Cornille A., Gladieux P., Smulders R., Roldan-Ruiz I., Laurens F., Le Cam B., Nersesyan A., Clavel J., Olonova M., Feugey L., Gabrielian I., Zang X., Tenaillon M., Giraud T (2012), *New insights into the history of domesticated apple: secondary contribution by several wild species to the genome of cultivated varieties*, PloS Genetics 8(5): e1002703.

Descola P. (2005), *Par-delà nature et culture,* Gallimard.

Díaz S., Pascual U., Stenseke M., Martín-López B., Watson R.T., Molnár Z., Hill R., Chan K.M.A., Baste I. A., Brauman K.A., Polasky S., Church A., Lonsdale M., Larigauderie A., Leadley P.W., van Oudenhoven A.P.E., van der Plaat F., Schröter M., Lavorel S., Aumeeruddy-Thomas Y., Bukvareva E., Davies K., Demissew S., Erpul G., Failler P., Guerra C.A., Hewitt C.H., Keune H., Lindley S. & Shirayama Y. (2018), « Assessing nature's contributions to people », *Science* 359(6373), p. 270-272.

Feurtey A, Cornille A., Shykoff JA, Snirc A, Giraud T. (2017), *Crop-to-wild gene flow and its fitness consequences on a wild fruit tree: towards a comprehensive conservation strategy of the wild apple in Europe*, Evol. App. 10: 180-188.

Götmark F. (1992), « Naturalness as an evaluation criterion in nature conservation: a response to Anderson », *Conservation biology* 6, p. 455-458.

Hermitte M-A. (2017), "En Inde et en Nouvelle-Zélande, le fleuve reconnu comme un être vivant", France Culture, 22 mars 2017.

Larrère C. & Larrère R. (2015), *Penser et agir avec la nature Une enquête philosophique,* La Découverte.

Maris V. (2018), *La part sauvage du monde-Penser la nature dans l'Anthropocène,* Le Seuil.

Pan Y, Birdsey RA, Fang J, Houghton R, Kauppi PE, Kurz WA, Phillips OL, Shvidenko A, Lewis SL, Canadell JG, Ciais P. (2011), *A large and persistent carbon sink in the world's forests*, Science, 19:988-93.

Rolston H., III (1994), « Value in Nature and the Nature of Value », *Royal Institute of Philosophy Supplements* 36, p. 13-30.

Sarrazin F. & Lecomte J. (2016), « Evolution in the Anthropocene », *Science* 351(6276), p. 922-923.

Sarrazin, F. & Lecomte, J. (sous presse), Transition évolutive et naturalité, *in Penser la protection de la nature à partir de l'écologie* (eds. Rousseau-Mermans, S. & Dussault, A.-C.) (Éditions Matériologiques).

Soulé M.E. (1985), « What is conservation biology? A new synthetic discipline addresses the dynamics and problems of perturbed species, communities, and ecosystems », *BioScience* 35(11), p. 727-734.

Szathmáry E., & Smith, J. M. (1995), The major evolutionary transitions. *Nature*, *374*(6519), 227-232.

Vallauri D. (2007), *Biodiversité, Naturalité, Humanité, Application à l'évaluation des forêts et de la qualité de la gestion,* WWF Ed.

Entre règles coutumières et règlementations internationales : dynamiques ontologiques et stratégies socio-culturelles au cœur des processus de gestion et de conservation d'une forêt du Nord-Ouest de Madagascar (Presqu'île d'Antrema)

Claire Harpet
UMR 5600 Environnement, Ville et Société (EVS)
Université Jean Moulin Lyon 3

« *Les forêts suscitent un intérêt écologique qui les dépasse, dans la mesure où elles sont devenues les métonymies de la terre entière* »
(Robert Harrison, *in Forêt, Essai sur l'imaginaire occidental*)

Introduction

S'il existe un domaine qui ne connaît pas la déforestation, c'est celui des mythes. Au cœur de ces univers ontologiques, les forêts sont immuables et intouchables. Le temps n'altère ni leur grandeur ni leur profusion. Elles sont les garantes d'une puissance végétale protectrice, réparatrice et nourricière.

Mais la réalité est tout autre ! Les forêts sont des milieux fragiles, en constante diminution, marquées inexorablement par l'empreinte des hommes. Parce qu'elles abritent une grande partie des espèces animales et végétales de la planète, elles sont concernées au premier chef par la dégradation massive de la biodiversité. Leur protection est à l'honneur dans les plans de conservation. Mais qu'en est-il sur le terrain ? Qui protège effectivement et comment ?

Les forêts constituent un objet de recherche à part entière pour l'anthropologue, ou plus précisément les liens que les populations humaines entretiennent avec les forêts. Source d'exploration, d'exploitation, mais aussi de mémoire, les forêts sont des cadres propices à une diversité de représentations et de statuts qui rendent particulièrement ardue la mise en œuvre internationale de leur protection juridique. Il n'y a pas une forêt, mais des forêts, caractérisées par leur étendue, leur densité, les mondes végétaux et animaux qu'elles abritent. D'un continent à l'autre, les populations humaines ont pratiqué la forêt et développé des modes de vivre singuliers, *dans* et *avec* les étendues forestières.

De nombreuses études en sciences humaines et sociales comme en écologie ont montré qu'une conservation efficace *in situ* des espèces floristiques et faunistiques devait s'appuyer sur les connaissances et les pratiques des communautés locales (Grenier, 1998 ; Posey, 1999 ; Cocks, 2006 ; Harpet *et al.*, 2008). Après avoir longtemps déconsidéré et rendu responsables les populations natives de l'accroissement de l'érosion de la biodiversité (H. Levrel, 2008 ; United Nations Research Institute for social Development, 1995), les politiques internationales de conservation de la biodiversité ont depuis reconnu les droits d'autochtonie dans la mise en place des actions de protection des écosystèmes (Convention sur la Diversité Biologique de Rio de Janeiro, 1992, sommet mondial de Johannesburg, 2002, déclaration de Durban, 2003). Mais qu'en est-il réellement sur le terrain de la prise en compte des dynamiques socio-écologiques préexistantes (Cormier-Salem, 2006 ; Aubertin, Rodary, 2013), des croyances et des pratiques endogènes face aux exigences des programmes de conservation ? Vingt ans après les premiers transferts de gestion des ressources naturelles aux communautés locales, quels constats peut-on dégager de la situation environnementale autant que sociale des territoires classés ?

Sur l'île de Madagascar - un des hot-spots de la biodiversité mondiale[1] - de nombreux parcs et réserves quadrillent le territoire pour préserver les milieux forestiers. Pour autant, chaque année, ce sont plus de 200 000 ha de forêts qui disparaissent. Depuis 2000, dans le Nord-Ouest malgache, à hauteur de Mahajanga, un nouveau modèle d'aire protégée qui associe règles coutumières et règlementations internationales dans une volonté conjointe de prendre soin de la nature et des hommes a ainsi été expérimenté : quel regard porter sur la « Station Forestière à Usages Multiples d'Antrema » (SFUMA), 20 ans après sa mise en œuvre ?

Contexte politique et environnemental malgache

D'importants changements dans la prise en compte et la reconnaissance des droits des populations locales dans la gestion et la préservation de leurs territoires et de leurs ressources naturelles se sont opérés à l'aune du XXIe siècle. Deux annonces gouvernementales malgaches ont marqué plus particulièrement la politique de conservation en faveur de la biodiversité et des populations locales. La première en 2003, lors du Congrès Mondial sur les Parcs à Durban : le Président malgache Ravalomanana fait part de la décision de placer les deux tiers des forêts naturelles restantes du pays sous protection formelle. La seconde, en 2014, lors du Congrès Mondial des Parcs à Sydney, où le gouvernement malgache renouvelle son engagement avec la mise en œuvre du Système des Aires Protégées de Madagascar (SPAM). Ce système regroupe les réserves naturelles intégrales, les parcs nationaux et les réserves spéciales, mais aussi les monuments naturels, les paysages terrestres/marins protégés et les aires protégées avec utilisation durable des ressources naturelles. La grande nouveauté est que la création et le développement des Aires Protégées sont souhaités en étroite collaboration avec les communautés

[1] Madagascar compte un endémisme de 52% pour les oiseaux, 65% pour les poissons, 92% pour les reptiles, 99% pour les amphibiens et 88% pour les mammifères, avec un taux de 100% en ce qui concerne les lémuriens, ces primates emblématiques de la Grande-île.

locales qui en seront les premières bénéficiaires. Il est alors également présenté que les nouvelles Aires Protégées permettront de conserver des sites sacrés tout en préservant des ressources vitales telles que l'eau, les produits alimentaires naturels ou les matériaux de construction. Il s'agit d'une initiative tout à fait nouvelle menée conjointement par l'État malgache et les communautés locales, en coopération avec les organisations internationales et nationales œuvrant pour la conservation. Dans cette mouvance, Madagascar a également adopté récemment les ODD (Objectifs de Développement Durable) comprenant 17 objectifs pour lutter contre la pauvreté et faire face au Changement Climatique d'ici 2030. La survie d'une grande majorité de la population de Madagascar dépend des ressources naturelles provenant de la forêt. En assurer sa protection non pas *contre* mais bien *avec* les populations locales est devenu une priorité nationale.

C'est dans cet intervalle de changement annoncé que notre recherche anthropologique a été menée, principalement sur la côte nord-ouest malgache entre Diego suarez et Tuléar, et plus particulièrement dans le district d'Anbanje, puis sur la presqu'île d'Antrema à hauteur de Mahajanga.

Alors que la politique de conservation préconisait dans les premières créations des parcs naturels une expulsion hors de la zone protégée des populations locales considérées comme responsables de l'érosion de la biodiversité (Weber, 1995), des croyances et des pratiques susceptibles de favoriser la préservation et la protection des écosystèmes forestiers ont été mises en évidence à la fin du siècle dernier sur des micro-territoires malgaches (Ramanantsoa, 1974, Harpet, 1999). Valorisés par des règles ancestrales, ces lieux sont marqués par la présence d'une espèce (animale ou végétale) reconnue sacrée par les communautés locales. De la sacralité de ces espèces emblématiques découle la protection du milieu dans lequel elles vivent. Parmi ces espèces représentatives, on trouve les lémuriens, animaux endémiques de Madagascar. Ces prosimiens sont considérés comme des intercesseurs, des médiateurs entre les hommes, l'au-delà et les ancêtres (Harpet, 2011). Ils rappellent par leur présence le lien originel des humains avec les éléments de la nature qui fonde la cohérence de tout un système social et religieux.

Des micro-territoires à lémuriens sacrés ont ainsi été identifiés au nord-ouest de l'Île de Madagascar au sein de communautés villageoises sakalava (Harpet, 2000, 2005). Le peuple sakalava constitue le groupe « ethnique » le plus important sur la côte nord-ouest de la Grande Île. À l'origine, nomades et éleveurs de zébus, ils se sont peu à peu sédentarisés au cours de leurs transhumances aux XIXe et XXe siècles pour devenir agriculteurs et pêcheurs en fonction des ressources environnementales disponibles sur le territoire (Fauroux, 1997).

Ala, la forêt malgache

Les forêts de Madagascar sont de composition et de densité très différentes du fait des grandes variations géo-climatiques de l'île. La forêt humide de l'Est est caractérisée par de grands arbres à feuillage persistant et dense qui peuvent atteindre 30 m de haut. La forêt de l'ouest est au contraire composée d'arbres à caractère décidu et clairsemé. C'est aussi le domaine des grands baobabs et des forêts de palétuviers le long des côtes. Ces forêts malgaches abritent une variété incroyable d'espèces et de ce fait ont généré une multiplicité de représentations au sein des sociétés humaines.

Ala est le nom générique pour désigner la forêt malgache : dans les croyances traditionnelles malgaches la forêt est l'œuvre de *Zanahary* - le dieu créateur - et à ce titre elle est immuable. Les hommes doivent cependant utiliser ses ressources avec modération comme toutes les choses mises à disposition par le Créateur, sous peine de subir de terribles sanctions (sécheresse, cyclone, épidémie, etc.).

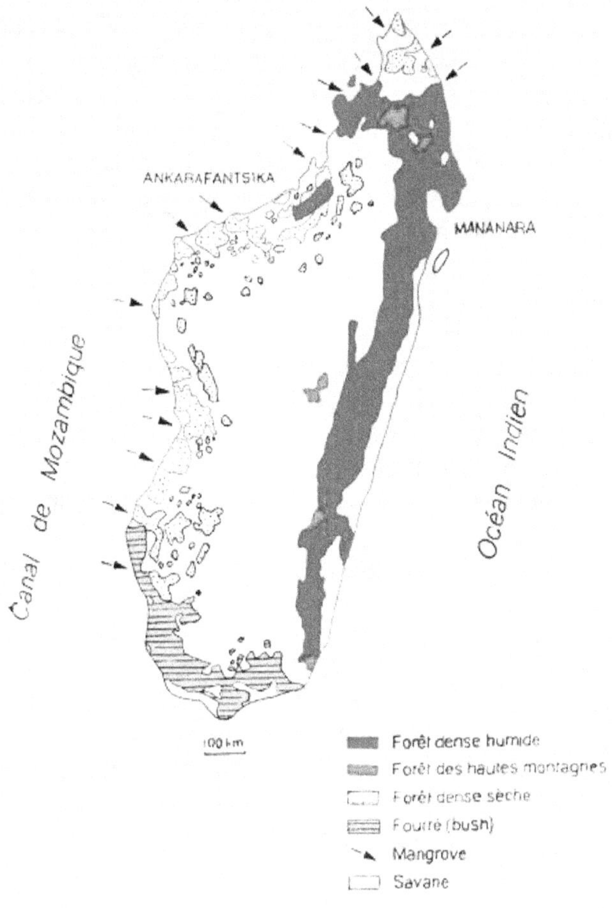

Source : www.cons-dev.org

Perçue par les communautés villageoises comme un bien commun, (Fauroux, 2000), la forêt est tout à la fois un espace de réserve de bois pour satisfaire les besoins en matériaux et en énergie domestiques, un espace de pâturage et de parcours pour les éleveurs, un espace de réserve de terre pour les agriculteurs, un espace de chasse et de cueillette, mais aussi, pour la société sakalava, un espace rituel et sépulcral (Harpet, 2014). Les règles coutumières en régulent l'accès et les prélèvements. La création d'espaces protégés forestiers selon les lois internationales de conservation de la nature qui impliquent les populations natives dans la gestion de la conservation de leurs milieux de vie, vient dès lors en appui aux règles communautaires préexistantes pour maintenir un équilibre entre les hommes et leur environnement naturel.

La forêt est aussi le lieu de prédilection des contes et des mythes. Les métamorphoses, les transformations, les malédictions ont lieu le plus souvent en forêt. Les bons et les mauvais génies se dissimulent au pied des arbres, autour des lianes sacrées, dans les eaux marécageuses.

Les mythes malgaches sont d'autant plus vivaces qu'ils sont enracinés dans un très vieil héritage culturel transmis de génération en génération et qui ne peut être mis en doute parce que conté par les ancêtres. Sur la presqu'île d'Antrema, c'est à partir d'un mythe fondateur qu'un territoire a ainsi été classé « espace protégé ».

Zone d'étude

Située dans le district de Mahajanga au Nord-ouest de Madagascar, la presqu'île d'Antrema présente un intérêt écologique singulier. Limitée au Nord et à l'Ouest par le canal du Mozambique et par l'estuaire de la Betsiboka, au Sud par la route vers Mitsinjo et par le fleuve d'Antsoherimasiba, à l'Est par la route qui mène au phare de Katsepy, elle accueille 3 des différents écosystèmes de la partie nord-ouest de Madagascar : la forêt sèche semi-décidue, la mangrove et la savane à palmier Bismarckia. La réserve abrite 153 espèces végétales dont 76% sont endémiques de la Grande Île. Y ont aussi été dénombrées 23 espèces d'amphibiens et de reptiles et 75 espèces d'oiseaux. Mais ce site est aussi particulièrement remarquable parce qu'il accueille 5 espèces de lémuriens dont le rare propithèque couronné (Propithecus coronatus) (Pichon *et al*, 2010, 2015 ; Ramanamisata *et al,* 2014). Les autres lémuriens sont le lémur à front roux (Eulemur rufus), le lémur mongoz (E. mongoz), le lépilemur d'Antafia (Lepilemur aeeclis) et le microcèbe murin (Microcebus cf. murinus). L'ensemble de ces espèces est capable de survivre dans des milieux forestiers transformés par l'homme. La principale menace qui pèse sur leur existence est la destruction de leur habitat. Plus de 70% du groupe des lémuriformes sont classés « en danger » ou « en danger critique » par l'Union Internationale de la Conservation de la Nature (IUCN).

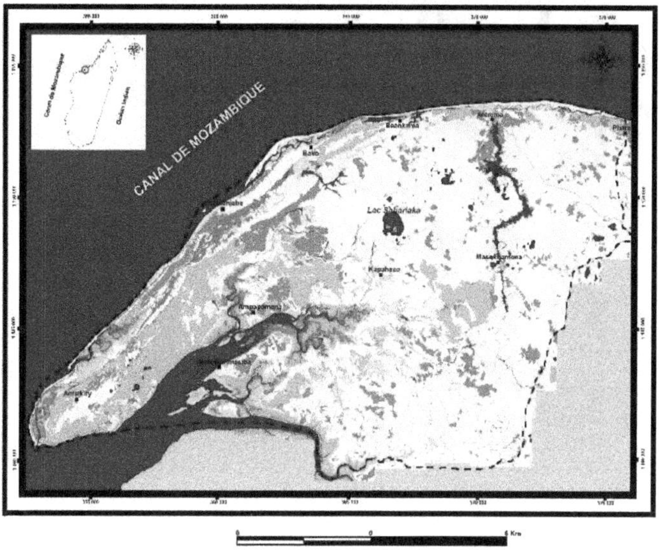

12 villages et hameaux, ±1000 personnes

La presqu'île d'Antrema est rattachée au District de Mitsingo et fait partie de la Commune rurale de Katsepy. Faiblement peuplé, ce territoire relativement difficile d'accès par voie terrestre regroupe une douzaine de villages et de hameaux qui comptaient moins de 1000 habitants en 2006. Ce sont majoritairement les descendants du peuple sakalava qui occupent le territoire d'Antrema. On trouve également sur la presqu'île quelques migrants venus des régions du Centre de Madagascar tels que les Betsileo, et du Nord-Est de l'île tels que les Tsimihety. Le cœur culturel de la presqu'île est le village d'Antrema-Doany qui rassemble la famille princière autour du prince Tsimanendry, héritier de la tradition royale sakalava de la branche bemazava (Baré, 1992).

La presqu'île d'Antrema a été classée en 2000 première Station Forestière à Usages Multiples (SFUM) de Madagascar. Elle couvre plus de 20 000 ha, dont 1000 ha de parc marin. Ce statut spécifique, outre la mise en réserve du territoire naturel (forestier et marin), reconnaît et légitime l'implication des populations natives dans la gestion quotidienne et la préservation de leur milieu.

Depuis 2008, plusieurs études ethno-écologiques ont été menées dans le cadre de programmes interdisciplinaires, qui ont mis en évidence les relations singulières qu'entretiennent les Sakalava, avec d'une part un grand lémurien diurne, le Propithecus coronatus (Nom vernaculaire : Sifaka) considéré comme ancêtre protecteur (Harpet *et al.*, 2008), et d'autre part, plus largement, avec la forêt au sein de laquelle les habitants de la presqu'île puisent une grande partie de leurs ressources (Harpet, 2014).

Le mythe des 9 plantes raconte comment un homme, Maroankatsaka, fut guéri par un couple de propithèques couronnés (le Sifaka), grâce aux arbres de la forêt qui leur prodiguèrent les feuilles nécessaires pour le soigner. Parti en forêt pour couper du bois, Maroankatsaka s'était entaillé profondément la jambe et avait fini par perdre connaissance. Lorsqu'il se réveilla, deux lémuriens s'occupaient à recouvrir sa plaie de feuilles qu'il identifia ensuite et rapporta une fois guéri au village. À la suite de cet événement, les lémuriens qui avaient soigné et sauvé Maroankatsaka furent déclarés sacrés ainsi que tous leurs descendants et, de ce fait, interdits à la chasse, au prélèvement et à la consommation.

Par la protection de cet animal, c'est l'ensemble de son habitat forestier qui est protégé. La situation de cette espèce de lémurien illustre parfaitement les enjeux de conservation autour d'une espèce parapluie, dont l'existence est inféodée à la forêt et dépend de sa préservation. En protégeant l'animal, la règle coutumière, soutenue par le récit mythologique, assure ainsi la protection de son habitat forestier et par la même de toutes les autres espèces végétales et animales qui en dépendent.

Pour une gestion communautaire : le projet bio-culturel d'Antrema

Au XXIe siècle, les règles coutumières qui découlent du mythe de Maroankatsaka sont toujours appliquées sur la presqu'île d'Antrema. Le Prince Tsimanendry, dernier descendant de Maroankatsaka, est garant de la tradition et également guérisseur par les plantes pour soigner les fractures et les blessures, tout comme son ancêtre. Son autorité s'étend sur l'ensemble du territoire d'Antrema, en coexistence avec celle du chef du Fokontany (subdivision administrative et politique). C'est sur la demande du Prince, lors d'une visite du Muséum National d'Histoire Naturelle, que la Station forestière à Usages Multiples (SFUM) d'Antrema fut créée en 2000 (C.-A. Gauthier, 2001). À l'époque, le statut de SFUM était le seul qui permettait une cogestion avec les populations locales. Le projet était innovant et ambitieux : le territoire enclavé n'était accessible qu'en période sèche (une barge relie le port de Mahajanga à la presqu'île), et la population villageoise était très faiblement alphabétisée. La mise en place de la SFUMA était une initiative totalement nouvelle au niveau des droits des populations et de leurs implications. L'enjeu était à la fois de mettre en valeur l'écosystème forestier à préserver (dans le cadre des programmes de recherche scientifique du MNHN), et les capacités de gestion du système social existant. Il s'agissait ainsi d'impliquer la culture locale au cœur d'une démarche de conservation et de développement. Pour rendre viable et durable ce nouveau territoire classé selon la règlementation internationale, des soutiens techniques et financiers, publics et privés, ont été mobilisés et sa gestion a été confiée dans un premier temps au MNHN, avec la création d'un « projet pilote bio-culturel », en partenariat avec la Faculté des Sciences de Tananarive.

Le projet bio-culturel de la SFUMA a valorisé dès sa création une nouvelle façon de faire des sciences environnementales et sociales en y associant une « recherche communautaire ». Cette recherche mobilise les savoirs profanes et les expériences individuelles et collectives en faisant participer les groupes sociaux concernés à la connaissance et la préservation de leur milieu. Dans ce contexte, la science se met au service d'une gestion communautaire. Depuis

2000, des équipes de chercheurs (du MNHN et des Universités de Tananarive et de Mahajanga) se sont succédées sur le territoire de la SFUMA avec une double mission :

- Une mission scientifique, par les approches botanistes (inventorier la diversité floristique, caractériser les fragments forestiers), primatologiques (étudier la communauté de primates et leur écologie, dont une espèce phare en particulier, le *Propithecus coronatus*, clé de voûte du système) et ethno-écologiques (identifier et décrire les savoirs naturalistes, la perception locale de l'écosystème). Un outil participatif multidisciplinaire a été créé et expérimenté dans ce cadre - la « boîte à perception » - qui permettait d'évaluer le degré d'appréciation des espèces animales ou végétales en s'inspirant des échelles d'appréciation utilisées en biophysique (Harpet *et al*, 2015).
- Une mission sociale et pédagogique en faisant participer les populations au projet scientifique, par la valorisation de leurs connaissances vernaculaires et la formation de guides, et par le développement des infrastructures scolaires (C.-A. Gauthier, 2013).

Le projet a permis d'appuyer l'accès aux besoins de base (scolarisation, santé, alimentation), en répondant aux demandes des communautés pour la construction de puits (10), d'écoles (4), une case sanitaire, un micro-périmètre irrigué, deux ponts. Dans le même temps, les actions de recherche ont permis de démontrer la grande valeur des systèmes naturels et des anthroposystèmes forestiers et côtiers d'Antrema.

Aujourd'hui, le Projet bioculturel entre dans une phase de pérennisation de l'aire protégée, d'autosuffisance et d'auto-gestion de la population qui y vit et en vit. Un programme d'écotourisme a été pensé avec les habitants d'Antrema pour progressivement acquérir une autonomie financière, gage de durabilité.

De la SFUMA à la NAP

Créée en 2000, la Station Forestière à Usages Multiples d'Antrema (SFUMA) a acquis en 2015 le statut de Nouvelle Aire Protégée (NAP)[2], confirmant l'importance du site en sa qualité de richesses floristique et faunistique. Cette nouvelle aire protégée de gestion communautaire poursuit ses actions régulières autour de la restauration et de la protection des milieux, de la sensibilisation et de la pédagogie. Elle possède un site internet et une revue trimestrielle (*Maresakao* : quoi de neuf ?) par lesquels on peut suivre ses actions[3].

Depuis le début du XXIe siècle, « les aires protégées de gestion des ressources » se sont multipliées à Madagascar. L'enjeu était de favoriser les efforts de conservation en assurant aux populations locales de contribuer aux prises de décision pour la gestion et l'usage des ressources naturelles. Ce

---

[2] https://www.fapbm.org/fr/nouvelle-aire-protegee-dantrema

[3] https://www.cepf.net/sites/default/files/identi-terre-newsletter.pdf

nouveau modèle de protection de la Nature soucieux de préserver les écosystèmes tout en soutenant le développement humain auprès de populations parfois dans une extrême précarité, n'est pas sans difficulté à mettre en œuvre.

Le projet bio-culturel d'Antrema fait partie des territoires qui ont réussi cette révolution culturelle. L'alliance entre des règles coutumières ancestrales et une règlementation internationale, pensée et construite avec les populations locales, a constitué un tournant dans les politiques de conservation de la nature. Le partenariat public/privé/communauté assure au territoire classé, lorsque chaque partie tient son rôle, une cohérence et une durabilité de conservation qui peuvent être citées en exemple.

20 ans après le classement du territoire d'Antrema en site classé, le constat d'une appropriation du projet par les populations locales est visible, avec un syncrétisme des savoirs scientifiques et vernaculaires prégnant. Ce qui au départ pouvait être perçu comme une démarche exogène est aujourd'hui considéré comme une action locale. Le fait de partir d'une réalité socio-culturelle préexistante a indéniablement favorisé la mise en œuvre de la protection de la forêt sur le long terme.

Tout cependant n'est pas parfait. Des stratégies de valorisation communautaires et familiales se sont élaborées, voire renforcées, au fil des années. Les familles initialement dominantes au sein de la communauté sakalava ont maintenu leur autorité par transfert de compétences. Ce sont plus particulièrement les membres de la famille du prince qui ont été sollicités pour constituer un inventaire de tous les végétaux du territoire et guider les scientifiques sur le terrain. Si le système politique de conservation a permis aux populations locales de prendre part à la gestion de leur territoire et de jouer un rôle actif dans le développement socio-écologique, il a par là-même pérennisé le système hiérarchique en place. Le modèle de gouvernance tel qu'il est attendu dans les programmes internationaux de conservation n'est, le plus souvent, qu'un moyen comme un autre de stratégie d'adaptation de la politique locale liminaire. Le plan de gestion de conservation des milieux et des ressources naturelles mis en place avec la création de la Station a légitimé le contrôle territorial des familles initialement reconnues comme les garantes de la terre ancestrale (*Tanyn'druzuna*).

D'autre part, si l'enclavement de la presqu'île d'Antrema régule et limite une trop forte pression anthropique, il offre *a contrario* la possibilité aux braconniers de piller le bois plus facilement. Face à la montée du braconnage, certaines portions de la forêt sont désertées par les populations locales qui craignent pour leur vie. Des accointances avec des membres de la communauté villageoise pour faciliter les coupes et l'évacuation des troncs sont pressenties et illustrent des jeux de pouvoirs et de rivalités que la mise en classement du territoire n'a fait qu'exacerber, par méconnaissance des systèmes politiques locaux.

Conclusion

La prise de conscience généralisée d'une dépendance entre l'homme et la nature engendre de nouveaux modèles de protection (Blandin, 2009). Parallèlement, la problématique du lien entre savoirs locaux et conservation de la nature ouvre de nouveaux champs de recherche à l'interface des sciences sociales et des sciences de la nature (Roué, 2006).

La Station Forestière à Usages Multiples d'Antrema (Madagascar), aujourd'hui NAP, constitue un modèle de référence innovant pour la promotion des réserves de petite taille. L'analyse des changements de paradigme et d'adaptation d'une société garante de son milieu naturel dans un contexte de valorisation de la biodiversité à l'échelle internationale est un des objectifs des études ethnologiques menées sur ce territoire. Des changements considérables au sein des sociétés natives accompagnent la création des aires protégées. Les imbrications entre sacralisation de la nature et conservation de la biodiversité sont complexes. Des règles coutumières sont promues au rang de lois internationales et survalorisées pour les besoins de la conservation. De simple objet d'attention, la nature devient un projet politique dont les intérêts et les motivations varient en fonction des acteurs en présence.

La forêt mythique malgache incarne un lieu de refuge. Elle protège toutes les formes de vie. Mais face aux coupes irraisonnées pour les besoins en charbon de bois, en surfaces agricoles ou pour l'exportation illégale de bois rare, le mythe du sanctuaire végétal est mis à mal sous la pression d'une économie mondialisée.

Alors que le changement climatique impose d'être encore plus modéré, et que les populations côtières de Madagascar vivent déjà avec peu de ressources, l'équilibre entre les humains et leur milieu naturel reste très fragile. Le constat d'une diminution accélérée du couvert forestier malgache est particulièrement préoccupant et révèle la complexité des situations locales dans un pays reconnu comme l'un des plus pauvres du monde. Ce constat repose la question de la relation humains/nature sur des territoires impactés par de profondes crises économiques, ainsi que les limites des politiques de conservation.

En sursis, les mondes forestiers ne peuvent plus être pensés autrement que « sous surveillance rapprochée ». Les espaces protégés en gestion communautaire constituent, certes, une évolution positive à la fois pour la sauvegarde des espaces naturels et pour les populations qui en dépendent mais suffiront-ils à entraîner un changement salutaire pour préserver ce qu'il reste de forêts tout en accompagnant un développement humain soutenable ?

Bibliographie

Aubertin C. et Rodary E. (2009), *Aires protégées, espaces durables ?,* Ed. IRD.
Baré J.-F. (1992) *Sable rouge*, Ed. L'Harmattan.
Barbault R. (2006), *Un éléphant dans un jeu de quilles : l'homme dans la biodiversité*, Ed. du Seuil.
Blandin P. (2009), *De la protection de la nature au pilotage de la biodiversité, coll. Sciences en questions*, Éditions Quæ.
Cocks M. (2006), Biocultural Diversity: Moving Beyond the realm of "Indigenous" and "Local" People, *in* Human Ecology, 34(2): 185-200, April 2006.
Cormier-Salem M.-C. (2006), Vers de nouveaux territoires de la conservation, Annales de Géographie, N° 651, p 597-617.
Gauthier C.-A., Huguet S., Rakotondravony D. et Roger E. (2001), *Schéma d'aménagement et de gestion de la station forestière d'Antrema (Katsepy).*
Gauthier C.-A., « Le projet bioculturel d'Antrema à Madagascar : 15 années de valorisation d'un patrimoine naturel et culturel », Revue Liaison Énergie-Francophonie, N° 95, 4e Trimestre 2013, *Le tourisme durable pour valoriser le patrimoine naturel et culturel,* p. 71-77
Grenier C. (2000), *Conservation contre nature : les îles Galapagos*, Ed. IRD.
Harpet Cl., Jeannoda V. et Hladik C.-M. (2000), « Sites à lémuriens sacrés en pays sakalava, au Nord-Ouest de Madagascar : réactualisations des données et implications dans les programmes de développement et de conservation », Revue Écologie *Terre Vie*, vol. 55, p. 291-295.
Harpet Cl., Navarro L., Ramanankirahina R. (2008), « Rôle et Implications des croyances et des savoir-faire locaux dans les programmes de conservation : Exemple d'un site à lémuriens sacrés au cœur de la Station Forestière à Usages Multiples d'Antrema (pays Sakalava) », Revue Écologie (*Terre Vie)*, vol. 63, p. 289-292.
Harpet Cl. (2011), « Des lémuriens et des hommes : mythes, représentations et pratiques à Madagascar » , *in La Revue de Primatologie*, numéro 3 (en ligne).
Harpet Cl. et Bayart F. (2012), « Le Lemur noir de Madagascar : entre protocole scientifique et règles sociales », *Animal certifié conforme* : Déchiffrer nos relations avec le vivant, Bernadette Lizet et Jacqueline Milliet (dir.), Publications scientifiques du Muséum d'Histoire Naturelle, Éditions DUNOD, Paris, p. 205-219.
Harpet Cl., Ashouraffi Soulaimana C., Hladick C.-M, Simmen B., Riera B., Ranarijaona H.-L. (2014), « Méthode d'évaluation des perceptions et des représentations locales sur un échantillon ciblé de la faune et de la flore de la côte ouest de Madagascar », revue d'écologie (*Terre et vie*) 69 : 351-355.

Harpet Cl., Billet P., Pierron J.-P. (dir.) (2014), *« À l'ombre des forêts : usages, images et imaginaires de la forêt », coll. Éthique, droit et développement durable*, Ed. l'Harmattan, Paris.
Levrel H. (2008), *Quels indicateurs pour la gestion de la biodiversité ?*, Les cahiers de l'IFB.
Méral P., Froger G. Froger, Andriamahefazafy F. et Rabearisoa A. (2009), « Le financement des aires protégées à Madagascar : de nouvelles modalités » (Chap.5), *in* Catherine Aubertin, Estienne Rodaryn (dir), *Aires protégées, espaces durables* ?, IRD Éditions p. 135-155.
Pichon C., Ramanamisata R., Tarnaud L., Bayart F., Hladik A., Hladik C.M., & Simmen, B. (2010) Feeding ecology of the crowned sifaka (Propithecus coronatus) in a coastal dry forest in northwest Madagascar (SFUM, Antrema). Lemur News 15:43-47.
Pichon C., Hladik A., Hladik C.M., Tarnaud L., Bayart F., Simmen B., & Roger, E. (2015) Leaf phenological patterns of trees, shrubs and lianas in a dry semi-deciduous forest of northwestern Madagascar: functional types and adaptive significance. Revue d'Écologie (Terre et Vie) 70 (3) : 197-212.
Pichon C., & Simmen B. (2015) Energy management in Crowned Sifakas (Propithecus coronatus) and the timing of reproduction in a seasonal environment. American Journal of Physical Anthropology DOI: 10.1002/ajpa.22786
Posey, D. A. (1999). Cultural and spiritual values of biodiversity. A complementary contribution to the global biodiversity assessment. *In* Posey, D. A. (ed.), Cultural and Spiritual Values of Biodiversity, UNEP and Intermediate Technology Publications, London, U.K., p. 1-19.
Ramanamisata R., Pichon C., Razafindraibe H., & Simmen B. (2014). Social behavior and dominance of the Crowned Sifaka (Propithecus coronatus) *in* Northwestern Madagascar. Primate Conservation 28: published electronically prior to print
Ramanantsoa G. (1976), Les lémuriens sacrés de Madagascar, *Bulletin de l'Académie Malgache*, 52 : 153-159.
Roué M (2006), Introduction entre cultures et natures. *Revue internationale des Sciences Sociales* 187 (traduit en 7 langues), Paris, Unesco, direction scientifique du numéro spécial "Diversité culturelle et biodiversité. Épistémologie des savoirs et paysages culturels. Économie des savoirs localisés.
Roué M. (2014), La théorie anthropologique au secours de la complexité. Comment penser et étudier les relations sociétés-natures, *in Les interactions hommes-milieux,* p. 131-146.
Weber J. (1995), « L'occupation humaine des aires protégées à Madagascar : diagnostic et éléments pour une gestion viable », *in Natures – Sciences – Sociétés*, 3(2), p. 157-164.

Les forêts en droit international
Chronique d'un cheminement inachevé

Mohamed Ali MEKOUAR
Centre international de droit comparé de l'environnement (CIDCE)
Université de Limoges

I. Introduction : repli des forêts et marasme de leur droit

Depuis un demi-siècle, le droit international de l'environnement s'est notablement enrichi par les apports successifs de diverses conventions dans maints domaines : faune, flore, eaux, océans, biodiversité, climat, désertification, pollutions, etc. En revanche, les forêts sont étonnamment demeurées sans traité global, alors même qu'elles occupent presque le tiers de la surface émergée de la planète et qu'elles abritent l'essentiel de la biodiversité terrestre[4]. Il est vrai que les tentatives visant à les doter d'une convention universelle n'ont pas manqué depuis trois décennies. Ces multiples initiatives se sont toutefois embourbées dans un « cul-de-sac permanent »[5] faute d'un consensus politique en faveur d'un tel outil conventionnel. Dès lors, on a privilégié le déploiement de dispositifs non contraignants, au détriment de l'éclosion d'un régime juridique international des écosystèmes forestiers. On esquissera les étapes saillantes de cette trajectoire inaboutie, non sans avoir préalablement relevé le recul parallèle du couvert forestier global.

A. Appauvrissement des ressources forestières mondiales

Le déclin des forêts demeure alarmant. L'ultime évaluation des ressources forestières mondiales, publiée en 2020, le confirme sans ambages : la déforestation a causé la perte de 420 millions d'ha de forêts dans le monde depuis 1990[6]. Malgré un ralentissement relatif, elle reste élevée : 10 millions d'ha annuellement en 2015-2020, contre 12 millions en 2010-2015 et 16 millions dans les années 1990. La déforestation est néanmoins compensée en partie par la régénération naturelle et les plantations forestières, dont le fruit conjoint atténue la perte forestière nette, qui se chiffre mondialement à 178

---

[4] FAO-PNUE, *La situation des forêts du monde 2020. Forêts, biodiversité et activité humaine*, Rome, 2020.

[5] R. S. Dimitrov, «Hostage to Norms: States, Institutions and Global Forest Politics», *Global Environmental Politics*, 5-4/2005.

[6] FAO, *Évaluation des ressources forestières mondiales 2020. Principaux résultats*, Rome, 2020.

millions d'ha en 30 ans[7]. À quoi s'ajoute la dégradation des forêts, dont l'impact négatif sur les biens et services forestiers n'est pas moins préjudiciable que celui du déboisement. Or les terres forestières dégradées s'étalent globalement sur deux milliards d'ha[8].

Aujourd'hui, les forêts mondiales peuplent 31% des terres émergées – soit 4,06 milliards d'ha –, mais 54% d'entre elles sont concentrés dans cinq pays seulement : Russie, Brésil, Canada, USA et Chine. Climatiquement, le domaine tropical compte la plus grande part des forêts, suivi des domaines boréal, tempéré et subtropical[9]. Environ la moitié (49%) de la superficie forestière du globe est relativement intacte, pendant que plus d'un tiers (34%) est constitué de forêts primaires. À l'échelle planétaire, quelque 726 millions d'ha de forêts se trouvent dans des aires protégées, leur étendue s'étant amplifiée de 191 millions d'ha depuis 1990, mais avec un fléchissement de leur progression en 2010-2020. En retour, près de 30% des forêts mondiales sont gérées principalement à des fins d'extraction du bois et des produits non ligneux, leur superficie étant restée assez stable en trois décennies[10].

Au final, bien qu'il perdure à un niveau préoccupant, cet appauvrissement planétaire du capital forestier n'est pas encore parvenu à vaincre les résistances anti-conventionnelles, à la base du marasme continu du droit forestier au plan international.

B. Piétinement du droit forestier international

Si le droit forestier n'a toujours pas réussi à s'affirmer conventionnellement, c'est que les forêts sont longtemps restées en retrait dans les enceintes internationales susceptibles de les promouvoir.

1. Les forêts en arrière-plan dans la diplomatie environnementale

Lors des grands forums onusiens consacrés à l'environnement et au développement durable, les forêts n'ont guère occupé le devant de la scène, ayant été généralement reléguées à l'arrière-plan des préoccupations écologiques centrales. Ainsi, on peut schématiquement constater que :

- En 1972, les forêts sont à peine *évoquées* à la Conférence sur l'environnement humain : la *Déclaration* de Stockholm les ignore complètement, pendant que le *Plan d'action* qui l'accompagne ne s'y réfère que de manière superficielle, essentiellement sous le prisme de la recherche, de l'information et des projets y relatifs ;

---

[7] FAO-PNUE, *La situation des forêts du monde 2020..., op. cit.*

[8] United Nations, *The Sustainable Development Goals Report 2020*, New York, 2020.

[9] FAO-PNUE, *La situation des forêts du monde 2020..., op. cit.*

[10] FAO, *Évaluation des ressources forestières mondiales 2020..., op. cit.*

- En 1992, les forêts s'invitent à la Conférence sur l'environnement et le développement de Rio mais constituent un sujet vivement *controversé*, la discorde se focalisant sur l'opportunité d'une convention forestière mondiale. Ses adversaires ayant triomphé, ses partisans se consolent par l'adoption d'instruments palliatifs de *soft law* ;
- En 2000, les forêts sont vaguement *mentionnées* dans la *Déclaration* émanant du Sommet du Millénaire des Nations Unies de New York, qui se borne à recommander d'intensifier l'action commune « pour le développement durable de tous les types de forêts » ;
- En 2002, les forêts sont pratiquement *éclipsées* au Sommet sur le développement durable de Johannesburg, n'étant mises en relief ni dans sa *Déclaration* – qui les passe sous silence – ni dans son *Plan d'application* – qui ne leur consacre qu'un modeste paragraphe ;
- En 2012, les forêts sont passablement *édulcorées* par la Conférence des Nations Unies sur le développement durable : « L'avenir que nous voulons » découlant de Rio+20 se contente d'appeler à redoubler d'efforts pour parvenir à une gestion durable des forêts, sans fixer d'objectifs précis pour enrayer leur recul et leur dégradation[11] ;
- En 2015, les forêts apparaissent comme *diluées* dans le « Programme 2030 » résultant du Sommet des Nations Unies sur le développement durable de New York : parmi ses 17 objectifs de développement durable proclamés, aucun n'est spécifiquement dédié aux forêts, qui se retrouvent noyées dans l'ODD 15 sur la préservation des écosystèmes terrestres, y compris les espaces forestiers.

Somme toute, en près de 50 ans de diplomatie onusienne depuis Stockholm, l'agenda environnemental international a réservé aux forêts un accueil clair-obscur alternant ombres et lumières ; leur traitement en demi-teinte est resté otage du bras de fer opposant adversaires et partisans d'un traité sur les forêts.

2. La convention forestière mondiale objet d'un bras de fer trentenaire

En prélude à la Conférence de Rio sur l'environnement et le développement (CNUED), l'idée d'une telle convention commence à germer, en 1989-90, parmi des groupes d'experts[12] et dans des cadres intergouvernementaux. En

[11] Aucune référence n'y est faite non plus à la convention sur les forêts dont le Canada avait proposé d'initier la négociation : E. Rehbinder, « Climat et forêts », *in Rio+20, Revue juridique de l'environnement*, 4/2012.

[12] La proposition en a d'abord été faite sous la forme non pas d'un traité autonome, mais d'un protocole additionnel à la future convention sur les changements climatiques, lors d'une réunion à Ottawa en février 1989 (A. Hooker, « The International Law of Forests », *Natural Resources Journal*, vol. 34, 4/1994) et d'un atelier à Brasilia en janvier 1990 (*Elements of Protocol for the Conservation of Forests,* based upon draft prepared for January 1990 Sao Paulo Workshop).

1990, la FAO ébauche une convention universelle sur la protection et la mise en valeur des forêts[13], que son Comité des forêts et son Conseil jugent prématurée[14]. La même année, le G7 réuni à Houston prône aussi la négociation d'un accord forestier mondial[15], puis une proposition similaire de convention forestière est avancée lors de la IIe conférence mondiale sur le climat à Genève, en lien avec les projets de conventions relatives au climat et à la biodiversité alors en cours d'élaboration[16].

Quelques États appuient le principe d'une telle convention au début des préparatifs de la CNUED, dont le secrétariat crée un groupe de travail sur les forêts. S'y engage en 1991 une réflexion sur un éventuel traité forestier, mais ses adversaires s'y opposent fermement au sein du Comité préparatoire de la CNUED, prenant rapidement le dessus sur ses défenseurs. Tout projet d'instrument obligatoire est partant écarté, au profit de simples outils déclaratoires[17]. L'option conventionnelle fait ainsi long feu dans l'année qui suit son émergence.

Ce bras de fer antagonique survivra longtemps à la CNUED, même s'il évoluera avec le temps. Pendant la période Rio-1992, un esprit de confrontation divise farouchement les deux camps, excluant toute possibilité d'entente. Après la CNUED, l'animosité se dissipant fait place à un dialogue encadré autour de la convention forestière. Trois entités *ad hoc* l'abritent ainsi de 1995 à nos jours, mais sans marquer d'avancées réelles vers l'objectif conventionnel.

Si les négociations forestières sont ainsi restées infructueuses trois décennies durant, elles se sont structurées à travers des mécanismes toujours plus formels. Paradoxalement, une telle institutionnalisation a contribué à les enliser : en pérennisant le débat forestier, n'a-t-on pas corrélativement obstrué l'avenue conventionnelle ?[18] Résultat : le traité forestier mondial, sans cesse repoussé, fait figure d'un rocher de Sisyphe de la diplomatie onusienne.

Ensuite, en mai 1990, les évaluateurs du *Plan d'action forestier tropical* ont proposé, dans une optique globale, de préparer « une convention internationale couvrant toutes les forêts ».

[13] FAO, *Proposition de convention mondiale sur la conservation et la mise en valeur des forêts*, COFO-93/3(a), Rome, 1990.

[14] *Rapport de la dixième session du Comité des forêts*, CL 98/8, Rome, 1990 ; *Rapport du Conseil*, CL 98/REP, Rome, 1990.

[15] FAO, *Proposition de convention mondiale sur la conservation et la mise en valeur des forêts, op. cit.*

[16] M. A. Mekouar, « Rio et les forêts : de la déclaration à la convention ? », *in* M. Prieur et S. Doumbé-Billé (dir.), *Droit, forêts et développement durable*, Bruxelles, Bruylant, 1996.

[17] FAO, *Évaluation des avantages et des inconvénients que présente un instrument juridiquement contraignant relatif aux forêts. Note du Secrétariat*, COFO-95/2-SUPP.4, Rome, 1995.

[18] M. A. Mekouar, « Les forêts de Rio à Johannesburg et la perspective d'une convention forestière mondiale », *in Vers un nouveau droit de l'environnement ?*, Limoges, CIDCE, 2003.

II. L'introuvable traité forestier universel : impasse conventionnelle et palliatifs métajuridiques

Inhibées à la CNUED, les velléités conventionnelles ne se sont pas éclipsées pour autant. La voie du traité est restée obstinément ouverte depuis Rio-1992, même si son issue a paru, tel un mirage fugace, chaque fois inaccessible. Chemin faisant, l'adoption d'instruments alternatifs a permis de remédier, dans une certaine mesure, au vide conventionnel persistant.

A. La convention-mirage : un rituel d'atermoiements depuis Rio-1992

Dans le sillage de Rio, le débat forestier reprend en 1993 par le biais de la *Commission du développement durable* (CDD) instituée dans la foulée de la CNUED pour assurer le suivi de la mise en œuvre d'*Agenda 21*. Soucieuse d'instaurer le dialogue en atténuant les clivages, elle arrive à relancer timidement les discussions autour d'une possible convention forestière en 1995[19]. Pour mieux les canaliser, elle crée simultanément le *Groupe intergouvernemental sur les forêts* (GIF), qui approfondit les échanges jusqu'en 1997, sans parvenir à un accord. La CDD le remplace alors par le *Forum intergouvernemental sur les forêts* (FIF), où le dialogue se poursuit pendant trois ans ; à son tour, il achève son mandat sans faire aboutir la négociation.

Une nouvelle entité prend donc le relais en 2000 : le *Forum des Nations Unies sur les forêts* (FNUF), organe subsidiaire de l'ECOSOC où l'hypothétique traité forestier demeure en chantier à ce jour. Créé pour une durée initiale de cinq ans, il n'a pu en débattre qu'en 2005, lors de sa dernière session, à propos du « cadre juridique des forêts »[20]. Incapable là aussi de forger un accord, le FNUF renouvelle néanmoins son mandat de 2006 à 2015, en y intégrant « l'arrangement international sur les forêts ». L'examen du cadre juridique des forêts n'est encore planifié qu'à son ultime session de 2015[21]. Malgré cette longue durée, le FNUF ne progresse pas tangiblement dans la perspective de la convention forestière. Pour la troisième fois, cependant, son mandat est prorogé de 2016 à 2030. Mais en raison de son calendrier, il ne pourra pas replancher sur l'option d'un « instrument juridique contraignant » relatif aux forêts avant 2024[22].

De tribune en tribune, de report en report, le débat forestier a ainsi traîné en longueur, achoppant immanquablement sur l'introuvable consensus pour un traité sur les forêts. Passant de la CDD au GIF, puis du FIF au FNUF, il s'est solidement structuré, mais sans jamais faire jaillir l'ombre d'une entente

---

[19] D. Humphreys, *Forest Politics. The Evolution of International Cooperation*, London, Earthscan, 1996.

[20] Résolution 2000/35 de l'Assemblée générale des Nations Unies, 18 oct. 2000.

[21] Résolution 2006/49 de l'ECOSOC, 28 juill. 2006.

[22] Résolution 2015/33 de l'ECOSOC, 22 juill. 2015.

sur la voie conventionnelle au terme d'un laborieux parcours trentenaire. Quoique dotée d'un appareil institutionnel consolidé, la diplomatie forestière n'a cessé de repousser sans fin l'horizon temporel d'un accord éventuel autour d'une convention forestière, au point que l'on s'est demandé si elle n'a pas fait « beaucoup de bruit pour rien »[23]. On pourrait épouser un tel verdict ne fussent les progrès qu'elle a parallèlement accomplis sur le versant du *soft law*.

B. Les palliatifs métajuridiques : prolifération d'outils déclaratoires

Les forêts sont coutumières des déclarations depuis 1992. Celles-ci se multiplient, en guise de compromis, après l'abandon de l'option conventionnelle à la CNUED. Notoire entre toutes est la *Déclaration de principes, non juridiquement contraignante mais faisant autorité, pour un consensus mondial sur la gestion, la conservation et l'exploitation écologiquement viable de tous les types de forêts*, plus simplement surnommée *Principes forestiers*. Sorte de charte de la gestion forestière durable en vue de satisfaire les besoins sociaux, économiques, écologiques, culturels et spirituels des générations présentes et futures, elle préconise d'aider financièrement les pays en développement à protéger leurs forêts. Conceptuellement, elle se fonde sur un second outil non contraignant accouché par la CNUED : le Chapitre 11 d'*Action 21* intitulé « Lutte contre le déboisement », qui tend à assurer une gestion équilibrée des forêts grâce à la planification forestière, l'extension du reboisement, la préservation des écosystèmes et de la biodiversité, ainsi qu'au développement de la coopération forestière internationale[24].

Entre autres retombées, les *Principes forestiers* ont eu pour effet d'impulser, dans les années 1990-2000, le foisonnement de critères et d'indicateurs pour l'aménagement durable des divers types de forêts. Ainsi, plusieurs processus éco-régionaux ont permis de mettre au point de tels critères et indicateurs pour évaluer et suivre les progrès réalisés dans la gestion durable : (i) des forêts tropicales des États membres de l'Organisation internationale des bois tropicaux et de l'Organisation africaine du bois ; (ii) des forêts méditerranéennes, boréales et tempérées ; (iii) de la forêt amazonienne ; (iv) des forêts d'Amérique centrale ; (v) des forêts des zones arides ; (vi) des forêts sèches asiatiques[25].

---

[23] S. Doumbé-Billé, « Le cadre juridique international relatif aux forêts - État de développement », *in* M. Cornu et J. Fromajeau (dir.), *La forêt à l'aube du XXIe siècle. Aspects internationaux*, Paris, L'Harmattan, 2004.

[24] M. A. Mekouar, « Rio et les forêts : de la déclaration à la convention ? », *op. cit.*

[25] M. A. Mekouar, « Les forêts de Rio à Johannesburg et la perspective d'une convention forestière mondiale », *op. cit.*

Quinze ans après la Déclaration forestière de Rio, l'Assemblée générale des Nations Unies (AGNU) a approuvé, en 2007, l'*Instrument juridiquement non contraignant concernant tous les types de forêts*[26]. S'apparentant aux *Principes forestiers* quant à sa nature « non contraignante » et sa portée englobant « tous les types de forêts », il est plus étoffé à certains égards, abordant des questions plus actuelles telles que le changement climatique ou la bonne gouvernance. Quatre objectifs communs aux forêts y sont fixés à l'horizon 2015 : (i) mettre fin à la perte du couvert forestier mondial ; (ii) renforcer les bienfaits économiques, sociaux et environnementaux liés aux forêts ; (iii) accroître sensiblement les étendues de forêts protégées et gérées durablement ; (iv) juguler le déclin de l'aide publique au développement destinée aux forêts. Quoique perçu comme représentant le plus petit commun dénominateur[27], l'Instrument forestier de 2007 a eu le mérite de rassembler, dans un texte unique actualisé, les normes et valeurs collectivement considérées comme essentielles pour asseoir une gestion durable des forêts dans le monde.

Cette vogue déclaratoire se poursuit à l'ONU la décennie suivante. L'AGNU proclame 2011 *Année internationale des forêts*[28] et, à compter de 2013, le 21 mars de chaque année *Journée internationale des forêts*[29]. En 2014, le Sommet des Nations Unies sur le climat enfante la *Déclaration de New York sur les forêts,* qui porte deux engagements visant à diminuer de 20% les émissions globales de CO_2 : (i) réduire de moitié la disparition des forêts naturelles avant 2020, puis y mettre un terme avant 2030 ; (ii) restaurer 150 millions d'ha de forêts dégradées avant 2020, puis au moins 200 millions d'ha avant 2030[30].

Un an plus tard, le *Programme 2030*[31] issu du Sommet des Nations Unies sur le développement durable décline 17 ODD, dont le 15ᵉ consacre trois cibles aux forêts : (i) 15-1 : garantir la préservation, la restauration et l'exploitation durable des forêts à l'horizon 2020 ; (ii) 15.2 : promouvoir la gestion forestière durable, arrêter la déforestation, restaurer les forêts dégradées et accroître nettement le boisement et le reboisement à l'horizon 2020 ; (iii) 15.b : mobiliser d'importants financements pour la gestion durable des forêts. Non quantifiées, ces aspirations apparaissent en retrait par rapport

---

[26] Résolution 62/98. Élaboré dans le cadre du FNUF, cet instrument a été précédemment adopté par l'ECOSOC en 2006 (résolution 2006/49).

[27] K. Kunzmann, «The Non-legally Binding Instrument on Sustainable Management of all Types of Forests. Towards a Legal Regime for Sustainable Forest Management? », *German Law Journal*, vol. 9, n° 8, 2008.

[28] Résolution 61/193.

[29] Résolution 67/200.

[30] M. A. Mekouar, « La Déclaration de New York sur les forêts du 23 septembre 2014 : quelle valeur ajoutée ? », *Revue juridique de l'environnement*, 2/2015.

[31] Résolution 70/1 de l'AGNU - *Transformer notre monde : le Programme de développement durable à l'horizon 2030*, 25 septembre 2015.

aux engagements chiffrés de la Déclaration de New York. Elles seront toutefois élucidées par le *Plan stratégique des Nations Unies sur les forêts 2017-2030,* que l'ECOSOC entérine en 2017[32]. Dans le prolongement du Programme 2030, il trace six objectifs forestiers mondiaux : (i) arrêter la réduction du couvert forestier et augmenter de 3% la zone forestière à l'échelle mondiale ; (ii) renforcer les avantages économiques, sociaux et écologiques dérivés des forêts ; (iii) accroître sensiblement la superficie des forêts protégées et de celles gérées durablement ; (iv) dégager des financements plus consistants pour mettre en œuvre la gestion durable des forêts ; (v) promouvoir des cadres de gouvernance afin de réaliser la gestion forestière durable et consolider leur contribution au Programme 2030 ; (vi) affermir la coopération, la coordination, la cohérence et les synergies concernant les forêts. Au total, forgés consensuellement, ces outils déclaratoires ont façonné des visions harmonisées quant à la durabilité de la gestion forestière et, partant, facilité la mise en cohérence des politiques forestières au niveau mondial, face à la portée limitée des instruments juridiques existants sur les forêts.

III. Impact restreint des instruments juridiques existants sur les forêts

Un traité universel couvrant les forêts dans leur globalité faisant défaut, dans quelle mesure ce déficit conventionnel peut-il être partiellement comblé par les outils juridiques en place, qui traitent des forêts mais dont l'emprise est circonscrite par les bornes de leur champ spatial ou de leur contenu substantiel ? En particulier, quel rôle peuvent jouer les instruments forestiers régionaux, que leur vocation soit générale ou spécifique ?

A. Apports confinés des instruments forestiers régionaux de portée générale

Actuellement, des traités régionaux régissant les forêts de manière générale n'existent que dans deux sous-régions des continents africain et américain, mais l'Europe aussi pourrait à l'avenir se doter d'un tel instrument.

Le premier accord de ce genre est la *Convention régionale concernant la gestion et la conservation des écosystèmes forestiers naturels et le développement des plantations forestières en Amérique centrale*. Conclue à Guatemala City en 1993 dans le cadre de la Commission centraméricaine pour l'environnement et le développement, elle a donné lieu à la création du Conseil centraméricain des forêts, qui veille à combattre les activités nuisibles aux forêts et à replanter les zones déboisées[33]. Liant uniquement les États

[32] Résolution 2017/4.

[33] M. A. Mekouar, « Les forêts sans traité de Stockholm à Johannesburg : le droit forestier international en quête d'identité », *in Actes du colloque international "La forêt : enjeux*

parties de la sous-région – Costa Rica, Guatemala, Honduras, Nicaragua, Panama, Salvador –cette convention embrasse des formations forestières relativement peu étendues.

Le second accord de cette catégorie est le *Protocole sur la protection, l'aménagement et le développement des forêts en Afrique australe*, élaboré au sein de la Communauté de développement de l'Afrique australe (SADC) et signé à Luanda en 2002. Plus inclusif que la convention de Guatemala, il aborde pratiquement toutes les facettes de la gestion forestière durable[34], mais il ne concerne que les forêts des États membres de la SADC[35], à l'exception notable de celles relevant des cinq pays n'y ayant pas encore adhéré : Angola, Madagascar, Malawi, République démocratique du Congo et Seychelles.

En outre, un troisième traité forestier régional pourrait voir le jour prochainement : l'*Accord juridiquement contraignant sur les forêts d'Europe*. Initiée en 2011 sous les auspices de la Conférence ministérielle pour la protection des forêts en Europe, sa négociation, très avancée, aurait pu aboutir lors de la 8e session de cette dernière en 2020 – réunion qui a été reportée à cause du coronavirus. Fondé sur une approche holistique et intégrée de la gestion des forêts, cet accord s'appliquerait à un vaste ensemble de massifs forestiers à travers 54 pays : ceux de tous les États européens et de diverses nations d'Asie centrale[36].

En somme, pour utiles qu'ils soient, ces instruments ne peuvent profiter à certaines catégories de forêts que dans des espaces plus ou moins confinés et suivant des approches non coordonnées, leurs champs géo-naturels étant fort variables et leurs contenus normatifs assez hétérogènes.

B. Apports limités des instruments forestiers régionaux de portée spécifique

Dans le même ordre d'idées, les apports des instruments forestiers régionaux peuvent être restreints par la spécificité de leur objet. Leur portée s'en trouve alors intrinsèquement réduite. C'est le cas des traités axés sur des espaces déterminés ou des activités particulières.

Ainsi en va-t-il du *Protocole sur les forêts de montagne*, additionnel à la Convention sur la protection des Alpes de 1991, qui a été adopté à Brdo (Slovénie) en 1996. À l'évidence, il ne s'applique qu'aux forêts situées en montagne, « en tant qu'écosystème proche de la nature » (art. 1), à l'égard des

---

comparés des formes d'appropriation, de gestion et d'exploitation dans les politiques environnementales et le contexte d'urbanisation généralisée", Université de Poitiers, 2005.

[34] *Ibid.*

[35] Afrique du Sud, Angola, Botswana, Comores, Lesotho, Madagascar, Malawi, Maurice, Mozambique, Namibie, République démocratique du Congo, Seychelles, Swaziland, Tanzanie, Zambie, Zimbabwe.

[36] https://foresteurope.org/themes/?sfm=/themes/forest-europe-expert-groups.

six pays alpins qui y ont souscrit : Allemagne, Autriche, France, Italie, Liechtenstein et Slovénie[37].

On peut en dire autant du *Protocole sur la gestion forestière durable*, additionnel à la Convention-cadre sur la protection et le développement durable des Carpates de 2003, qui a été scellé à Bratislava en 2011. Lui aussi ne concerne, par définition (art. 6 et 7), que les forêts incluses dans les zones montagneuses des six États qui y sont parties : Hongrie, République tchèque, Roumanie, Serbie, Slovaquie et Ukraine[38].

Dans un autre registre, on peut citer l'*Accord sous-régional sur le contrôle forestier en Afrique centrale*, conclu en 2008 à Brazzaville sous l'égide de la Commission des forêts d'Afrique centrale. Ciblant essentiellement le « contrôle forestier », son but primordial est de réguler l'exploitation, la transformation, la circulation et le commerce des produits forestiers dans les pays engagés de la sous-région : Burundi, Cameroun, Congo, Gabon, Guinée équatoriale, République centrafricaine, République démocratique du Congo et Tchad[39].

Enfin, il y a lieu d'évoquer l'*Accord sur la création de l'Organisation asiatique de coopération forestière*, conclu en 2015 à Séoul en lien avec l'Association des nations de l'Asie du Sud-Est (ASEAN)[40]. Son objet déclaré est de renforcer la gestion durable des forêts pour faire face à l'impact du changement climatique (art. 3-1). Pour l'heure, les États l'ayant ratifié sont : Bhoutan, Brunei, Cambodge, Laos, Myanmar, Philippines, République de Corée, Timor-Leste, Vietnam.

À raison de leur nature spécifique, ces instruments régionaux ont donc un potentiel de protection des forêts relativement limité, qui peut être soit circonscrit au niveau géographique (massifs forestiers montagneux), soit partiel sur le plan substantiel (contrôle des opérations forestières, coopération forestière pour endiguer le réchauffement climatique).

C. Un instrument à vocation doublement réduite : l'Accord international sur les bois tropicaux

Une telle spécificité n'est d'ailleurs pas propre aux conventions de portée régionale. On la retrouve également dans un instrument multilatéral ouvert, l'*Accord international sur les bois tropicaux* (AIBT). Initialement adopté en 1983, puis amendé en 1994, l'AIBT a été rénové parallèlement à la préparation de l'*Instrument juridiquement non contraignant concernant tous les types de*

[37] https://www.alpconv.org/fr/home/convention/etat-des-ratifications.

[38] http://www.carpathianconvention.org/status-of-signature-and-ratification.html.

[39] https://medd.gouv.cd/wp-content/uploads/2019/09/Accord-sous-regional-sur-le-controle-forestier-en-AC.pdf.

[40] *Agreement on the Establishment of the Asian Forest Cooperation Organization*, http://afocosec.org.

forêts de 2007. Le nouvel accord, signé en 2006 et en vigueur depuis 2011, améliore son devancier à plusieurs égards. Outre la promotion de l'expansion et de la diversification du commerce international des bois tropicaux issus de forêts gérées dans le respect de la durabilité et la légalité, il en favorise la transparence par la vérification de l'origine des grumes et leur traçabilité, ainsi que par le recours facultatif à la certification forestière, opérant ainsi un saut qualitatif des mécanismes de régulation et de contrôle du commerce international des bois tropicaux[41]. Une telle avancée est d'autant plus significative qu'environ 90% dudit commerce et 80% des forêts tropicales du monde relèvent des États membres de l'Organisation internationale des bois tropicaux[42].

Au-delà de ces perfectionnements, l'AIBT n'en demeure pas moins un instrument à vocation doublement restreinte : (i) régissant exclusivement le commerce international des produits ligneux dérivés des forêts tropicales, il se désintéresse des autres types de forêts et des autres biens et services forestiers ; (ii) ne liant que les pays producteurs (36 États) et consommateurs (38 États) de bois tropicaux, il laisse de côté ceux qui ne sont pas directement parties prenantes. C'est dire que l'AIBT, de par son objet particulier, reste un outil mono-dimensionnel (commerce du bois) et mono-catégoriel (forêts tropicales), qui ne peut être porteur d'une approche intégrée de la gestion forestière et ne peut prétendre à l'universalité. On peut alors tenter de chercher appui sur des instruments juridiques non proprement forestiers.

IV. Protection sélective des forêts par les instruments juridiques non forestiers

Sans avoir été conçus au profit direct des forêts, divers traités environnementaux sont utilisables pour leur fournir une protection sélective, partielle ou ponctuelle, permettant alors de sauvegarder des espaces ou espèces forestiers, ou encore de mettre en valeur des services ou fonctions forestiers.

A. Instruments non forestiers à la rescousse d'espaces ou d'espèces forestiers

Parmi les traités non forestiers susceptibles de porter secours à des espaces ou espèces forestiers, on peut invoquer trois conventions mondiales et un accord régional.

Au titre des outils universels, la *Convention relative aux zones humides d'importance internationale* (Ramsar, 1971) peut servir de cadre à la protection de plusieurs types de forêts inondées et de zones humides boisées :

---

41 J.-P. Beurier, *Droit international de l'environnement*, 5e édition, Paris, Pedone, 2017, p. 205.

42 https://www.itto.int/fr/about_itto.

forêts de mangroves, marécages à mangroves, marais boisés, tourbières boisées, etc. Ces zones doivent bien entendu satisfaire aux critères des Sites Ramsar, et être inscrites comme telles, au regard de leur importance internationale pour la conservation de la biodiversité ou comme constituant des sites « représentatifs, rares ou uniques ». À titre d'illustrations, on peut mentionner : la Réserve naturelle communautaire de Palmarin au Sénégal (marécages à mangroves)[43] ; le *Delta del Río Baudó* en Colombie (forêts inondées)[44] ; le *Kuching Wetlands National Park* en Malaisie (mangrove saline)[45].

Un autre traité universel mobilisable pour la préservation d'espaces naturels abritant des forêts est la *Convention concernant la protection du patrimoine mondial, culturel et naturel* (Paris, 1972). Les zones pouvant être protégées comme sites naturels du patrimoine mondial doivent être « strictement délimitées » et avoir « une valeur universelle exceptionnelle du point de vue de la science, de la conservation ou de la beauté naturelle » (art. 2). Seules les zones forestières répondant à ces caractéristiques sont donc éligibles à l'inscription sur la Liste du patrimoine mondial. Comme exemples de sites forestiers inscrits, on peut citer : les *Forêts vierges de Komi* en Russie[46] ; le *Forêt impénétrable de Bwindi* en Ouganda[47] ; la *Forêt atlantique* au Brésil[48].

Un troisième traité mondial permettant plus particulièrement de protéger les essences forestières en péril est la *Convention sur le commerce international des espèces de faune et de flore sauvages menacées d'extinction* (Washington, 1973). En effet, le commerce d'espèces d'arbres menacées de disparition (annexe I) ou risquant de le devenir (annexe II) peut être restreint ou prohibé en vertu de la CITES. À ce titre, plus de 900 espèces d'arbres ont été inscrites aux annexes de la CITES, comme les cèdres du genre Cedrela ou les bois de rose des genres Dalbergia, Guibourtia et Pterocarpus, qui ont été insérés dans l'annexe II en 2019[49].

À l'échelle régionale, on évoquera un instrument singulier, dédié à un type particulier de milieu naturel forestier : le *Protocole relatif à la gestion durable des mangroves*[50], adopté à Abidjan en 2019 dans le cadre de la Convention sur le milieu marin et les zones côtières de l'Afrique de l'Ouest, du Centre et du

[43] https://www.ramsar.org/fr/news/les-trois-nouveaux-sites-ramsar-du-senegal.

[44] https://www.ramsar.org/es/nuevas/con-motivo-del-dia-mundial-del-medio-ambiente-colombia-designa-sitio-ramsar-en-la-costa-del.

[45] https://www.ramsar.org/news/malaysia-names-mangrove-ramsar-site.

[46] https://whc.unesco.org/fr/list/719.

[47] https://whc.unesco.org/fr/list/682.

[48] https://whc.unesco.org/fr/list/893.

[49] CITES, *Programme CITES sur les espèces d'arbres,* CoP18 Doc. 16, 2019.

[50] https://abidjanconvention.org/themes/critai/documents/meetings/plenipotentiaries/working_documents/fr/ABC-WACAF-COP12%20-%20Protocole%20Mangrove%20Version%20finale.pdf.

Sud (Abidjan, 1981)[51]. Non encore entré en vigueur, il énonce les principes et pose les règles de restauration, réhabilitation, conservation et gestion de l'écosystème mangrove, comprenant l'ensemble des forêts côtières des régions tropicales et subtropicales, ainsi que toutes les espèces adaptées à la salinité des régions intertropicales soumises à des échanges entre la terre et l'océan (art. 2).

Ne traitant pas des forêts en général, les instruments susmentionnés ne sont pertinents que pour les espaces et essences forestiers revêtant une importance particulière, possédant une valeur exceptionnelle ou dont la survivance est menacée et qui, de surcroît, font l'objet d'une inscription formelle (sauf le Protocole d'Abidjan, applicable à tout l'écosystème mangrove). Les forêts ordinaires échappent donc largement à leur emprise normative.

B. Instruments non forestiers en soutien à des services ou fonctions forestiers

Quant aux services et fonctions, notamment écologiques, que les forêts remplissent, ils peuvent être fournis, dans une certaine mesure, par l'entremise des trois conventions issues de la CNUED.

Ainsi, la *Convention sur la diversité biologique* (Nairobi, 1992) offre un solide point d'ancrage pour la protection d'espaces naturels riches en biodiversité forestière, sachant que les forêts recèlent plus de la moitié de la biodiversité mondiale. Aussi les parties à la CBD ont-elles été très attentives à la biodiversité forestière, en adoptant dès 1998 un *Programme de travail sur la diversité biologique des forêts*, dont elles ont élargi le contenu en 2002. De plus, le *Plan stratégique pour la diversité biologique 2011-2020* qu'elles ont adopté en 2010 fixe les « objectifs d'Aichi pour la biodiversité », dont deux concernent les forêts : lutter contre leur appauvrissement et s'assurer que la sylviculture soit respectueuse de la biodiversité[52]. Dans la continuité du plan stratégique, un *Cadre mondial de la biodiversité pour l'après-2020*[53] aurait dû être adopté par la COP-15 de la CDB en 2020, mais la pandémie a dicté son report.

Pour sa part, la *Convention-cadre des Nations Unies sur les changements climatiques* (New York, 1992), complétée par le *Protocole de Kyoto* (1997) et l'*Accord de Paris* (2015), en reconnaissant le rôle des forêts dans l'adaptation au réchauffement global et l'atténuation de ses effets, est de nature à

[51] https://abidjanconvention.org/plenipotentiaries.
En 2010, une charte régionale pour une gestion durable des mangroves avait été approuvée à Nouakchott par six pays ouest-africains – Gambie, Guinée, Guinée-Bissau, Mauritanie, Sénégal et Sierra Leone – en vue de la transformer ultérieurement en protocole additionnel à la Convention d'Abidjan.

[52] Décision X/2, UNEP/CBD/COP/DEC/X/2.

[53] CDB, *Le cadre mondial de la biodiversité pour l'après-2020 : document de travail. Note de la Secrétaire exécutive*, CBD/POST2020/PREP/1/1, 25 janv. 2019.

favoriser : (i) la contribution des forêts, comme puits de carbone, à la régulation du climat ; (ii) la réduction de l'incidence de la déforestation sur le climat comme cause d'émission de CO_2, y compris par les initiatives visant à réduire les émissions résultant du déboisement et de la dégradation des forêt (REDD+) ; (iii) la production durable de biocombustibles forestiers en substitution aux combustibles fossiles.

Quant à la *Convention sur la lutte contre la désertification dans les pays les plus gravement touchés par la sécheresse et/ou la désertification, en particulier en Afrique* (Paris, 1994), elle peut constituer un vecteur de promotion de la sylviculture, du reboisement et de l'agroforesterie, ainsi que de la conservation et la régénération du couvert forestier, aux fins de la prévention de la désertification et de la lutte contre son extension. Son *Cadre stratégique 2018-2030* aspire à atteindre la neutralité de la dégradation des terres[54], la restauration des milieux forestiers, notamment par le reboisement, étant l'un des moyens d'y parvenir.

Se rapportant indirectement aux forêts, ces trois conventions mettent en valeur certains des services ou fonctions qu'elles procurent, mais dans des optiques diverses et pas toujours convergentes. Ainsi, le souci de préservation de la biodiversité inhérent à la CDB est souvent peu conciliable avec l'objectif de séquestration du carbone recherché par la CCNUCC[55].

V. Conclusion : à quand un traité mondial pour les forêts ?

Déroulant la chronique de la diplomatie forestière internationale depuis la CNUED, ce rapide flash-back a dégagé les traits saillants de son parcours accidenté, tortueux et inabouti.

Une première image en ressort : celle, contrastée, du progrès et du piétinement des outils forestiers à l'échelle planétaire. D'un côté, une avancée notable du droit déclaratoire, incarnée spécialement par les Principes forestiers de 1992 et l'Instrument juridiquement non contraignant concernant tous les types de forêts de 2007, marque le triomphe du *soft law* des forêts. D'un autre côté, un processus engourdi du droit conventionnel, où la quête trentenaire d'un insaisissable traité forestier universel est restée vaine, traduit l'inertie du *hard law* des forêts.

Un deuxième constat émerge : celui, mitigé, d'une myriade d'instruments juridiques, sylvo-spécifiques ou non, particuliers ou généraux, régionaux ou mondiaux, qui aident peu ou prou, et de façon sporadique, à protéger les forêts ou à mettre en valeur leurs biens et services. On l'a métaphoriquement relevé :

[54] https://www.unccd.int/sites/default/files/sessions/documents/2017-11/cop21add1_fre.pdf.

[55] H. van Asselt, «Managing the Fragmentation of International Environmental Law: Forests at the Intersection of the Climate and Biodiversity Regimes», *International Law and Politics*, 44/2012.

« Pas de convention sur les forêts, mais 10 traités sur les arbres »[56]. Si ces multiples traités peuvent être profitables aux forêts à des degrés divers, c'est de manière sélective ou restreinte, suivant des approches non coordonnées, fragmentées ou sectorielles, qui tiennent à l'hétérogénéité de leurs contenus normatifs et de leurs champs spatiaux – facteurs peu propices à une gestion intégrée et durable des forêts. Partant, les dispositifs existants ne peuvent constituer à eux seuls une réelle alternative à une convention forestière mondiale[57].

La complétude du droit forestier dans la sphère mondiale demeure donc tributaire d'un traité universel applicable à toutes les forêts. Seul un tel outil conventionnel, imprégné d'une vision multifonctionnelle et multidimensionnelle pour une gouvernance holistique et équitable des écosystèmes forestiers de la planète, est de nature à édifier le véritable régime forestier international qui continue de faire défaut[58].

La voie maîtresse demeure donc celle conduisant au traité forestier mondial, même si elle apparaît plus que jamais semée d'embuches. Car les obstacles qui l'ont traditionnellement encombrée, à présent appesantis par les effets de la crise profonde liée à la Covid-19, rendent assurément la conjoncture internationale encore moins favorable à une nouvelle convention à résonnance environnementale. Sans compter que des postures régressives en la matière se manifestent sans retenue, comme en témoignent la dénonciation de l'Accord de Paris sur le climat ou la levée de boucliers contre le projet de Pacte mondial pour l'environnement[59].

---

[56] B. M. Ruis, « Pas de convention sur les forêts, mais 10 traités sur les arbres », *Unasylva*, n° 206, vol. 52/3, 2001.

[57] Dans ce sens, voir J.-M. Lavieille, Hubert Delzangles et Catherine Le Bris, *Droit international de l'environnement*, 4e éd., Paris, Ellipses, 2018; D. VanderZwaag and D. MacKinlay, «Towards a Global Forests Convention: Getting Out of the Woods and Barking Up the Right Tree», *in* Canadian Council of International Law, *Global Forests and International Environmental Law*, London-Boston, Kluwer Law International, 1996. Pour sa part, A. Eikermann, *Forests in International Law. Is There Really a Need for an International Forest Convention ?*, Switzerland, Springer International Publishing, 2015, estime qu'un traité forestier mondial ne serait pas une panacée, nourrissant de sérieux doutes sur sa faisabilité. Plus nuancée, M.-Cl. Smouts, *Forêts tropicales, jungle internationale. Les revers de l'écopolitique mondiale*, Paris, Presses de Sciences Po, 2001, est d'avis qu'une convention forestière est une « ambition prématurée ».

[58] Stéphane Doumbé-Billé qualifiait les instruments juridiques se rapportant aux forêts de « cadre juridique minimal » reflétant l'inexistence d'un « régime juridique intégré qui appréhende les forêts de manière globale, prenant en considération toute la gamme de biens et de services qu'elles procurent » (S. Doumbé-Billé *et al.*, *Droit international de l'environnement*, Bruxelles, Larcier, 2013). Auparavant, il en avait dressé un tableau plus sombre, celui d'un « désert juridique » aride, d'un « non-régime » difficile à toucher du doigt (S. Doumbé-Billé, « Le cadre juridique international relatif aux forêts - État de développement », *op. cit.*).

[59] Envisagé par l'AGNU en 2018 (résolution 72/277), ce projet de pacte a été promptement étouffé dans l'œuf en 2019 (résolution 73/333), les chances de sa remise sur pied paraissant dès lors incertaines et lointaines. Sur le projet de pacte : K. J.-M. Atta, « Naufrage du Pacte mondial pour l'environnement : les questions de droit. Des lacunes du droit international de

Dans ce contexte, le scénario d'une convention-forêts est-il encore plausible et quand peut-on raisonnablement escompter son éventuel avènement ? Le FUNF, enceinte exclusive de sa négociation, n'aura pas l'occasion d'en débattre avant sa session de 2024, durant laquelle il est appelé à effectuer un examen à mi-parcours de l'efficacité de l'arrangement international sur les forêts, y compris l'option d'adopter un « instrument juridique contraignant concernant tous les types de forêts »[60]. Il devra ensuite, à la fin de son actuel mandat en 2030, procéder à « un examen final de la même question »[61]. Au bout d'un sentier aussi exigu, l'aboutissement du processus conventionnel semble extrêmement aléatoire.

Quoi qu'il en soit, en fin de course, sans une convention forestière mondiale, le droit international des forêts restera fatalement inachevé.

l'environnement », *Revue juridique de l'environnement*, 1/2020 ; « Dossier : Vers un Pacte mondial sur l'environnement ? », *Revue juridique de l'environnement*, 2/2020.

[60] Plan stratégique des Nations Unies sur les forêts (2017-2030), résolution 2017/4 de l'ECOSOC.

[61] *Ibid.*

La REDD+, un élément structurant du complexe de régime sur les forêts ?

Julien DELLAUX[1]
Maître de conférences en droit public au Museum national d'histoire naturelle (UMR208 PALOC)
Docteur en droit public de l'Université d'Aix-Marseille et du Centre Universitaire de Brasilia

Introduction

L'intérêt de la communauté internationale pour la question forestière n'est apparu que tardivement. Les années soixante-dix se sont révélées être un tournant puisque les études scientifiques conduites à cette période ont permis de révéler au monde l'ampleur du phénomène de déforestation et d'alerter l'opinion publique[2]. Les États ont alors tenté d'apporter une réponse à cet enjeu, mais l'entreprise s'est révélée d'une grande complexité[3]. Les négociations visant à l'adoption d'une convention internationale sur les forêts, d'abord conduites lors de la Conférence de Rio de 1992 et ensuite au sein des divers organes onusiens qui ont été chargés de la question forestière, ont systématiquement achoppé en raison d'une opposition politique forte entre les pays du Nord et du Sud. Dès lors, loin d'aboutir au résultat espéré, ces négociations n'ont permis d'aboutir qu'à l'adoption de divers instruments de *soft law* sur les forêts[4]. L'absence de consensus en ce domaine s'est traduite par la définition d'un cadre juridique international sur les forêts reposant sur un complexe d'instruments de nature et de champs variés. Aux instruments

---

[1] E-mail : julien.dellaux@hotmail.fr.

[2] Smouts (M.-C.), *Forêts tropicales jungle internationale. Les revers d'une écopolitique mondiale,* Paris, Presses de Sciences-Po, 2001, 349 p.

[3] Il on notamment adopté et mis en œuvre un Plan d'action pour les forêts tropicales (PAFT), qui connut néanmoins un échec retentissant. Humphreys (D.), *Logjam. Deforestation and the crisis of global governance*, Londres, Earthscan Publications, 2006, p. 30. Smouts (M.-C.), *op. cit.*

[4] *Déclaration de principes, non juridiquement contraignante, mais faisant autorité, pour un consensus mondial sur la gestion, la conservation et l'exploitation écologiquement viable de tous les types de forêts*, 1992. Le groupe et le forum intergouvernemental sur les forêts qui se sont réunis entre 1995 et 2000 ont adopté un ensemble de propositions d'actions dans le secteur forestier. *Rapport du groupe intergouvernemental spécial sur les forêts sur les travaux de sa quatrième session*, 1997. *Rapport du forum intergouvernemental sur les forêts sur sa quatrième session*, 2000. Depuis 2000, un nouvel organe a été institué : le Forum des Nations unies sur les forêts. Ses travaux ont notamment conduit à l'adoption en 2007 d'un nouvel instrument international non-contraignant sur les forêts. AGNU, Résolution n°62/98, *Instrument juridiquement non contraignant concernant tous les types de forêts*, 2007.

sectoriels de *soft law*, se sont adjoints plusieurs des accords environnementaux adoptés durant la même période et règlementant indirectement l'usage de cette ressource (La Convention de Ramsar, celle de l'UNESCO sur le patrimoine mondial, la Convention CITES et les trois conventions de Rio), ainsi que diverses normes d'origines privées (de certification). Le secteur forestier illustre avec acuité le phénomène de prolifération et de congestion normative affectant le droit international de l'environnement. Le régime institué, bien qu'apparaissant comme complet pâtit alors d'un manque d'effectivité et de cohérence.

Les négociations conduites et les décisions adoptées sur la question forestière au sein des différents accords environnementaux multilatéraux sont venues accroître cette complexité. Ce phénomène s'est tout particulièrement manifesté au sein de la Convention-cadre sur les changements climatiques (CCNUCC) où des négociations ont été menées à partir de 2005 en vue de mettre en place un ensemble de mesures incitatives pour que les pays en développement s'engagent volontairement dans la réduction des émissions liées à la déforestation (REDD+[5]). Un cadre normatif a ainsi vu le jour et repose sur un ensemble de décisions progressivement adoptées par la COP. Celui-ci se révèle, sous de nombreux aspects, novateur[6] et a permis de mobiliser activement la communauté internationale et les pays en développement dans la conservation des forêts tropicales. Envisagé sous le prisme du régime international sur les forêts, ce cadre normatif accroît la congestion normative et les risques d'incohérences. Se pose alors la question de l'aptitude d'un régime fragmenté, tel que celui sur les forêts, à garantir sa cohérence normative face à l'apparition d'un nouveau potentiel d'interactions en son sein. La présente contribution se propose d'évaluer cette question en limitant toutefois son champ d'étude au complexe de régimes sur les forêts (i.e. les conventions règlementant indirectement ce secteur)[7]. Sans prétendre à l'exhaustivité, nous apporterons des éléments de réponse en envisageant tout d'abord les conséquences potentielles de la REDD+ sur la mise en œuvre des différents accords environnementaux multilatéraux (AME) (**I**), avant de voir que l'encadrement de ces effets a favorisé une structuration du complexe de régime (**II**).

---

[5] Ces mesures visent plus précisément « la réduction des émissions résultant du déboisement et de la dégradation des forêts, la préservation et la gestion durable des forêts et le renforcement des stocks de carbone forestiers dans les pays en développement ».

[6] Dellaux J., *Le mécanisme visant la conservation des forêts tropicales de la Convention-cadre sur les changements climatiques : illustration de l'adaptativité du droit international*, sous la direction de Sandrine Maljean-Dubois et Marcelo D. Varella, Thèse dactylographiée, Université d'Aix-Marseille, 2017, 737 p.

[7] Pour une analyse plus globale de l'influence de la REDD+ sur l'ensemble du régime international sur les forêts nous renvoyons le lecteur à nos longs développements sur ce point dans notre thèse de doctorat (Titre 2 de la Partie 2). Dellaux J., *op.cit.*

I. L'influence duale de la REDD+ sur la mise en œuvre des AME

Le cadre normatif sur la REDD+ négocié et adopté au sein de la CCNUCC est source d'interactions normatives nouvelles avec les autres AME. Si celles-ci s'avèrent positives en raison d'une mise en œuvre apparaissant globalement convergente (**A**), elles ouvrent néanmoins la voie à de nombreux effets pervers (**B**).

A. Une mise en œuvre globalement convergente

Une convergence téléologique. Les changements climatiques ont des conséquences négatives sur la désertification[8], les écosystèmes des zones humides[9], les espèces migratrices[10] et plus largement sur la conservation de la biodiversité[11]. Dès lors, l'objectif de mitigation poursuivi par la REDD+ converge avec ceux des AME. Il apparaît clair que la mise en œuvre d'activités REDD+ participera à atteindre les objectifs environnementaux de la Convention pour la lutte contre la désertification (CNULD), de la Convention Ramsar, de la Convention sur les espèces migratrices (CMS), de la Convention sur la diversité biologique (CBD) et de la Convention sur le patrimoine mondial[12].

Une convergence dans l'exécution des obligations des pays en développement. On observe aussi une grande similarité des obligations des pays en développement au titre de la REDD+ et des AME offrant un important potentiel de synergies. En effet, les activités REDD+ sont des mesures de conservation et de gestion durable des forêts. Leur mise en œuvre par les pays en développement concourra alors nécessairement à l'exécution de leurs obligations de conservation *in situ* de la diversité biologique[13], à celles de préservation des habitats des espèces migratrices[14], mais aussi à leurs

---

[8] *CBD, Interlinkages between biological diversity and climate change. Advice on the integration of biodiversity considerations into the implementation of the United Nations Framework Convention on Climate Change and its Kyoto Protocol,* CBD Technical Series n° 10, 2003, p. 38-39.

[9] Short F.T., Kosten S., Morgan P.A., Malone S., Moore G.E., *« Impact of climate change on submerged and emergent wetland plants », Aquatic Botany, vol.135, 2016, pp. 3-17.*

[10] Pachauri R.K., Meyer L.A. (dirs.), *Climate change 2014: Synthesis Report, Genève, GIEC,* 2014, p. 64-67

[11] *Ibid.* CBD, *Interlinkages between biological diversity and climate change. Advice on the integration of biodiversity considerations into the implementation of the United Nations Framework Convention on Climate Change and its Kyoto Protocol,* CBD Technical Series n° 10, 2003, p. 21-23.

[12] En effet, deux des dix critères d'évaluations de la valeur universelle des biens naturels du patrimoine mondial (IX et X) sont liés à la diversité biologique.

[13] *Convention sur la diversité biologique*, Rio de Janeiro, 5 juin 1992, *R.T.N.U.*, vol. 1760, p. 79 [CBD], art. 8.

[14] *Convention sur la conservation des espèces migratrices appartenant à la faune sauvage,*

obligations de conservation et d'utilisation rationnelle des zones humides boisées et des forêts inscrites respectivement sur la liste Ramsar[15] et sur celle du patrimoine mondial de l'UNESCO[16]. Cette convergence se retrouve aussi dans les moyens devant être déployés par les pays en développement. En effet, la mise en œuvre de la REDD+, comme celle des AME repose sur l'adoption d'instruments stratégiques nationaux (sous la forme d'une stratégie, de plans ou de politiques nationales)[17].

De même, sont promus dans ces différents cadres la sensibilisation et la participation du public[18], le renforcement du suivi des zones forestières[19] ou encore le renforcement de la recherche et de l'échange de données[20].

Une convergence dans la mise en œuvre des obligations de coopération. Enfin, les cadres normatifs de la REDD+ et des AME convergent aussi sous l'angle des obligations de coopération. Les AME comportent le plus souvent une disposition générale consacrant une telle obligation aux fins de mise en œuvre des mesures de conservation[21]. Cette obligation générale est parfois assortie, ou remplacée par des dispositions spécifiques prévoyant que les Parties (et en premiers lieux les pays développés) devraient fournir une assistance technique et technologique[22], ou mobiliser des ressources financières suffisantes afin de soutenir l'action des pays en développement[23]. La REDD+ repose sur cette même logique de coopération, qu'elle opérationnalise. En effet, si les pays en développement décident de conduire des activités REDD+ axées sur les résultats ils se voient imposer un certain nombre d'exigences en termes de contrôle. Cependant, en contrepartie, ils bénéficient en amont de l'assistance des pays développés au cours d'une phase dite de préparation. Durant celle-ci ils peuvent obtenir un large soutien financier et technologique afin de renforcer leurs capacités et ainsi garantir leur aptitude à mettre en œuvre les mesures de conservation[24].

Bonn, 23 juin 1979, *R.T.N.U.*, vol. 1651, p. 377 [CMS], art. III§4 a).

[15] *Convention relative aux zones humides d'importance internationale particulièrement comme habitats des oiseaux d'eau*, Ramsar, 2 févr. 1971, *R.T.N.U.*, vol. 996, p. 251 [Ramsar], art. 3.

[16] *Convention pour la protection du patrimoine mondial culturel et naturel*, Paris, 16 nov. 1972, *R.T.N.U.*, vol. 1037 [UNESCO], p. 173, art. 4.

[17] CCNUCC, Décision 1/CP.16, §71. UNESCO, art. 5 a). CNULD, art. 5. CBD, art. 6 a).

[18] CCNUCC, Décision 1/CP.16, §72. CBD, art. 13. CNULD, art. 19. UNESCO, art. 27.

[19] Pour la REDD+ : CCNUCC, Décision 1/CP.16, §71. Et Décision 11/CP.19, *Modalités de fonctionnement des systèmes nationaux de surveillance des forêts*, 2013, Doc. N.U. : FCCC/CP/2013/10/Add.1. En ce qui concerne les autres AME : Ramsar, article 4§5. CBD. Art. 7. CNULD art. 16. UNESCO, article 5 c et e).

[20] Ramsar, art. 4§3. UNESCO, art. 5 c et e). CBD art. 12. CNULD, art. 17. CMS, art II§3 a).

[21] UNESCO art. 4 et 6. Ramsar, art. 5. CBD, art.5. CNULD, art. 4§2 e), f) et h), art. 6 et 12. CMS, art. II§1

[22] CNULD art. 18. CBD, art. 16 et 18. UNESCO, art. 22.

[23] CNULD, art. 20. CBD art. 20. UNESCO, art. 22.

[24] Sur les obligations de coopération dans le cadre de la REDD+ : voir notamment Décision 1/CP.16, §76. Sur le financement et le soutien au renforcement des capacités, voir notamment l'action de l'ONU-REDD, du FCPF et du FIP.

B. Une mise en œuvre potentiellement conflictuelle

Si la mise en œuvre de la REDD+ apparaît globalement convergente avec celle des AME, elle présente aussi certains risques d'effets pervers. En premier lieu, le mécanisme pourrait inciter les pays en développement à réduire leurs actions au titre des autres AME et cela de deux manières. De manière temporaire tout d'abord, en raison de la logique de paiements *ex post* sur laquelle repose la REDD+. Les États souhaitant obtenir de tels paiements doivent élaborer en amont un niveau de référence des émissions projetées. C'est à ce niveau que seront ensuite comparées les émissions réelles afin de calculer les réductions effectivement imputables aux activités REDD+. *In fine*, seules les réductions d'émissions additionnelles et vérifiées ouvrent droit aux paiements axés sur les résultats[25]. Les États risquent alors de réduire temporairement leur implication au sein des autres AME afin de bénéficier d'un niveau de référence plus avantageux et par la suite d'une rente REDD+ plus importante[26]. Parallèlement, à long terme et en raison des financements existants, le risque est de voir les pays en développement réorienter leurs actions et mettre en œuvre leurs obligations au titre des autres AME prioritairement, voire uniquement au moyen d'activités REDD+.

Parallèlement, l'incitation produite par la REDD+ peut être source de nombreux effets pervers pour la protection de la biodiversité[27]. L'un d'eux tient aux phénomènes de « fuites », c'est-à-dire au déplacement de la déforestation hors de la zone du projet où sont conduites les activités REDD+. Le risque de voir ainsi être comptabilisées des réductions d'émissions fictives a été encadré en raison de l'approche nationale sur laquelle repose la REDD+[28]. Néanmoins, les risques pour la biodiversité demeurent. Il est notamment à craindre que la déforestation et la dégradation se déplacent dans des zones forestières présentant une plus faible valeur carbone, mais une plus haute valeur en biodiversité, ou de voir s'accroitre la pression sur des écosystèmes non forestiers[29]. Un deuxième risque tient à la faveur pouvant être accordée à la protection d'écosystèmes forestiers moins riches en biodiversité. En effet, les forêts « jeunes » absorbent davantage de carbone que les forêts « matures » et certaines essences de bois telles que l'eucalyptus

---

[25] Décision 14/CP.19, *Modalités de mesure, notification et de vérification*, 2013.

[26] Il a notamment été démontré qu'il sera plus difficile de démontrer l'additionnalité des résultats pour les mesures menées sur les zones déjà inscrites sur les listes de Ramsar et du patrimoine mondial. Patry M., Horn R., Haraguchi S. (dirs.), *Adapting to change. The state of conservation of World heritage forests in 2011*, Papers series n° 30, Paris, UNESCO, 2011.

[27] CBD, *REDD-Plus and biodiversity*, CBD Technical Series n° 59, 2011, p. 22-24. Harvey C.A., Dickson B., Kormos C., « Opportunities for achieving biodiversity conservation through REDD », *Conservation Letters*, vol. 3, n° 1, 2010, p. 53-61.

[28] Décision 1/CP.16, *op. cit.*

[29] CBD, *Outcomes of the Global Expert Workshop on Biodiversity Benefits of Reducing Emissions from Deforestation and Forest Degradation in Developing Countries*.

possèdent une croissance particulièrement rapide. La REDD+ pourrait alors inciter les États à privilégier la conservation des premières au détriment des forêts vierges ou à recourir à ces essences de bois pour des plantations ou en lieu et place de celles écologiquement adaptées. Cela conduirait à une réduction de la diversité biologique[30], s'inscrivant en contrariété avec les objectifs et obligations définis par la Convention sur la diversité biologique, mais aussi par l'ensemble des autres conventions.

En conclusion, la REDD+ a ouvert une interface entre la CCNUCC et les autres AME mentionnés révélant un potentiel significatif de synergies, mais aussi d'effets pervers. S'il apparaissait souhaitable de favoriser les premiers, il convenait d'encadrer les seconds. Nous allons voir que les conventions ont renforcé leur coopération dans cette optique et que la REDD+ a ainsi eu pour effet de renforcer la structuration du complexe de régime sur les forêts.

II. L'influence de la REDD+ sur la structuration du complexe de régime sur les forêts

En raison de leur champ d'application chevauchant autour des questions relatives à la biodiversité, la Convention de l'UNESCO, la Convention Ramsar, la CITES, la CMS et la CBD ont depuis longtemps développé des relations de coopérations, où cette dernière occupe une place centrale[31]. À l'inverse, la CCNUCC a toujours maintenu une situation d'isolement relatif. Celui-ci s'est néanmoins atténué sous l'effet des négociations sur la REDD+. En effet, les négociations en ce domaine ont favorisé un renforcement de la coopération entre les conventions de Rio (**A**), mais aussi et bien que de manière plus limitée, avec les autres AME (**B**).

A. Une coopération renforcée entre les conventions de Rio révélant une articulation des compétences normatives

Le renforcement de la coopération institutionnelle entre les conventions de Rio

Bien que les conventions de Rio aient très tôt affirmé leur volonté de coopérer dans le secteur forestier[32], elles ne l'ont initialement fait que de manière limitée et *ad hoc* en conviant leurs secrétariats à participer aux travaux de leurs COP et de leurs organes subsidiaires respectifs. Par la suite, leur coopération s'est progressivement renforcée et cela de deux manières.

---

[30] CBD, REDD-*Plus and biodiversity, op. cit.*

[31] Cela s'est traduit par l'adoption de *Memoranda of understanding* entre la CBD et chacune de ces conventions, la création d'un groupe de liaison et une mise en œuvre intégrée autour des objectifs d'Aichi.

[32] CBD, Décision IV/7, *Diversité biologique des forêts*, 1998. CNULD, Décision 17/COP.3, *Collaboration avec d'autres conventions et organismes internationaux*, 1999.

Tout d'abord, par le biais d'une collaboration scientifique. À deux reprises, la CBD a mis en place des groupes techniques d'experts qu'elle a chargés d'étudier les liens entre les changements climatiques et la diversité biologique. Ces groupes étaient composés d'experts et des représentants de chacune des trois conventions de Rio. La REDD+ a occupé une place importante dans cette collaboration scientifique puisqu'elle a occupé les travaux du second groupe qui avait pour tâche d'évaluer l'impact des activités REDD+ sur la diversité biologique.

Parallèlement, la coopération entre les conventions de Rio s'est renforcée sur le plan institutionnel, avec la création en 2001 du Groupe de liaison mixte. Celui-ci regroupe les représentants des organes administratifs et scientifiques des 3 conventions de Rio avec pour objectif de favoriser leur coordination et l'échange d'informations. Le secteur forestier se situant à la frontière des mandats des trois conventions, il a logiquement constitué l'un des domaines ayant cristallisé l'attention et l'action du Groupe de liaison[33]. Les négociations sur la REDD+ avaient vocation à favoriser un renforcement de la coopération entre les conventions de Rio, voire une réorientation plus politique des fonctions du GLM. Sur ce dernier point, les espoirs ont néanmoins été déçus. En raison du contexte politique tendu des négociations climat et notamment de l'échec de la Conférence de Copenhague la secrétaire exécutive de la CCNUCC est venue tempérer l'enthousiasme des autres conventions pour la REDD+[34]. Cela s'est traduit pour le GLM par un encadrement strict de son mandat. En effet, il se voit privé de tout pouvoir normatif et ses fonctions ont été limitées à l'amélioration de la diffusion d'informations entre les conventions et à la coordination des points focaux[35]. De même, l'opportunité un temps envisagée[36]d'adopter un programme conjoint aux trois conventions, n'a finalement pu se concrétiser.

Ainsi, bien que la REDD+ ait concouru au renforcement de la coopération entre les conventions de Rio, nous observons une réaffirmation par les COP de leurs souverainetés respectives dans l'édiction des normes. Il leur revient alors de définir un cadre apte à promouvoir les synergies et à limiter les effets pervers. Ces derniers étant limités à l'égard de la CNULD, il n'est pas étonnant que les COP concernées n'aient pas adopté de décisions en ce domaine. La question a néanmoins été étudiée par le secrétariat de la CNULD

---

[33] Cela s'est traduit par l'organisation d'un atelier conjoint et la production d'une brochure consacrée au secteur forestier.

[34] GLM, *Report of the tenth meeting of the joint liaison group of the convention on biological diversity, the United Nations convention to combat desertification, and the United Nations framework convention on climate change*, 2010.

[35] GLM, *Terms of Reference and Modus Operandi for the Joint Liaison Group between the three Rio Conventions.*

[36] Morgera E., « far away, so close: a legal analysis of the increasing interactions between the Convention on Biological Diversity and climate change law », *Climate Law*, vol. 2, 2011, p. 85-115.

qui a relevé que le cadre normatif sur la REDD+ n'empêchait pas la mise en œuvre de telles activités sur les terres arides et il a recommandé aux Parties de le faire[37]. En revanche, l'ampleur des conséquences potentielles de la REDD+ sur la diversité biologique appelait à une coordination de l'action normative des COP de la CBD et de la CCNUCC afin de définir un cadre adapté.

Une articulation des compétences normatives entre la CCNUCC et la CBD

À chaque étape des négociations sur la REDD+, la question de ses impacts sur la diversité biologique et de leur encadrement s'est posée. Nous pouvons distinguer deux phases dans la définition du cadre normatif règlementant cette question : une phase d'influence et une autre de co-régulation.

Durant la première phase (2005-2010) menant à l'adoption des accords de Cancun consacrant la mise en place de la REDD+ au sein du régime climat, l'action normative de la CBD ne pouvait être que limitée. En 2006, on observe une première référence à l'intérêt que représente la REDD+ pour la protection de la biodiversité au sein de ses décisions[38]. Mais c'est la COP de la CCNUCC qui la première (en 2007) demandera aux Parties de s'assurer de la compatibilité des activités de démonstration REDD+ avec la conservation de la diversité biologique[39]. La COP de la CBD lui emboitera le pas l'année suivante en formulant une directive tout à fait similaire[40]. Néanmoins, durant cette période la CBD demeurera en retrait sur le plan normatif et agira principalement par voie d'influence. Elle le fera tout d'abord au moyen de l'expertise en réalisant une évaluation des impacts de la REDD+ sur la diversité biologique, dont elle transmettra les résultats à la COP de la CCNUCC[41]. Parallèlement, elle tentera d'influencer les négociations au sein de la CCNUCC en empruntant une voie plus directe et politique. Elle adressera une directive à la COP de la CCNUCC lui demandant de prendre en compte la diversité biologique au sein de la REDD+[42] et collaborera sur cette question avec les conventions de Rio au sein du partenariat de collaboration sur les forêts[43].

Cette influence portera ses fruits puisqu'en 2010 les accords de Cancun adoptés par la COP de la CCNUCC consacreront l'intégration des

---

37 CNULD, *Projet de cadre directif pour les activités de plaidoyer relatives aux changements climatiques*, 2011.

38 CBD, Décision VIII/30, *Diversité biologique et changements climatiques : orientations visant à encourager les synergies entre la conservation de la diversité biologique, l'atténuation des changements climatiques et l'adaptation à ceux-ci et à la lutte contre la dégradation des terres*, 2006.

39 Décision 2/CP.13, *op. cit.*

40 CBD, Décision IX/5, *Diversité biologique des forêts*, 2008. CBD, Décision X/33, *Diversité biologique et changements climatiques*, 2010.

41 CBD, Décision IX/5, *op. cit.*, §16.

42 CBD, Décision IX/16, *Diversité biologique et changements climatiques*, 2008, §11 b) et c).

43 CBD, Décision X/33, *op. cit.*, §9 g) et h).

considérations relatives à la diversité biologique au sein de la REDD+. La COP y demande aux Pays en développement menant des activités REDD+ de promouvoir leur compatibilité avec la préservation de la diversité biologique[44]. Cette directive demeure néanmoins générale et les modalités de sa mise en œuvre indéterminées. Les précisions nécessaires seront apportées deux années plus tard dans un autre cadre : par une décision de la COP de la CBD[45]. Cette dernière réitère la demande faite aux pays en développement mettant en œuvre les activités REDD+ de promouvoir la contribution de ces activités à l'objectif de la CBD[46] et donne substance à cette recommandation en définissant un ensemble de directives plus spécifiques figurant en annexe à la décision. Y sont identifiés les impacts négatifs potentiels devant être pris en compte, les moyens de les adresser et les expériences mobilisables.

Le processus suivi afin de définir le cadre de garanties pour la diversité biologique illustre l'aptitude des COP à coordonner et structurer leurs compétences normatives sur un objet d'intérêt commun. La COP de la CBD a été respectueuse de la compétence primaire de la CCNUCC dans la définition du cadre sur la REDD+. En effet, il revenait à cette dernière de décider de l'intégration des considérations relatives à la diversité biologique au sein du cadre sur la REDD+ et de la portée normative de cette prise en compte. Une analyse des décisions sur ce point révèle que si la mise en œuvre des garanties est promue et fait l'objet d'un suivi (à travers la transmission d'un résumé d'informations[47]), elle n'est cependant pas rendue obligatoire puisqu'elle ne fait l'objet d'aucune incitation (qu'elle soit directe ou indirecte[48]). Les fonctions normatives exercées par la COP de la CBD afin de préciser et donner corps aux garanties générales fixées par la CCNUCC, sont quant à elle justifiées par son domaine d'expertise et sa légitimité à règlementer les questions relatives à la diversité biologique. Nous observons ainsi une articulation spontanée des compétences déterminée par la légitimité fonctionnelle de chacune des COP.

---

[44] Décision 1/CP.16, *op. cit.*, appendice I, §2 e).

[45] CBD, Décision XI/19, *Diversité biologique, changements climatiques et questions connexes*, 2012.

[46] *Ibid.*, §7.

[47] Décision 12/CP.17, *Principes relatifs à des systèmes de communication d'informations sur la manière dont les garanties sont prises en compte et respectées et sur les modalités relatives aux niveaux d'émission de référence pour les forêts et aux niveaux de référence pour les forêts visées par la décision 1/CP.16*, 2011.

[48] En effet, le respect des garanties n'ouvre droit à aucun paiement axé sur les résultats et il ne s'agit pas non plus d'un des éléments de Cancun figurant comme une condition à la participation à la phase de mise en œuvre axée sur les résultats. 1/CP.16, *op. cit.*, §71.

B. Une coopération renforcée, mais entravée avec les autres AME

Les liens noués entre la CCNUCC et les autres AME ont toujours été beaucoup plus distants. Ils se sont néanmoins progressivement renforcés, et cela en amont des négociations sur la REDD+. Le processus a débuté par une phase d'amélioration des connaissances scientifiques. Les COP ont demandé à des groupes d'experts et à leurs organes subsidiaires de procéder à une évaluation de l'impact des changements climatiques sur les zones humides[49], les espèces migratrices[50], et le patrimoine mondial[51]. Cela s'est accompagné sur le plan institutionnel par un renforcement de la coopération et l'échange d'informations entre les organes des AME et ceux de la CCNUCC[52].

En conséquence, sur le plan matériel on a pu observer une intégration progressive des enjeux relatifs aux changements climatiques, ceux-ci devenant un facteur pris en compte dans l'inscription des biens aux listes du patrimoine mondial[53] et les Parties à la Convention de Ramsar et à la CMS étant invitées à réduire les effets des changements climatiques sur les espèces migratrices[54] et les zones humides[55].

Les négociations sur la REDD+ appelaient logiquement à un renforcement de cette tendance. Les trois conventions se sont positionnées favorablement à l'égard de l'impact que pourrait avoir le mécanisme sur leur mise en œuvre. La Convention de Ramsar et la CMS y voient une source de financements additionnels qu'elles ont demandé aux Parties de mobiliser[56]. La position de la Convention de l'UNESCO est tout à fait similaire, même si aucune directive

---

[49] Ramsar, Résolution VII.27, *Le plan de travail de la convention 2000-2002*, 1999, action 5.1.6. Ramsar, Résolution VIII.3, *Les changements climatiques et les zones humides : effets, adaptation et atténuation*, 2002.

[50] CMS, Résolution 8.13, *Changements climatique et les espèces migratrices*, 2005.

[51] UNESCO-WHC, *Report of the world heritage committee, thirtieth session*, 2006.

[52] CMS, Résolution 10.19, *Conservation des espèces migratrices à la lumière du changement climatique*, 2011. Ramsar, *Les changements climatiques et les zones humides : conséquences pour la Convention de Ramsar sur les zones humides. Document d'information préparé par le Groupe d'évaluation scientifique et technique*, 2012. UNESCO-WHC, Décision 31COM7.1, *Problèmes relatifs à l'état de conservation des biens du patrimoine mondial : effets du changement climatique sur les biens du patrimoine mondial*, 2007.

[53] UNESCO-WHC, *Issues related to the state of conservation of World Heritage properties: the impacts of Climate Change on World Heritage properties*, 2007, p. 39. UNESCO-WHC, *Orientations devant guider la mise en œuvre de la Convention du patrimoine mondial*.

[54] CMS, Résolution 9.7, *op. cit.*, §2 et 3. CMS, Résolution 11.26, *Programme de travail sur le changement climatique et les espèces migratrices*, 2014.

[55] Ramsar, Résolution VIII.3, *Les changements climatiques et les zones humides : effets, adaptation et atténuation*, 2002, §14. Ramsar, Résolution XI.14, *Les changements climatiques et les zones humides : implications pour la Convention de Ramsar sur les zones humides*, 2012, §26.

[56] CMS, Résolution 10.19, *Conservation des espèces migratrices à la lumière du changement climatique*, 2011, §15. Ramsar, *Cadre et plan de la convention de Ramsar pour la mobilisation de ressources et les partenariats, en appui à l'application de la Convention de Ramsar et de son 4e plan stratégique pour 2016-2021*, 2015.

générale n'a été définie. La mobilisation du potentiel de financement y est recommandée par le biais de directives individuelles adressées aux États par le Comité[57]. Globalement, la situation peut néanmoins apparaître décevante puisque pour ces trois conventions, aucune décision ne vient définir un cadre de garanties à même de promouvoir les synergies et limiter les risques d'effets pervers. La coopération entre les conventions est restée limitée, malgré la mise en œuvre de stratégies d'influence similaires à celle conduite par la CBD. En effet, les COP de ces AME ont tenté d'influencer les négociations conduites au sein de la CCNUCC afin que le cadre sur la REDD+ incorpore leurs préoccupations. Elle l'on fait de deux manières, en adressant directement un message à la CCNUCC[58], ou en demandant aux Parties de promouvoir cette prise en compte au sein des négociations sur la REDD+[59]. La différence de résultat observée peut néanmoins s'expliquer en tenant compte de la nature des accords. En effet, ces trois conventions représentent des accords *inter se* relativement à la CCNUCC et un grand nombre des États Parties à cette dernière n'ont pas ratifié les premiers. Dès lors, l'inclusion au sein de la CCNUCC de directives générales visant à promouvoir la réalisation des objectifs propres à ces accords serait source de dissensus. Parallèlement, la légitimité de la CCNUCC dans la définition du cadre sur la REDD+ semble s'opposer à ce que les COP des autres conventions adoptent des directives en ce sens et imposent un régime distinct et renforcé pour les Parties à ces accords. La situation semble alors inextricable et il revient aux Parties d'interpréter et d'appliquer de manière compatible leurs obligations aux titres des différents espaces conventionnels. En ce domaine, elles pourront se fonder sur les directives adoptées par la CBD qui permettent d'encadrer nombre des risques d'effets pervers auxquels fait face la protection des zones humides, des sites UNESCO et des habitats des espèces migratrices.

Conclusion

L'adoption du cadre normatif sur la REDD+ a marqué une étape importante au sein du régime climat en mobilisant un important potentiel d'atténuation des émissions. Mais l'intérêt de ce mécanisme dépasse de loin le champ de la CCNUCC. L'ampleur des fonds mobilisés et la large implication des pays en développement sont source d'espoirs pour l'ensemble

---

57 Voir notamment : UNESCO-WHC, Décision 34COM7B.18, *Complexe forestier de Dong Phayayen-khao Yai*, 2010. UNESCO-WHC, Décision 34COM7B.14, *Patrimoine des forêts tropicales ombrophiles de Sumatra*, 2010.

58 La COP de la CMS avait en 2012 adopté et transmis une déclaration à la COP de la CCNUCC lui demandant d'« établir des garanties environnementales appropriées pour l'atténuation du changement climatique et l'adaptation des actions pour réduire au minimum les incidences négatives sur la biodiversité, y compris les espèces migratrices ». CMS, *« Message pour Durban » de Bergen, Norvège*, 2011.

59 Ramsar, Résolution XI.14, *op. cit.*, §14.

du régime international des forêts et notamment pour la mise en œuvre du complexe de régime étudié. S'il apparaît nécessaire dans un tel cas de définir un cadre commun favorisant les synergies et encadrant les effets pervers, la fragmentation de la gouvernance complexifie l'entreprise. L'analyse conduite révèle néanmoins l'aptitude d'un tel complexe de régime à se coordonner et à se structurer. Les souverainetés des différents espaces conventionnels se sont naturellement articulées au gré de leurs légitimités. Lorsque les COP disposent d'une légitimité politique similaire (quand les accords recouvrent des groupes d'États Parties similaires, à l'instar de la CCNUCC et de la CBD), une articulation harmonieuse de leurs compétences devient possible et s'organise sur la base de leur légitimité fonctionnelle (le champ d'application matériel des accords). À l'inverse, lorsque la légitimité politique des COP diffère substantiellement (pour la CCNUCC et les autres AME), même si leur coopération s'opère, son influence sur le plan normatif semble paralysée et l'adoption d'un cadre commun peu probable.

II

RETOUR SUR LES SOURCES DU DROIT DE LA PROTECTION DES FORÊTS

Sous la présidence de Aude Farinetti

La protection des forêts par l'Union européenne *via* le réseau Natura 2000

Raphaël BRETT
Maître de conférences en droit public
Membre de l'Institut d'Études de Droit Public de la Faculté Jean Monnet
Université Paris-Saclay

Les rapports que l'Union européenne entretient avec les forêts connaissent une actualité certaine. Le Président de la République française n'a ainsi pas hésité à indiquer, au cœur du mois d'août 2019, qu'il s'opposerait au projet de traité de libre-échange unissant les pays du Mercosur à l'Union européenne si le Brésil ne se conformait pas à ses engagements en matière de lutte contre le changement climatique et contre la déforestation[1]. Cette volonté française d'influencer la politique actuelle du gouvernement brésilien à l'endroit de la forêt amazonienne *via* un « cheval de Troie » européen démontre bien que les décisions de l'Union, le droit qu'elle crée ou qu'elle contribue à créer, peuvent avoir une résonance sur la situation concrète des forêts du monde entier. L'Union apparaît dès lors comme un authentique levier permettant d'accroître la protection des forêts... ou au contraire en accélérer la dégradation[2].

Rien ne prédestinait pourtant l'organisation à s'enquérir du sort des forêts. Ses traités constitutifs, on le rappelle souvent, ne faisaient à l'origine aucun cas de la protection de l'environnement, *a fortiori* de la protection des forêts. Combinée au principe de subsidiarité, l'absence de compétence spécifique attribuée à l'Union en la matière a eu pour conséquence de retarder le développement d'une action forestière européenne de premier plan : il fallut attendre 1986 pour qu'un premier texte relatif à la protection des forêts contre la pollution atmosphérique[3] soit effectivement adopté. Soulignons toutefois, d'une part, que cette adoption ne s'est faite qu'en vertu de l'article 43 du Traité instituant la Communauté économique européenne – c'est-à-dire en vertu d'un article relatif à la politique agricole commune et non relatif à la protection de

---

[1] Dans un communiqué de presse du 18 septembre 2020, le Gouvernement français indique que : « le niveau d'ambition insuffisant du projet d'accord en tant qu'outil pour amener nos partenaires commerciaux à une meilleure prise en compte du dérèglement climatique et de la protection de la biodiversité (...) conforte la position de la France de s'opposer au projet d'accord d'association en l'état. »

[2] Voir notamment le rapport du WWF au titre évocateur : *Quand les européens consomment, les forêts se consument*, paru en avril 2021.

[3] Règlement CEE n° 3528/86 du Conseil, 17 nov. 1986, relatif à la protection des forêts dans la Communauté contre la pollution atmosphérique ; v. par ex : N. Jarzra, « Aménagement de l'espace et environnement », *Revue du Marché Commun et de l'Union européenne*, 1991, n° 348, p. 446 et s.

l'environnement – et d'autre part, que ce règlement était d'une portée limitée, se bornant à imposer aux pays membres de l'Union la mise en place d'un système de surveillance de l'état de leurs forêts.

Si le nombre et la qualité des interventions européennes vont croissant au cours des années 1990[4], ce n'est véritablement qu'en 1998 que l'Union décide de se mobiliser fortement en la matière, en adoptant une première « stratégie forestière »[5]. Dans ce texte, le Conseil de l'Union rappelle certes que « la responsabilité de la politique forestière incombe aux États membres », mais il indique aussi que l'organisation européenne « peut contribuer positivement à la mise en œuvre d'une gestion durable des forêts et de leur rôle multifonctionnel. » Ces propos sont révélateurs du fait que, ne disposant d'aucune compétence pour agir spécifiquement dans le domaine forestier, l'Union cherche par l'application d'une série de mesures indirectes, mais concrètes, à en augmenter le niveau général de protection. Cette démarche va être confirmée en 2006 avec la mise en place d'un plan d'action de l'Union européenne en faveur des forêts[6], puis par l'adoption d'un Livre vert en 2010[7] et surtout, en 2013, par l'établissement pour la période 2013/2020 d'une « nouvelle stratégie pour les forêts et le secteur forestier »[8]. Le bilan de cette « stratégie » semble à ce point positif[9] qu'un nouveau texte est actuellement en préparation[10]. Bien que ces multiples interventions dessinent de manière toujours plus précise les linéaments d'un authentique régime forestier commun, il reste que sur le plan juridique l'approche européenne demeure avant tout sectorielle.

À ce titre pourrait-on insister, pêle-mêle, sur le lien établi par l'Union entre forêt et énergie, *via* par exemple la directive n° 2009/28 sur la promotion des énergies renouvelables[11] ; sur les multiples dispositifs européens de protection

---

[4] V. par ex. le règlement CEE n° 2158/92 du Conseil, 23 juill. 1992, relatif à la protection des forêts dans la Communauté contre les incendies.

[5] Résolution du Conseil du 15 déc. 1998 relative à une stratégie forestière pour l'Union européenne. Pour une présentation générale de cette première stratégie, v. EUROFOR, *L'Europe et la forêt*, 1996, consultable à l'adresse suivante : https://www.europarl.europa.eu/workingpapers/agri/default_fr.htm

[6] Communication de la Commission au Conseil et au Parlement européen concernant un plan d'action de l'Union européenne en faveur des forêts, COM/2006/0302 final.

[7] Commission européenne, *Livre vert concernant la protection des forêts et l'information sur les forêts dans l'Union européenne : préparer les forêts au changement climatique*, mars 2010 ; S. Jolivet, *RJE*, 2010, n° 3 p. 575.

[8] Communication de la Commission concernant une nouvelle stratégie de l'UE pour les forêts et le secteur forestier, COM/2013/0659 final.

[9] Commission européenne, *Rapport de la Commission sur les progrès réalisés dans la mise en œuvre de la stratégie de l'UE pour le forêt*, décembre 2018.

[10] Un tel document est effectivement prévu par *Le pacte vert pour l'Europe*, déterminé par la Commission le 11 déc. 2019 (voir plus précisément le § 2.1.7 du *pacte*).

[11] V. précisément le considérant (69) et l'article 17.3.a de la directive n° 2009/28/CE du 23 avr. 2009, relative à la promotion de l'utilisation produite à partir de sources renouvelables.

et de lutte contre les incendies de forêt[12] mis en œuvre par le biais du mécanisme de protection civile de l'UE[13] ; sur la lutte contre la déforestation importée, opérée notamment par le biais du règlement du 20 octobre 2010[14] ; ou encore sur l'engagement européen vers une agriculture plus respectueuse de l'environnement, et notamment de l'environnement forestier[15], *etc.* Mais plutôt qu'un inventaire des différentes actions entreprises par l'Union en matière de protection des forêts – nécessairement incomplet et fastidieux – nous proposons d'analyser plus précisément un instrument significatif de protection concrète de l'espace forestier européen : le réseau Natura 2000.

Bien qu'il ne soit pas dédié spécifiquement à la protection des forêts, on estime pourtant que celles-ci recouvrent effectivement près de la moitié de ce réseau. La Cour des comptes européenne avance ainsi le chiffre de 46%[16] cependant qu'en France, d'après le ministère de la Transition écologique[17], 43% des zones Natura 2000 terrestres sont forestières. L'étroitesse des relations entre écosystème forestier et réseau Natura 2000 est telle que l'Union européenne n'hésite pas à établir régulièrement des documents d'orientation et autres lignes directrices permettant à l'ensemble des acteurs, publics comme privés, de toujours mieux accorder le dispositif Natura 2000 aux spécificités forestières[18].

Ce réseau, fondé conjointement sur les dispositions des directives *Oiseaux*[19] et *Habitats*[20], est sans doute l'un des instruments de protection de l'environnement forestier actuels les plus efficaces mis au point par l'Union européenne[21]. Sa construction semble avoir non seulement permis

[12] On pense à la surveillance des forêts *via* le réseau satellitaire Copernicus ou bien la mobilisation de la flotte européenne de secours incendies (Flotte RescUE) en cas de sinistre.

[13] Décision du Conseil du 23 oct. 2001 instituant un mécanisme communautaire visant à favoriser une coopération renforcée dans le cadre des interventions de secours relevant de la protection civile.

[14] Règlement (UE) n° 995/2010 du 20 oct. 2010 établissant les obligations des opérateurs qui mettent du bois et des produits dérivés sur le marché.

[15] V. par ex. C. Chauvin *et alii*, « Le FEADER, nouvelle étape vers une politique forestière européenne ? », *Ingénieries eau-agriculture-territoires*, Lavoisier, 2006, p. 91 et s.

[16] Cour des comptes européenne, *Des efforts supplémentaires sont nécessaires pour exploiter pleinement le potentiel du réseau Natura 2000*, Rapport spécial n° 1/2017, p. 18.

[17] https://www.ecologie.gouv.fr/reseau-europeen-natura-2000-1#e2, consulté le 15 janv. 2021.

[18] V. par ex. Commission européenne, *Natura 2000 et les forêts : défis et opportunités – Guide d'interprétation*, 2003 ; Commission européenne, *Natura 2000 et les forêts – Rapport technique*, 2015.

[19] Directive n° 79/409/CEE du 2 avr. 1979 remplacée par la directive n° 2009/147/CE du 30 novembre 2009 concernant la conservation des oiseaux sauvages ; A. Curzydlo-Muller, *Environnement*, 2010, n° 4, p. 5.

[20] Directive n° 92-43/CEE du 21 mai 1992 remplacée par la directive n° 2009/147/CE du 30 novembre 2009 concernant la conservation des habitats naturels ainsi que la faune et la flore sauvage sauvages ; com. N. De Sadeleer, *Revue du Marché Commun et de l'Union européenne*, 1993, n° 364.

[21] C.-H. Born, F. Haumont, « Avant-propos », *Natura 2000 et le juge*, Bruylant, 2014, p. 7 et s.

l'augmentation du couvert forestier continental mais également la protection de la biodiversité qui s'y déploie : il paraît donc préserver aussi bien la quantité que la qualité des forêts[22], même si on note un accroissement récent de la quantité de coupes d'arbre à l'échelle du continent[23].

De tels résultats – largement à contre-courant de la tendance internationale[24] – ont été rendus possibles grâce au fait que ce réseau est la source de deux obligations principales imposées aux États membres et rigoureusement contrôlées par les juges : une obligation de classement des secteurs des territoires étatiques dont la protection présente un intérêt communautaire (**I**) et une obligation de gestion durable des territoires forestiers classés (**II**).

I. Une obligation ambitieuse de classement des forêts à protéger

Les directives *Oiseaux* et *Habitats* imposent aux États de classer des zones entières de leurs territoires soit en zones de protection spéciale, pour la protection des oiseaux, soit en zones spéciales de conservation, pour la protection d'autres espèces de faune et de flore auxquelles l'Union souhaite accorder sa protection. En ce qui concerne plus spécifiquement la forêt, l'annexe 1 de la directive *Habitats* dresse une liste de 85 types d'habitats forestiers qui doivent être protégés, dont 29 sont prioritaires en raison des menaces de dégradation, voire de disparition à plus ou moins brève échéance, qui pèsent sur eux. Il en va ainsi des forêts de conifères calédoniennes d'Écosse ou encore des forêts de cèdres de méditerranée. Le grand nombre de types d'habitats forestiers inventoriés n'implique bien entendu aucunement l'abondance de la ressource : elle caractérise au contraire une galaxie de situations uniques et fragiles[25] qui chacune nécessite une protection spécifique.

La procédure de classement se déroule schématiquement en trois temps : dans un premier temps, les États proposent à la Commission de classer certains

---

[22] M. Sotirov (dir.), *Natura 2000 and Forests - Assessing the State of Implementation and Effectiveness*, What Science can tell us, 2017, p. 85 : « Forest species have a general tendency to remain stable or increase in most of Europe ».

[23] G. Ceccherini, G. Duveiller, G. Grassi *et alii*, « Abrupt increase in harvested forest area over Europe after 2015, *Nature*, 2020, n° 583, p. 72 et s.

[24] Ainsi que le précise la FAO : « la plupart des objectifs et cibles liés à la biodiversité des forêts n'ont pas été atteints et les objectifs de développement durable (ODD) correspondants ne sont pas en voie de l'être d'ici à 2030. Il est (…) évident que les tendances négatives actuelles en matière de biodiversité et d'écosystèmes compromettront l'avancement vers la réalisation des ODD. » ; FAO, *La situation des forêts du Monde – Forêts, biodiversité et activité humaine*, 2020, p. 168.

[25] C. Thiberge, « Plus de 40% des espèces d'arbres en Europe menacées d'extinction », *LeMonde.fr*, consulté le 15 janv. 2021 à l'adresse suivante : https://www.lemonde.fr/planete/article/2019/09/27/plus-de-40-des-especes-d-arbres-presentes-en-europe-menacees-d-extinction_6013312_3244.html

secteurs spécifiques en site d'importance communautaire (SIC). Cette proposition emporte d'ailleurs en elle-même l'obligation pour les États membres de protéger[26] les sites susceptibles d'être validés par les instances de l'Union.

Dans un second temps, la Commission valide la proposition des États leur laissant alors, dans un troisième temps, six ans pour décider de créer alternativement une zone de protection spéciale ou une zone spéciale de conservation[27]. La simplicité de ce phasage ne doit néanmoins pas occulter le fait que les administrations des États membres maîtrisent largement les étapes intermédiaires des procédures de classement : c'est ainsi qu'en France l'arrêté conduisant à la création d'une zone Natura 2000 doit faire l'objet de multiples études scientifiques et de consultations des collectivités territoriales, de leurs groupements ou encore du public, *etc.*

Les États, sommés de créer des zones, disposent d'une marge d'appréciation assez limitée dans la mesure où les critères imposant le classement d'un secteur géographique en territoire Natura 2000 sont essentiellement scientifiques : il s'agit par exemple de mesurer si la forêt constitue un bon exemple d'un des 85 types d'habitats évoqué plus haut, ou de vérifier si elle constitue un espace particulier de reproduction ou de repos pour la faune, ou encore si, sans pour autant présenter une particularité notable, elle est importante pour assurer le bon état des continuités écologiques existantes, *etc.* Il importe de souligner que le juge européen n'admet pas que d'autres considérations (économiques, sociales, ou autres) entrent en ligne de compte dans la décision de classement. Dans une affaire du 14 janvier 2010, *Papenburg c. République fédérale d'Allemagne*[28], la CJUE énonce fort logiquement que s'il « était permis aux États membres de refuser un classement pour des motifs autres que ceux relevant de la protection de l'environnement, serait alors mise en péril la réalisation même de l'objectif de la directive ».

En ce qui concerne plus spécifiquement le classement en zone spéciale de conservation (directive *Habitats*), il importe de souligner le rôle central de l'Agence européenne de l'environnement, et plus précisément du Centre thématique européen sur la diversité biologique, dans la détermination des

[26] CJCE, n° C-117/03, 13 janv. 2005, *Dragaggi*, § 29 : « s'agissant des sites susceptibles d'être identifiés comme sites d'importance communautaire, mentionnés sur les listes nationales transmises à la Commission, […] les États membres sont, en vertu de la directive, tenus de prendre des mesures de protection aptes à sauvegarder ledit intérêt écologique ». V. également CJCE, n° C-244/05, 14 sept. 2006, *Bund Naturchutz*, § 47.

[27] N. De Sadeleer, « L'étendue de la marge de manœuvre dans la transposition des règles communautaires : de nouveaux défis pour le droit public – à propos de la conservation des espaces naturels », *RFDA*, 2000, n° 3, p. 611 et s.

[28] CJUE, n° C-226/08, 14 janvier 2010, *Stadt Papenburg* ; com. P. Trouilly, *Environnement*, 2010, n° 4, p. 24 et s. ; com. S. Jolivet, *RJE*, 2010, n° 2, p. 291 et s. V. aussi CJCE, C-44/95, 11 juill. 2006, *Lappel Bank*.

SIC. Actuellement piloté par le Muséum national d'Histoire naturelle français, ce centre constitue un consortium européen d'établissements scientifiques œuvrant dans le domaine de la biodiversité et vise à pourvoir l'Agence européenne de l'environnement en information et à assister techniquement les États membres dans la mise en œuvre de la directive précitée.

En effet, si les États sont libres de proposer au classement en SIC les territoires qu'ils souhaitent, ces derniers ne seront validés par la Commission européenne qu'à l'issue de séminaires biogéographiques organisés par cette structure, dont l'un des objectifs est de vérifier la cohérence et la validité écologique de l'ensemble des sites proposés.

Reste que les critères écologiques utilisés par les États pour déterminer les superficies des zones Natura 2000 finalement circonscrites sont susceptibles de faire l'objet de débat contentieux. En France, qu'il s'agisse de fédérations départementales de chasseurs souhaitant obtenir la diminution des zones de protection spéciales[29] ou d'associations de protection de l'environnement cherchant leur extension[30], les conclusions scientifiques qui conditionnent le contenu des décisions administratives intervenant en fin de processus sont régulièrement discutées devant le juge.

Au-delà de l'Hexagone, les différents juges nationaux ainsi que le juge de Luxembourg vérifient que les États se conforment aux dispositions des directives et les condamnent en manquement toutes les fois qu'un secteur n'est pas classé alors qu'il devrait l'être[31] ou lorsque le secteur, bien que classé, est trop restreint : la France a ainsi été condamnée par la CJCE le 26 novembre 2002[32] pour ne pas avoir classé le secteur dit de « La Plaine des Maures » situé sur les hauteurs de Saint Maxime et constitué à 60% de forêt. Une fois la zone classée, il appartient aux autorités nationales d'agir concrètement pour sa protection, sous le contrôle du juge.

II. Une obligation exigeante de gestion durable des forêts classées

Le respect de l'obligation de gestion durable des forêts classées Natura 2000 implique celui d'une double exigence : il impose tout d'abord que l'État définisse des objectifs de conservation adaptés au site protégé dans le cadre desquels il doit adopter des mesures qui en assurent la réalisation[33]. Il conditionne ensuite l'exécution de certains projets situés dans la zone de protection à la réalisation d'une évaluation[34] préalable qui en aura mesuré les

[29] TA Amiens, 31 mars 2009, n° 0601414, *Fédération départementale des chasseurs de l'Aisne* ; chr. V. Gervasoni, J. Makowiak, *RJE*, 2010, n° 3, p. 445 et s.

[30] TA Strasbourg, 28 mai 2008, n° 0601437, *Alsace Nature.*

[31] CJUE, n° C-290/18, 5 sept. 2019, *Commission c. Portugal.*

[32] CJCE, n° C-202/01, 26 nov. 2002, *Commission c. France* ; com. L. Benoît, *Environnement*, 2003, n° 2, p. 17 et s.

[33] Art. 6.1 et 6.2 de la directive *Habitats.*

[34] Art. 6.3 de la directive *Habitats.*

incidences sur le milieu et qui, le cas échéant, peut conduire à la modification voire à l'annulation du projet.

Ainsi que l'explique la Commission européenne : « les objectifs de conservation constituent un ensemble d'objectifs spécifiques à atteindre sur un site afin de s'assurer que ce site contribue de la meilleure façon possible à la réalisation d'un état de conservation favorable » défini au niveau national. L'institution ajoute que ces objectifs doivent être déterminés dès que l'Union européenne a validé le SIC[35] proposé par l'État membre. En conséquence, la Cour de Luxembourg opère un contrôle non seulement du respect de l'obligation de classement mais vérifie également l'existence de document d'objectifs spécifiques attachés au territoire classé.

À cet égard la CJUE a récemment eu l'occasion de préciser que « la fixation des objectifs de conservation constitue une étape obligatoire et nécessaire entre la désignation des zones spéciales de conservation et la mise en œuvre de mesures de conservation » ; constatant que la « législation grecque ne prévo[ya]it pas d'objectifs de conservation relatifs aux principaux types d'habitats naturels (...) tels que les « dunes avec forêts à Pinus pinea et/ou Pinus pinaster », elle condamna récemment la Grèce en manquement[36]. Une fois les objectifs de conservation arrêtés – objectifs dont la portée juridique est relativement incertaine si l'on en croit la jurisprudence administrative française[37] – l'autorité doit adopter tout mesure règlementaire, administrative ou contractuelle permettant la réalisation de ces objectifs.

La jurisprudence de la Cour de justice rappelle d'ailleurs avec constance l'obligation d'adoption de ce type de mesure par les États membres. Dans un arrêt *Commission c. Autriche* du 10 mai 2007, les juges de Luxembourg énoncent avec clarté que « la directive impose l'adoption des mesures de conservation nécessaires, ce qui exclut toute marge d'appréciation à cet égard dans le chef des États membres et limite les éventuelles facultés réglementaires ou décisionnelles des autorités nationales. » La récente affaire de la forêt de Bialowieza constitue sur ce point une parfaite illustration de l'utilité du réseau Natura 2000 en matière de protection des forêts.

En 2016, le gouvernement polonais avait autorisé le triplement de l'abattage des arbres de cette forêt située à l'extrême est de la Pologne, afin (officiellement) de lutter contre un parasite : le bostryche typographe. Constatant l'ampleur de la déforestation annoncée et alertée par les défenseurs

---

[35] Commission européenne, Doc. Hab., 12-04/06, nov. 2012.

[36] CJUE, n° C-849/19, 17 déc. 2020, *Commission c. Grèce*, §52 et 59.

[37] Dans une décision du 19 juin 2006 (n° 266435, *FDSEA de Vendée*), le Conseil d'État a prudemment énoncé qu' « un document d'objectifs contient des dispositions susceptibles de produire de effets juridiques ». La CAA de Lyon dans une décision n° 16LY00546 du 15 mars 2018, *Association sportive motocycliste de Villebret*, semble prendre encore plus de précaution en précisant que : « le document d'objectifs du site [fixe des] orientations [qui] sont à prendre en compte par l'autorité administrative dans son appréciation des atteintes susceptibles d'être portées à ce site... » ; com. X. Braud, *RJE*, n° 1, 2019, p. 195 et s.

de l'environnement, la Commission saisit la CJUE qui accueillit la demande d'établissement de mesures provisoires visant à faire cesser l'abattage[38] présentée par la Commission en référé, avant finalement de condamner la Pologne pour manquement[39]. La Cour retient notamment dans son arrêt du 17 avril 2018 que « la mise en œuvre des opérations de gestion forestière active en cause conduit à la disparition d'une partie du site Nature 2000 » et ajoute fort logiquement que « de telles opérations ne sauraient constituer des mesures assurant la conservation du site ».

Si le juge européen fait preuve d'une vigilance accrue en matière de protection des forêts classées Natura 2000, le juge national semble y prêter tout autant d'attention. Par un arrêt du 15 mars 2018, la Cour administrative d'appel de Lyon a effectivement annulé une décision préfectorale autorisant l'organisation d'une course de deux-roues motorisés dans la forêt des Gorges du Haut Cher[40] car elle a considéré que le préfet avait sous-estimé les intérêts écologiques à protéger. Bien que les États soient les acteurs principaux de la protection des forêts, il est donc désormais acquis que leur latitude d'action est réduite.

L'instauration de mesures de protection ne fait néanmoins pas obstacle à l'adoption de décisions qui porteraient en elles-mêmes atteinte aux milieux forestiers, pour autant que ces décisions soient, alternativement, justifiées par un intérêt public majeur[41] ou que l'atteinte portée à l'environnement ne soit pas significative.

Les sites Natura 2000 n'étant « pas des sanctuaires de nature »[42], les pouvoirs publics peuvent effectivement décider d'y autoriser ou d'y mener à bien des projets d'intérêt public majeur qui porteront atteinte à l'environnement[43], sous réserve, dans certains cas, d'obtenir l'avis favorable de la Commission européenne. En 2010, le gouvernement allemand a par exemple été autorisé à poursuivre la construction d'une autoroute au nord du pays, portant ainsi atteinte aux forêts de « Travetal » pourtant constituées d'espaces dont la protection est prioritaire (en particulier des forêts de pentes et des forêts alluviales)[44]. La notion d'intérêt public majeur n'est cependant clairement définie ni par le droit européen ni par les droits nationaux, ce qui a

[38] CJUE, ord. n° C-441/17R, 20 nov. 2017, *Commission c. Pologne* ; not. J. Bétaille, *Droit de l'environnement*, 2018, n° 263, p. 14 et s.
[39] CJUE, n° C-441/17, 17 avr. 2018, *Commission c. Pologne* ; com. S. Roset, *Europe*, 2018, n° 6, p. 29.
[40] CAA Lyon, n° 16LY00546 du 15 mars 2018, précitée.
[41] Art. 6§4 de la directive *Habitats*.
[42] CGEDD, *Analyse du dispositif Natura 2000 en France*, 2015, p. 11.
Consulté le 15 janv. 2021 à l'URL :
https://www.natura2000.fr/sites/default/files/references_bibliographiques/151230_cgedd_009538-01_rapport-final.pdf
[43] CJUE, aff. C-43/10, 11 sept. 2012, *Nomarchiaki Aftodioikisi Aitoloakarnanias* ; note S. Roset, *Europe*, 2012, n° 11, p. 44 et s.
[44] Avis de la Commission C (2010) 3674 final, 11 juin 2010.

pour effet sinon de restaurer la marge d'appréciation des États au moins de créer un espace de négociation entre l'Union et ses États membres et, plus sûrement, d'inviter le juge à établir un équilibre entre la protection de l'environnement d'une part, et les autres intérêts d'autre part. C'est ainsi qu'au gré des requêtes le juge administratif français est conduit, au terme d'une évaluation coût/avantage bien connu, à annuler des décisions portant atteinte aux espaces forestiers[45]... ou non[46].

Le droit admet en outre que les autorités publiques autorisent des activités dès lors qu'elles n'emportent pas de perturbations significatives sur l'environnement[47]. La complexité du travail du juge se révèle tout particulièrement à cette occasion puisqu'il lui appartient de vérifier dans chaque affaire le caractère « significatif » de la perturbation en cause, à l'aune de la nature du projet, de son intégration dans l'environnement naturel, d'un possible effet « cocktail », *etc.* ; son office le conduit donc régulièrement à trancher des controverses scientifiques au moyen du droit[48]. L'autorisation de procéder à une coupe rase dans un site fragile pourra ainsi faire l'objet d'un recours et être annulée par le juge, tandis que la même coupe sur un site plus stable et résilient ne le sera pas. Quoi qu'il en soit, le juge vérifie aussi la présence, dans le dossier d'autorisation, d'une « évaluation appropriée des incidences du projet sur le site eu égard aux objectifs de conservation de ce site ».

La directive *Habitats* impose en effet que le pétitionnaire réalise l'évaluation des incidences du projet qu'il entreprend sur le site classé, avant de prétendre pouvoir y effectuer quelques travaux. À nouveau le juge européen se montre plutôt scrupuleux dans le contrôle du respect de cette exigence : dans un arrêt du 20 septembre 2007, la CJUE a par exemple jugé que « la République italienne a manqué aux obligations qui lui incombent [...] en autorisant des mesures susceptibles d'avoir un impact significatif sur la zone de protection spéciale Parco Nazionale dello Stelvio (situé à la frontière italo-suisse) sans les subordonner à une évaluation appropriée de leurs incidences au regard des objectifs de conservation de ladite zone. »[49] Un tel manque d'évaluation a également été reproché à la Pologne dans l'affaire Bialowieza[50].

---

[45] En ce qui concerne l'annulation d'une autorisation d'implantation d'un parc éolien en forêt des Avants-monts : CAA Marseille, n° 18MA04972, 24 janv. 2020.

[46] En ce qui concerne la confirmation de l'implantation d'un centre de vacances en forêt de Chambaran : CAA Lyon, n° 15LY03097, 16 déc. 2016, *FRAPNA* ; note R. Radiguet, *RJE*, 2017, n° 3, p. 581 et s.

[47] Art. 6§2 et 6§3 de la directive *Habitats*.

[48] M. Clément, « Le juge, l'expert et le droit de la nature », *in* C.-H. Born, F. Haumont (dir.) *Natura 2000 et le juge*, Bruylant, 2014, p. 99 et s.

[49] CJCE, n° C-304/05, 20 sept. 2007, *Commission c. Italie* ; not. F. Haumont, P. Steichen, *Études foncières*, 2007, n° 130, p. 50 et s.

[50] CJUE, n° C-441/17, 17 avr. 2018, *Commission c. Pologne*, précité, § 257 et s.

Dans une décision du 26 avril 2017, la CJUE semble avoir redoublé d'exigence puisqu'elle impose désormais non seulement la présence d'une évaluation mais également que cette évaluation ne laisse subsister « aucun doute raisonnable d'un point de vue scientifique quant à l'absence d'effets préjudiciables »[51] pour l'intégrité du site concerné par le projet. Il s'agit sans doute ici de la consécration par la CJUE d'une obligation d'évaluation renforcée. À la lecture de ce qui précède, on mesure avec un peu plus d'acuité toute l'influence que le réseau Natura 2000 peut exercer sur la conservation des forêts européennes.

Conclusion

Exigeant tant sur le plan procédural que substantiel, le réseau Natura 2000 semble paré de toutes les vertus. Toutefois, un examen minutieux de ce maillage invite à la prudence. Il convient d'abord de souligner combien la mesure scientifique de l'efficacité réelle du réseau constitue une difficulté redoutable en soi. Dans la mesure où l'évolution d'un espace aussi complexe que l'espace forestier est déterminé par un grand nombre d'éléments naturels et anthropiques, il est périlleux d'affirmer avec certitude que son amélioration est directement due à une mesure de protection spécifique[52].

Un des enjeux majeurs de la protection juridique apportée par le réseau Natura 2000 aux forêts européennes réside dès lors dans sa plasticité et sa capacité à s'adapter aux évolutions du milieu lui-même et accompagner ses changements dans une logique évocentrée[53]. D'une certaine façon, l'objet même du réseau Natura 2000 impose aux autorités compétentes de remettre continuellement « l'ouvrage sur le métier ».

Or, à rebours d'une telle adaptation, l'Union conduit parfois des politiques qui paraissent en contradiction avec ses objectifs environnementaux. La protection des forêts est notamment remise en cause lorsqu'elle s'oppose frontalement à certains impératifs de développement. Ainsi, alors même que le site classé Natura 2000 des Gorges de Kresna situé au sud-ouest de la Bulgarie présente une importante richesse biologique forestière[54], l'Union n'hésite pas à financer la création d'une autoroute pan-européenne passant au beau milieu du site[55] dégradant irrémédiablement le milieu. La contradiction

---

[51] CJUE, n° C-142/16, 26 avr. 2017, *Commission c. Allemagne*, § 33 ; com. A. Treillard, *RJE*, 2017, n° 4, p. 797 et s.

[52] M. Sotirov (dir.), *op. cit.*, p. 95.

[53] Voir la contribution de la Professeure Jane Lecomte dans ce volume.

[54] De part et d'autre de la montagne, on se situe alternativement dans un climat méditerranéen ou dans un climat continental. Ce contraste particulièrement saisissant fait de ce site un important réservoir de biodiversité regroupant plusieurs des 29 habitats forestiers dont la protection est jugée prioritaire par l'annexe de la directive *Habitat*.

[55] Il s'agit du corridor « Orient/Méditerranée orientale » déployé du nord de l'Allemagne au sud de la Grèce continentale.

entre développement et protection se déploie en outre au sein de la gestion forestière européenne elle-même, tiraillée entre la satisfaction d'intérêts économiques légitimes et la défense d'intérêts écologiques primordiaux[56]. Incontestablement, il existe encore au niveau de l'Union un déficit d'intégration du souci environnemental dans les autres domaines d'actions européens touchant les forêts[57].

En-deçà de l'Union, les États membres connaissent également des difficultés dans leur gestion du réseau Natura 2000. La Cour des comptes européenne souligne par exemple que si Natura 2000 est essentiel pour la protection de l'environnement, sa mise en œuvre par les États, notamment en ce qui concerne la protection des forêts, est encore loin de réaliser l'ensemble de son potentiel. La Cour note que « trop souvent, les mesures de conservation nécessaires n'ont pas été adoptées dans les délais fixés par les directives, ou n'ont pas été définies et planifiées de façon appropriée »[58]. À propos de la France, l'institution souligne un réel problème de coordination entre les autorités chargées des questions d'environnement, qui sont responsables du réseau Natura 2000, et les autorités chargées des questions agricoles et forestières, qui décident de l'attribution de la majeure partie des fonds de l'Union destinés à son financement[59] ; au-delà de la question financière, les différentes normes de protection de la forêt dans l'Hexagone souffrent globalement d'un manque de cohérence[60].

Le réseau Natura 2000 offre donc une bonne illustration de l'influence positive que l'Union européenne peut exercer sur la protection des forêts des États membres, comme il révèle aussi quelques-unes de ces insuffisances. À la confluence d'intérêts internationaux, régionaux et nationaux, d'intérêt économiques, sociaux et écologiques, les exigences portées par ce réseau impliquent la détermination d'objectifs et de mesures de protection ambitieux qui se heurtent souvent à d'autres considérations.

Actrice essentielle de la protection de la forêt européenne, l'Union n'est toutefois pas la seule organisation à agir dans cet espace. La Conférence interministérielle sur la protection des forêts en Europe – autrement connue sous le nom de *Forest Europe* – regroupe ainsi près de 54 États et contribue à promouvoir une gestion durable des forêts à l'échelle du continent.

---

56 G. Winkel *et alii*, « The implementation of Natura 2000 in forests: A trans- and interdisciplinary assessment of challenges and choices », *Environmental Science & Policy*, 2015, n° 52, p. 27.

57 G. Winkel, M. Sotirov, « Whose integration is this? European forest policy between the gospel of coordination, institutionnal competititon, and new spirits of integration », *Environment and planning C: Government and Policy*, 2014, vol. 32, p. 496 et s.

58 Cour des comptes européennes, *op.cit*, p. 23

59 Cour des comptes européennes, *op. cit.*, p. 21.

60 C. Barthod, « Politique forestière et politique de conservation de la biodiversité, convergences et divergences, complémentarité ou opposition ? », *Humanité et Biodiversité*, n° 6, 2020/2021, n° spé. « forêt et biodiversité », p. 202 et s.

En juin 2011, cette conférence a créé une commission à l'effet de négocier avec l'ensemble des États membres, un accord juridiquement contraignant relatif à la protection des forêts européennes. En 2019, elle a réitéré son souhait de réalisation d'une telle convention et demandé à la Commission économique des Nations Unies pour l'Europe ainsi qu'à la FAO d'organiser le processus de négociation[61]. L'enjeu de l'adoption d'un tel texte présente un caractère central pour la protection de l'environnement mondial dans la mesure où, si les forêts de l'Union européenne ne représentent que 5% des surfaces forestières mondiales, les forêts ressortant des pays de *Forest Europe* représentent quant à elles, grâce à la Russie, 25% des forêts du monde entier. La forêt russe est sans doute moins riche que celle d'Amazonie en termes de biodiversité, mais il est parfois trop rapidement oublié qu'elle est beaucoup plus étendue : sa préservation et sa gestion durable constituent par conséquent une ardente obligation pour le maintien d'un environnement sain à l'échelle de la planète.

[61] Ministerial Decision on Resuming the Negotiations on a Legally Binding Agreement on Forests in Europe, 6 sept. 2018.
Consultée le 12 mai 2021 à l'URL
https://foresteurope.org/wp-content/uploads/2017/08/Ministerial-Decision-on-Resuming-the-Negotiations-on-LBA_final.pdf

Les sources du droit forestier allemand : tradition, complémentarité et concurrence entre les lois forestières et concurrence avec la Loi sur la protection de la nature

Eckard REHBINDER
Professeur de droit économique et environnemental émérite
Membre du Centre de recherche sur le droit de l'environnement
Faculté de droit
Université Goethe
Francfort

I. Introduction

En Allemagne, la forêt recouvre actuellement environ 32 % du territoire national, bien qu'il existe de nombreuses variations entre les divers états fédérés (*Länder*), allant de 38-42 % (Rhénanie-Palatinat, Hesse, Sarre, Bade Wurtemberg) à 11 % (Schleswig-Holstein). L'étendue de la surface boisée ainsi que la composition des forêts sont le fait d'une politique de gestion des forêts tournée vers la production de bois qui s'inscrit dans l'application d'un principe de gestion (économiquement) durable. Dans les siècles passés et pour une partie du XIXe siècle, le concept de « gestion des forêts » n'existait pas. Les règlements ne contenaient que quelques interdictions d'activités considérées comme abusives[1]. En particulier aux XVIIIe et XIXe siècles, la croissance de la demande de bois pour l'exploitation minière, l'industrialisation précoce et le développement urbain ont provoqué des déboisements et une pénurie de bois considérables. D'autres utilisations des forêts traditionnelles, comme le pâturage en sous-bois, l'engraissement de cochons dans les forêts et l'utilisation des feuilles comme litière ont également eu des effets négatifs sur l'état des forêts.

Il revient à certains praticiens ainsi qu'à des scientifiques forestiers allemands des XVIIIe et XIXe siècles le mérite d'avoir développé différents concepts de gestion des forêts afin d'assurer une fourniture de bois durable. En 1713 déjà, dans son livre « Sylvicultura oeconomica » (« Sylviculture économique »), Hans Carl von Carlowitz, un ingénieur minier chargé de la fourniture de bois pour les mines en Saxe, avait créé le terme et le concept de gestion durable des forêts.

Peut-être Carlowitz fut-il influencé par Jean Baptiste Colbert qui avait promu, en France, l'Ordonnance sur le fait des Eaux et des Forêts de 1669 ; cette ordonnance visait déjà à assurer la durabilité des forêts, même si ce ne fut pas couronné de succès.

---

[1] Hasel, K., *Forstgeschichte*, 1985, p. 107 et s.

Plus tard, des œuvres de praticiens et scientifiques forestiers prussiens comme Johann Heinrich Cotta (1763-1844) et Georg Ludwig Hartig (1764-1837) ont précisé et enrichi le concept de gestion durable des forêts et ont eu une influence directe sur les réformes de la législation forestière.

L'objectif originel de la gestion durable est purement économique, l'idée étant de garantir que l'utilisation économique issue des abattages n'excède pas la régénération des forêts par reboisements successifs (en classes d'âge). En d'autres termes, on ne voulait pas compromettre l'utilisation future par celle exercée au présent. Cependant, la notion de gestion durable était très restreinte : la monoculture forestière était en réalité la méthode de gestion normale des forêts allemandes. Sous l'influence des préoccupations écologiques contemporaines, le principe de gestion durable a plus récemment été complété par les exigences écologiques, bien que l'orientation principale reste économique.

II. Une brève histoire du développement législatif

Les bases des lois forestières actuelles ont été établies au XIXe siècle par les réformes du droit forestier dans les états allemands, devenus en 1871 les états fédérés de l'Empire allemand[2]. Ces réformes étaient une réponse aux défis de l'exploitation excessive des forêts et de la pénurie de bois qui en résultait. Le processus de réforme était dominé par la controverse entre deux concepts concurrents : le libéralisme économique, qui visait la privatisation des forêts d'État et communales ainsi que la liberté des propriétaires d'utiliser la forêt selon leurs intérêts d'un côté, et le nouveau concept, paternaliste, de gestion durable des forêts, de l'autre côté[3]. De plus, la diversité des formes de propriété forestière – forêt d'État, forêt communale et forêt privée – joua un rôle central dans le discours sur les réformes du régime forestier.

La Loi sur les forêts de Bade de 1833 est la première loi forestière moderne en Allemagne à avoir introduit le concept de gestion durable, limitée à l'époque aux forêts d'État, incluant même l'exigence de régénération naturelle dans la législation. Les forêts communales demeurant soumises à la gestion par le *Land*. À la différence de la forêt privée, cette gestion locale se contentait de quelques exigences de protection de la forêt : prohibition de déboisement, obligation de reboisement et exigence d'autorisation pour les conversions, *etc*. Les concepts du régime forestier de Bade – gestion durable des forêts d'État,

---

[2] V. Hasel, *op. cit*., p. 117 et s.; Klose, F. et Orf, S., Forstrecht, 2e éd., 1998, Einleitung, p. 1 et s.

[3] V. Hasel, K., *Zur Geschichte der Forstgesetzgebung in Preußen*, 1972, p. 241 et s.; Hölzl, R., *Umkämpfte Bäume. Die Geschichte einer ökologischen Reform in Deutschland 1760-1860*, 2010, p. 444 et s.; Pukall, K., *Mögliche Entwicklungslinien für das Bundeswaldgesetz*, Natur und Recht (NuR) 2014, p. 171, 172-73. Le représentant du libéralisme économique dans le champ de la foresterie le plus proéminent était Friedrich Leopold Pfeil (1783-1859).

gestion des forêts communales par les forestiers du *Land* et obligations limitées pour la forêt privée – se sont répandus à d'autres *Länder*, notamment en Bavière (1852), dans le Wurtemberg (1879) et sous une forme modifiée en Prusse, l'état fédéré le plus grand et présentant la plus grande diversité forestière. En Prusse, la gestion de la forêt d'État non privatisée était mise en œuvre sur la base d'instructions administratives : le principe de gestion durable y était donc pratiqué. En ce qui concerne les forêts communales, la Loi sur les forêts communales de 1876 reconnaît expressément le principe de gestion durable des forêts [4]. Cependant, comme la Prusse était le *Land* le plus représentatif du libéralisme économique, il n'existait pratiquement pas de réglementation des forêts privées (à une exception : la Loi forestière de protection de 1875).

Sous la nouvelle Constitution de Weimar, qui limitait l'exercice de la propriété privée par une responsabilité sociale du propriétaire (article 153), quelques *Länder*, dans les années 1920, ont adopté de nouvelles lois forestières renforçant les restrictions de l'exercice de la propriété forestière privée. Cependant, aucun projet de loi nationale sur les forêts, valable donc pour toute l'Allemagne, n'a jamais pas abouti, ni dans la république de Weimar, ni sous le IIIe Reich[5].

III. Complémentarité entre la loi fédérale sur les forêts et les lois forestières des Länder

A. Relations entre la législation fédérale et celle des Länder

Le droit forestier allemand est une branche du droit de l'environnement très particulière[6]. Dans la version originale de la Constitution allemande (celle de 1949), l'État fédéral ne possédait une compétence législative concurrente que pour la « promotion » de la production agricole et de la sylviculture et pour le droit des sols, tandis que d'autres matières pertinentes comme la protection de la nature et l'aménagement du territoire dans les forêts ne jouissaient que d'une compétence-cadre. En raison de cette répartition des compétences particulièrement complexe, le droit forestier allemand actuel est constitué d'une loi-cadre fédérale, de la loi fédérale sur les forêts (« Bundeswaldgesetz » de 1975, modifiée plusieurs fois) et des lois forestières des *Länder*. La loi fédérale est adressée aux *Länder* : ces derniers sont obligés de la transposer *via* des normes directement applicables, qui peuvent aussi ajouter des réglementations dans des domaines non couverts par la loi

[4] En ce qui concerne les territoires annexés en 1866, les règlements régionaux existants étaient maintenus.

[5] Hasel, Geschichte, *op. cit.*, p. 87 et s.

[6] Kloepfer, M., *Umweltrecht*, 4e édition 2016, § 11, n° 117-129; Endres, E., *Bundeswaldgesetz*, 2014, Einleitung, annotations 29 et s.; Klose/Orf, *op. cit.*, § 1, annotations 10, 34 et s., 39.

fédérale, ce que les *Länder* ont d'ailleurs déjà fait. La réforme du fédéralisme par l'amendement de la Constitution de 2006 a en outre élargi les compétences législatives de l'État fédéral en ce qui concerne la protection de la nature et l'aménagement du territoire, de sorte qu'aujourd'hui il serait possible d'adopter une loi forestière fédérale plus exigeante. À l'occasion de cette réforme, la loi-cadre a d'ailleurs disparu. L'État fédéral n'a cependant pas utilisé ses compétences nouvelles ; en vertu de l'article 125b de la Constitution, la loi fédérale sur les forêts reste par conséquent en vigueur comme loi-cadre.

B. Principes et règles de base du droit forestier allemand

L'article 1er de la loi fédérale consacre la protection des forêts en faisant tout d'abord une distinction entre trois fonctions assurées par elles et considérées comme équivalentes (principe de la multifonctionnalité) : la fonction économique (exploitation), la fonction écologique (protection) et la fonction sociale (récréative)[7]. L'article 11 de la loi fédérale oblige tout propriétaire forestier à gérer la forêt d'une manière appropriée, cohérente et durable. Dans l'article 9 de la loi fédérale on trouve également une interdiction de défrichements et de conversion des forêts à une autre utilisation, à moins d'en avoir obtenu l'autorisation. Les lois forestières des *Länder* ont transposé la loi fédérale et y ont ajouté des dispositions additionnelles et/ou de mise en œuvre. Par exemple, dans les lois forestières des *Länder* il y a des dispositions sur la planification forestière. La loi fédérale (articles 12-14) et les lois des *Länder* permettent également l'établissement de forêts de protection en vertu de leurs fonctions écologiques ou sociales. Toute personne a le droit d'accéder à la forêt, mais à ses risques et périls. Finalement, la loi fédérale contient un grand nombre de dispositions de droit économique sur l'organisation de la foresterie, notamment des entreprises forestières privées.

C. Organisation administrative

Les autorités des *Länder* exécutent leurs propres lois forestières, en y incluant la loi fédérale. Sous le régime forestier, introduit par les lois forestières du XIXe siècle jusqu'au début de ce siècle, les autorités forestières locales exerçaient une double fonction : la gestion opérative des forêts de l'État et des forêts communales ainsi que la réglementation de toute forêt en vue des trois fonctions forestières. Ce cumul de compétences pouvait causer des conflits internes entre objectifs commerciaux et durabilité écologique. Pour remédier à cela, les réformes forestières de la première décennie de ce siècle dans les *Länder* ont établi une séparation de la gestion et de la

[7] Klose et Orf, *op. cit.*, § 11, annotation 36; Endres, *op. cit.*, § 1, annotations 9 et s.

réglementation. Des établissements publics forestiers organisés comme personne morale et des entreprises forestières étatiques responsables de la gestion des forêts d'État furent créés. La réglementation concernant toutes les catégories de propriété forestière revenait toujours aux autorités forestières[8]. Dans quelques *Länder*, on a même transféré la propriété des forêts d'État à l'établissement de droit public. Cette séparation des fonctions administratives dans les forêts de l'État visait à renforcer la rentabilité des forêts, mais elle est controversée. Bien qu'elle puisse augmenter l'intérêt des autorités forestières dans la protection de la nature, elle est susceptible de compromettre les services écologiques jadis fournis gratuitement par les anciennes autorités forestières, c'est-à-dire une gestion des forêts proche de leur état naturel malgré un rendement économique inférieur.

IV. Concurrence entre droit forestier et droit de protection de la nature

Les relations entre le droit forestier et le droit de protection de la nature sont en principe régies par le principe de parallélisme (libre concurrence). La Loi fédérale sur la protection de la nature et du paysage de 2009 et les lois propres aux *Länder,* qui transposent et complètent cette loi fédérale, s'appliquent également aux forêts, à moins que des dispositions spécifiques de ces lois ne prévoient le contraire[9]. Les clauses « sylviculture » dans les lois sur la protection de la nature permettent de régler les relations entre les deux complexes de règlement.

En ce qui concerne les principes de gestion des forêts, le droit forestier est un principe spécial. Cependant, l'article 5 paragraphe 3 de la Loi fédérale sur la protection de la nature prévoit quelques principes supplémentaires. Cette disposition établit un principe d'utilisation des forêts permettant de les conserver ou de les régénérer au plus proche de leur état naturel initial, sans défrichement. En outre, la loi requiert que la forêt soit composée d'une proportion suffisante d'espèces d'arbres indigènes. Ces dispositions ne sont cependant que des principes et non pas des règles : elles guident l'interprétation de la notion de gestion durable et l'exercice des prérogatives discrétionnaires accordées aux autorités forestières. Dans la pratique, leur importance est limitée.

Les mesures de gestion des forêts ne sont normalement pas soumises au régime d'interventions dans la nature et dans le paysage issu de la Loi sur la

---

8 *Sachverständigenrat für Umweltfragen* (SRU), Umweltgutachten 2000 – Schritte ins nächste Jahrtausend, 2000, n° 1136; Rehbinder, E., *Gemeinwohlverpflichtung im Staatswald und Naturschutz, in* Winkel, G. et Spellenberg, H. (éds.), Naturschutz im Staatswald, 2019, p. 38, 49 et s.

9 Endres, *op. cit.*, Einleitung annotations 30 et s.; Rehbinder, E., *Naturschutz im Staatswald – zur Rollenverteilung zwischen Naturschutzrecht und Waldrecht*, Natur und Recht (NuR) 2018, p. 2 et s.

protection de la nature. Une clause « sylviculture » dans la loi les en dispense, à condition qu'elles soient conformes à la bonne pratique de la sylviculture, mais seulement sous la forme d'une présomption légale réfutable. Cependant, les règles pertinentes prévoyant un régime de compensation et de substitution écologique s'appliquent au changement d'une catégorie d'utilisation du sol à une autre, comme par exemple la transformation de la forêt en vue de la construction de routes ou d'installations d'énergie éolienne ; lorsqu'un défrichement est autorisé selon les lois forestières, le reboisement est alors obligatoire.

Il existe également des domaines dans lesquels le droit de protection de la nature est prioritaire, notamment pour la protection spatiale de la nature[10]. Selon la Loi fédérale sur la protection de la nature, des forêts ou des parties de forêts peuvent être classées zone protégée[11]. En effet, En effet, de grandes étendues de forêts occupent une partie considérable des réserves de la nature, des parcs nationaux et des réserves de biosphère comprend de grandes étendues de forêts. De même, la protection de biotopes « légaux » (non classés) s'étend aux forêts. La directive Habitats permet également de protéger les forêts allemandes, puisqu'elle classe/recense certains biotopes forestiers allemands comme étant prioritaires, notamment les forêts de hêtres sur des sols de chaux. Ce qui peut limiter les pratiques normales de l'abattage du bois régulier. L'application de la Directive a inquiété les propriétaires forestiers et a entraîné des résistances, d'autant plus que la jurisprudence de la Cour de Justice de l'Union européenne a récemment élargi la notion de projet[12] et que l'étendue exacte des obligations de la foresterie établies par la directive n'est plus claire.

Certaines activités forestières, conformes aux exigences de la bonne pratique forestière, sont dispensées de certains dispositifs de protection des espèces par des clauses « sylvicultures ». En ce qui concerne les espèces strictement protégées et les espèces d'oiseaux européennes, ces dérogations ne valent toutefois qu'à condition que l'état de conservation de la population de ces espèces n'empire pas[13].

---

[10] V. Endres, *op. cit.*, Einleitung annotations 30 et s.; Rehbinder, *in* NuR *op. cit.*, p. 3 et 5.

[11] Cour administrative fédérale, 5.2.2009, NuR 2009, 346, n° 36 et s.; 21.12.1994, Neue Zeitschrift für Verwaltungsrecht (NVwZ) 1995, p. 601, 602; Endres, *op. cit.*, § 10, annotation 9, § 11, annotation 5; Thomas, K., *Bundeswaldgesetz*, 2ᵉ éd. 2015, Vorbemerkungen, § 11, annotation 2.

[12] Cour de Justice de l'Union Européenne, 7.11.2018, Affaire C-793/17 et 794/17, Cooperatie Mobilisation for the Environment, ECLI:EU:C:2018:882, n° 67 et s.; v. Fischer-Hüftle, P. et Gellermann, M., *Landwirtschaft in* Natura 2000-Gebieten, Natur und Recht (NuR) 2018, p. 602 et s.

[13] Rehbinder, *in* NuR *op. cit.*, p. 5 ; sur la compatibilité avec le droit européen v. Lau, M., *in* Frenz, W. et Müggenborg, H.-J (éds.), Bundesnaturschutzgesetz, 2ᵉ éd. 2014, § 44, annotation 47.

Finalement, le règlement sur les dommages environnementaux contenu dans la Loi sur la protection de la nature et la Loi sur les dommages environnementaux s'applique aussi aux forêts[14].

Les compétences parallèles des autorités forestières et de celles de protection de la nature ainsi que l'application des réglementations qu'elles établissent dans les forêts sont une source de conflits potentiels. Étant donné que les missions et les politiques de ces autorités diffèrent, il faut s'en remettre à certains mécanismes de consultation, qui n'offrent pas nécessairement des solutions acceptables[15]. De plus, le respect volontaire des lois pertinentes est remis en cause par le manque de clarté sur la question de savoir quelle est la loi qui s'applique concrètement.

V. Les autres réglementations concernant les forêts

Il existe d'autres réglementations concernant les forêts, que l'on ne fera ici que mentionner. Certaines activités ou planifications forestières sont soumises à une étude d'impact sur l'environnement ou à une étude stratégique environnementale prévues par la Loi fédérale sur les études d'impact de 1990, modifiée en 2017. En outre, la Loi fédérale sur l'aménagement du territoire de 1997 et le Code fédéral de construction de 1997 ont un certain impact sur la protection des forêts. Le Code de construction, par exemple, protège la forêt en accordant aux préoccupations forestières une « priorité relative » : selon l'article 1er, paragraphe 5 du Code, des terrains boisés ne doivent ainsi être aliénés pour la construction que si cette aliénation est indispensable. Enfin, la Loi fédérale sur la chasse de 1976 et les lois pertinentes des *Länder* nécessitent d'intégrer les préoccupations de la gestion appropriée et durable des forêts dans la réglementation de la chasse, même si dans la pratique leur efficacité est faible.

VI. Conclusion

Le droit forestier allemand est caractérisé par sa grande complexité due à la tradition législative des *Länder*, à la structure fédérale de l'Allemagne mais également à l'absence de volonté politique récente d'adopter, en lieu et place de la présente Loi cadre-fédérale sur les forêts, une loi fédérale qui comprendrait également des points actuellement réglés par les lois régionales. Les relations entre la Loi fédérale et les lois régionales sont régies par le principe de complémentarité, peu satisfaisant sur le plan matériel, mais qui ne crée pas de conflits entre les deux niveaux de législation. Les relations entre le droit forestier et le droit de protection de la nature, qui s'applique en principe aussi aux forêts, dépendent quant à elles de la matière réglée (il peut

[14] Cour administrative Gießen, 13.12.2017, Natur und Recht (NuR) 2018, p. 501, 502/503.
[15] Sachverständigenrat für Umweltfragen, *op. cit.*, n° 1135/1136.

y avoir alternativement exclusivité ou application concurrente). Dans le dernier cas, des clauses « sylvicultures » peuvent conduire à privilégier, de manière certes limitée, le droit forestier sur le droit de la protection de la nature. Cette solution, censée résoudre les problèmes de concurrence entre les deux complexes normatifs, est toutefois source de conflits entre les autorités, et le manque de clarté du dispositif normatif applicable à un cas d'espèce remet en réalité en cause le respect même des lois.

Construction et évolution du régime forestier

Jacques LIAGRE
Chef du département juridique de l'Office National des Forêts

I. Naissance du régime forestier

En 1815, La France sort éreintée de la période révolutionnaire, des guerres de la République et du 1er Empire. Des 20 millions ha forestiers qui couvraient la France du Haut Moyen-Âge, il n'en reste guère plus de 8 millions en 1815. Et le plus souvent en mauvais état. Or, le bois est toujours, en ce début du XIXe siècle, un matériau primordial pour les populations et pour l'économie du pays. Il faut donc reconstituer notre patrimoine forestier. Et vite.

Un redressement spectaculaire va s'opérer très rapidement sous l'autorité de Louis XVIII puis de Charles X. En 1824 l'École royale des Eaux et Forêts est créée à Nancy sous la vigoureuse impulsion de Jacques-Joseph Baudrillart, remarquable chef de division à la direction générale des Eaux et Forêts. Reprenant, en les adaptant, une grande partie des dispositions de l'Ordonnance de 1669 et y ajoutant un important ensemble de mesures nouvelles propres à répondre aux besoins de l'époque, le Gouvernement s'attache ensuite à rédiger un code forestier. Celui-ci est promulgué le 31 juillet 1827. C'est le code forestier que nous appliquons toujours aujourd'hui, même s'il a été, bien évidemment, souvent modifié et remanié, notamment en 1963/1964 sous l'œuvre magistrale du Ministre Edgard Pisani.

Le code forestier de 1827 s'en tenait à quatre grands principes :

- Reconstituer la forêt française et se donner les moyens de garantir pour l'avenir une gestion exempte des abus commis sous l'Ancien Régime.
- Ne pas toucher à la forêt privée. La propriété privée individualiste et bourgeoise a en effet été *proclamée inviolable et sacrée* en août 1789. Charles X n'a aucune envie de créer l'agitation sur ce terrain.

On se contente donc d'imposer à titre temporaire un contrôle des défrichements[1].

- Appliquer aux seules forêts de l'État, des établissements publics, des communes et sections de communes un cadre juridique spécial garantissant une gestion planifiée et efficace des forêts.

---

[1] C'est la loi du 18 juin 1859 qui donna à la législation sur le défrichement en forêt privée un caractère permanent.

C'est le Régime forestier

Son périmètre sera étendu en 1913 aux forêts des départements, des Caisses d'épargne et des sociétés mutualistes. Puis s'ajouteront les forêts des Régions. Au début du XXIe siècle il faudra régler le cas des anciennes forêts domaniales de Corse données par le Gouvernement Jospin à la Collectivité Territoriale Corse ainsi que celui de la forêt de Chambord qui, à la création de l'établissement public du domaine de Chambord, deviendra un curieux hybride entre forêt domaniale et forêt d'Établissement public. Le législateur devra aussi s'intéresser aux forêts de Chantilly et Chaalis, s'agissant de les maintenir dans le régime forestier alors que les nouveaux textes régissant l'Institut de France qui en est propriétaire en feront une personne morale hors norme ne pouvant plus être regardée comme un établissement public.

- Assurer une protection pénale renforcée de tous bois et forêts (privés et publics) contre les agissements des tiers. C'est qu'à l'époque la France est encore très fortement rurale et que les mauvaises habitudes de l'Ancien régime (terres laissées à la jouissance des communautés d'habitants) sont loin d'être éteintes. Il convient donc de réprimer sévèrement ceux qui continuent à se servir dans les forêts d'autrui sans respecter les nouveaux principes de la propriété privée individuelle née en 1789.

II. Qu'est-ce que le régime forestier aujourd'hui ?

Il est en vérité très difficile d'en donner le contenu car le régime forestier est bien plus subtil qu'une simple réglementation énumérant des tâches à accomplir. Tout le génie de ce régime juridique, c'est en effet qu'il est à la fois un dispositif juridique qui encadre la gestion, mais c'est aussi la gestion elle-même. Expliquons-nous. En synthétisant, on peut dire que le Régime forestier s'articule autour de quatre grands axes qui :

- *Obligent* les propriétaires à gérer leurs forêts dans le cadre d'un document de gestion (*aménagement forestier* – art. L 212-1 CF) prévoyant un ensemble d'actions à mener sur les 15 à 20 ans à venir (art. R 212-1 CF) de manière à conduire la forêt vers des objectifs ciblés en matière de production de bois, préservation des milieux, accueil du public. L'aménagement doit être conforme aux orientations que l'État a fixées au titre de sa politique forestière (Chapitre I et II du Titre II du Livre I du code forestier). Et dans sa gestion courante le propriétaire doit respecter les prescriptions de son document de gestion (art. L 214-5 CF).
- Ainsi, par le biais de l'aménagement, le législateur utilise l'action du propriétaire (Que veut-il faire de sa forêt ?) pour le faire participer directement, via l'exercice de son droit de propriété (mise en œuvre de l'aménagement au quotidien), à la mise en œuvre d'une politique publique d'intérêt général. Exemple rare, si ce n'est unique (?) d'une utilisation du droit de propriété pour mettre en œuvre une politique d'intérêt général. Ce qu'on

retrouve depuis 1963 dans les forêts privées (obligation de doter celles-ci d'un plan simple de gestion – art. L 312-1 CF),

- *Confient* à l'ONF le droit exclusif de commercialiser l'ensemble des bois issus des forêts relevant du régime forestier (art. L 213-6 et L 214-6 CF), ceci bien sûr en étroite concertation avec les collectivités propriétaires,
- *Permettent* aux collectivités propriétaires de se faire accompagner dans leurs décisions par l'ONF qui joue ici un rôle d'expert en charge de proposer les travaux à effectuer (art. D 214-21 CF), donne des avis sur les projets d'occupation ou d'utilisation du sol par des tiers (2e al. art. R 214-19 CF), fixe les conditions techniques d'extractions de végétaux et minéraux, pâturages (art. R 214-28 et R 214-29 CF), etc.
- *Font bénéficier* les forêts concernées d'une police spéciale exercée par des personnels ONF assermentés en charge de *rechercher et constater* les infractions forestières et à l'environnement. Les carences de l'ONF dans l'exécution de cette mission de police ouvrent droit à réparation du préjudice subi par la collectivité propriétaire – CE 25 mars 1994 n° 115799, commune de Kintzheim c/ ONF rec p 162.

Le plus remarquable est que l'État supporte la plus large partie du coût de cet ensemble de mesures, au-delà de l'intérêt particulier des collectivités propriétaires, dans l'intérêt général supérieur de la Nation.

Ainsi sur quelque 170 millions € dépensés chaque année dans la mise en œuvre du régime forestier, l'État rembourse à l'ONF (*versement compensateur* – 3° de l'art. L 223-1 CF) plus de 140 millions €, tandis que les collectivités propriétaires contribuent forfaitairement à *l'indemnisation* de ces charges par le paiement à l'ONF de frais de garderie[2] à hauteur de 28 millions € environ, auxquels s'ajoutent 5 millions € au titre d'une contribution de 2€/ha.

Dans son arrêt du 6 juin 1986 Commune de Kintzheim c/ ONF rec. p. 448, le Tribunal des Conflits a distingué entre les activités de ***conservation*** (élaboration des aménagements, contrôle des coupes, contrôle des défrichements, contrôle des droits d'usage et de l'affouage), ***protection*** (zones forestières réglementées, réserves biologiques forestières, défense des forêts contre l'incendie) et ***surveillance*** (recherche et constatation des infractions) / missions de service public administratif, et les activités d'exploitation (commercialisation des bois, concessions de pâturages, cessions de menus produits) / missions de service public industriel et commercial[3].

[2] Les frais de garderie sont calculés sur l'ensemble des recettes que les collectivités tirent de leurs propriétés forestières auxquelles s'applique le régime forestier : art. L 224-1 CF et art. 92 modifié de la loi n° 78-1239 du 29 déc. 1978, loi de Finances pour 1979 et décret n° 2012-710 du 7 mai 2012.

[3] Cette décision rend caduc l'arrêt du Tribunal des Conflits 10 mai 1890 Commune d'Uvernet qui attribuait au juge administratif un litige né de la désignation erronée, en vue d'une coupe,

Sur un plan plus politique, le régime forestier est un outil d'une importance considérable qui s'applique à environ 12 000 propriétés forestières[4] auxquelles s'ajoutent 1300 forêts domaniales, ce qui représente au total un tiers de la superficie forestière en métropole, soit 5 millions d'hectares (mettons à part l'Outre-mer où le cas particulier de la Guyane est complexe[5]). Le régime forestier apparaît comme une sorte de fer de lance de la gestion forestière durable qui permet de faire jouer aux forêts qui en relèvent des rôles moteurs en matière sylvicole, environnementale et sociale.

- Art. L 121-3 CF : Les bois et forêts relevant du régime forestier satisfont de manière spécifique à des besoins d'intérêt général soit par l'accomplissement des obligations particulières prévues par ce régime, soit par une promotion d'activités telles que l'accueil du public, la conservation des milieux, la prise en compte de la biodiversité et la recherche scientifique.

Économiquement les forêts sous régime forestier produisent 15 millions de m^3 sur les 37 millions de m^3 commercialisés chaque année, soit 40% de la production de bois fournis par 1/3 de la surface nationale métropolitaine.

Quant à la fonction sociale des forêts, le code forestier souligne (art. L 122-10 CF) que les forêts relevant du régime forestier *doivent être ouvertes le plus largement possible à l'accueil du public*, ce qui implique un effort de gestion dans les massifs les plus fréquentés (13 millions de visites annuelles dans la seule forêt de Fontainebleau) puisqu'il faut y assurer à la fois la sécurité du public, la protection des milieux, et les activités de gestion indispensable (exploitation des bois, gestion cynégétique pour préserver l'équilibre forêt/gibier).

En termes d'environnement, l'ONF applique une politique environnementale qui encadre par voie contractuelle les opérations de gestion et d'exploitation (protection des sols, de l'eau, utilisation d'huiles biodégradables pour les engins…) tandis que la création d'îlots de vieux bois est un axe fort de l'action des forestiers sur le terrain de manière à mieux favoriser la biodiversité. Lors du Grenelle de l'environnement (fin 2007), l'ONF avait d'ailleurs consacré cette démarche attentive à la protection des milieux et des espèces par le slogan : *produire plus en protégeant mieux*.

---

de bois situés en forêt privée au-delà de la limite de propriété. La notion de SPIC n'étant apparue qu'en 1921, la compétence des tribunaux de l'ordre administratif s'imposait alors.

[4] Majoritairement des forêts propriété des communes et sections de communes.

[5] En Guyane la forêt amazonienne couvre 8 millions d'hectares. Le régime forestier ne s'applique que sur environ 2,4 millions d'hectares, 2,2 millions d'hectares étant sous la responsabilité ONF hors régime forestier. Le Parc national amazonien couvre de son côté 3,4 millions d'hectares.

III. Le Régime forestier, un régime évolutif

On se limitera aux exemples les plus parlants.

En 1827, l'heure était prioritairement à la lutte contre les droits d'usage, ces « dévorantes servitudes ». À la fois philosophique (triomphe de la propriété privée proclamée 1789) et concrète (empêcher les populations rurales de perpétuer leur pratiques ancestrales), ce combat fut une des actions prioritaires et parmi les plus vigoureuses de l'Administration forestière au XIXe siècle. Aujourd'hui, les droits d'usage ne sont plus un sujet. Mais le régime forestier est toujours là, agissant sur d'autres terrains.

Initialement l'aménagement forestier était surtout regardé comme l'art de planifier *« les coupes pour le plus grand intérêt de la conservation de la forêt, de la consommation en général et du propriétaire »*. Or, l'aménagement vise aujourd'hui des objectifs bien plus larges (accueil du public, protection de la biodiversité – 1° de l'art. D 212-1 CF) et plus complexes.

En matière de biodiversité, l'ONF avait spontanément pris l'initiative au cours des années 1980 de créer, via l'aménagement forestier, des réserves biologiques dans le cadre d'un accord avec le ministère de l'environnement. 30 ans plus tard, plus de 200 réserves biologiques forestières couvrant 170 000 ha existent, dont la pertinence a conduit le législateur à en officialiser le statut (nouvel article L 212-2-1 CF issu de la loi n° 2016-1087 du 8 août 2016 pour la reconquête de la biodiversité, de la nature et des paysages).

Au XIXe siècle on vendait des *coupes de bois* par adjudications publiques, simple aboutissement du cycle sylvicole, le but poursuivi étant plus de faire partir les bois que d'approvisionner la filière aval. Aujourd'hui, l'approvisionnement de la filière bois aval est devenu un enjeu essentiel de la politique forestière nationale[6].

En effet, nous ne sommes plus sous Colbert, et la France se doit d'aider ses industries à lutter pour leur survie dans une économie libérale sans frontière et sans état d'âme. Il fallait donc mettre l'ONF en mesure d'agir avec des outils juridiques adaptés aux pratiques commerciales du XXIe siècle. Liberté de recourir à des contrats commerciaux de gré à gré, possibilité de passer des contrats d'approvisionnement pluriannuels, recours à des contrats regroupant des bois issus de plusieurs propriétés différentes (ventes groupées), possibilité pour l'ONF de se voir confier par les collectivités propriétaires l'exploitation des bois destinés à alimenter des ventes groupées (exploitation groupée) : autant d'exemples d'évolutions importantes du régime forestier dans son volet SPIC entre 2001 et 2008.

---

[6] L'article L 121-1 CF relatif aux orientations générales de la politique forestière souligne que la satisfaction des besoins des industries du bois (5°) et le renforcement de la compétitivité et de la durabilité des filières d'utilisation du bois par une valorisation optimale des ressources forestières nationales (6°) constituent deux axes de veille de la part de l'État.

IV. De la tutelle autoritaire à une volonté de partenariat

En 1827, comme ce sera d'ailleurs le cas jusqu'à la fin des années 1980, l'État se voulait directif et autoritaire.

Qu'il soit jacobin, consulaire, impérial, royal ou républicain, imperturbablement l'État demeurait tout puissant, autoritaire et centralisateur. Les collectivités sont sous sa tutelle et leurs forêts étaient *soumises* au régime forestier.

Il a fallu attendre le XXIe siècle (*loi n° 2001-602 du 9 juillet 2001 d'orientation pour la forêt*) pour que, décentralisation oblige, l'on *applique* le régime forestier (on ne *soumet* plus) et que les forêts *relèvent* du régime forestier (elles ne sont plus *soumises*).

La fin de cette période tutélaire n'est pas que symbolique.

Au-delà des mots, la loi a opéré une très forte évolution, toujours en 2001, en décidant que les documents d'aménagement relatifs aux forêts des collectivités seraient arrêtés par le Préfet de Région **après accord** de la collectivité propriétaire. Passer de l'avis (avant 2001) à l'accord constitue un pas très important qui consacre la nécessité pour l'ONF, dans la mise en œuvre du régime forestier, de ne plus agir en « tuteur » mais en partenaire de la collectivité, attentif aux attentes de celle-ci.

Cette mutation du rôle de l'ONF avait d'ailleurs débuté très rapidement, dans les faits, après les premières lois de décentralisation puisque le 7 juin 1991 le directeur général de l'ONF et le Président de la Fédération nationale des communes forestières (FNCOFOR) signaient la première Charte de la forêt communale. Véritable accord pour mettre en œuvre le régime forestier dans un état d'esprit consensuel.

V. Le régime forestier aujourd'hui ?

En droit, le régime forestier se porte donc plutôt bien. On vient de voir qu'il sait évoluer, s'adapter, prendre de nouveaux caps selon les attentes des pouvoirs publics.

Mieux encore, par deux décisions rendues dans deux affaires totalement différentes mais survenues dans une même période, le Tribunal administratif de Pau et le Conseil d'État ont affirmé la conformité du régime forestier à la Constitution, rejetant deux Questions prioritaires de constitutionnalité (QPC) déposées par des communes propriétaires de forêts.

Dans le premier cas, des communes possédant d'importantes propriétés forestières refusaient l'application du régime forestier. Leurs propriétés ne présentaient donc pas de garantie de gestion durable au sens de l'article L 124-1 CF. Ce qui avait conduit le Préfet de Région à leur refuser toutes aides publiques pour reconstituer leurs forêts dévastées par l'ouragan Klaus en 2009.

Parallèlement à leur recours en annulation de cette décision de refus, les communes propriétaires avaient soulevé une QPC visant à faire déclarer le régime forestier contraire à la Constitution. La tentative fut vaine. La question de la Constitutionnalité du régime forestier étant étrangère à la légalité d'un arrêté préfectoral refusant d'accorder une aide publique, il n'y avait pas motif à adresser la QPC au Conseil d'État (TA Pau 8 mars 2012 n° 1100642 Commune d'Arengosse et autres).

La seconde affaire se situe dans un contexte tout différent : la Commune des Angles possède une forêt sur laquelle le régime forestier s'applique déjà. Mais pour divers motifs, la municipalité des Angles a soudainement contesté le régime forestier en y voyant une atteinte injustifiée à son droit de propriété, une violation du principe constitutionnel de libre administration des collectivités territoriales, et diverses violations de la Charte de l'environnement.

Le Conseil d'État, saisi sur renvoi de la Cour administrative d'appel de Marseille a rejeté point par point tous les moyens soulevés par la commune requérante (CE 1er février 2012 n° 353945 Commune des Angles).

Ainsi il a été jugé que le droit exclusif de l'ONF de vendre les bois issus de toutes les forêts relevant du régime forestier « *n'entraîne aucune privation de propriété pour les collectivités territoriales propriétaires de bois et forêts soumis au régime forestier* ». Cette limitation ainsi apportée au droit des collectivités territoriales de disposer de leurs biens, « *répond à l'objectif d'intérêt général, que poursuit le régime forestier mis en place par le code forestier, de cohérence de la politique forestière nationale et de mise en valeur de la forêt et de ses produits dans des conditions économiques satisfaisantes pour ses propriétaires* »

De plus, « *les collectivités territoriales ont un rôle déterminant dans la programmation des coupes, choisissent les quantités mises en vente et la façon dont les coupes sont mises à disposition de l'ONF, et sont associées aux opérations de vente, dont le produit leur est reversé ; dès lors, les dispositions contestées ne méconnaissent pas les exigences constitutionnelles relatives à la propriété des personnes publiques* » ;

« *Eu égard, aux objectifs d'intérêt général précédemment rappelés et aux prérogatives que conservent les collectivités territoriales, le législateur ne peut être regardé comme ayant porté, en interdisant aux collectivités territoriales de procéder elles-mêmes aux ventes des coupes et produits de coupes issus de leurs bois et forêts, une atteinte à leur libre administration contraire à l'article 72 de la Constitution ou à la liberté garantie par les articles 4 et 5 de la Déclaration des droits de l'homme et du citoyen de 1789* » ;

« *les dispositions précitées n'ont ni pour objet, ni pour effet, de priver les collectivités territoriales de la possibilité de prendre part, à travers la mise en œuvre de la politique forestière et la gestion de leurs forêts, à l'amélioration de l'environnement et à la promotion d'un développement durable ; qu'elles ne méconnaissent donc ni le principe d'égalité ni, en tout état de cause, les articles 2 et 6 de la Charte de l'environnement* »;

Considérant qu'il résulte de tout ce qui précède que la question de constitutionnalité soulevée, ne présente pas un caractère sérieux ».

Tout va donc bien dans le meilleur des mondes !

Hélas non… la situation est loin d'être sereine actuellement. Et tant le régime forestier que l'ONF se trouvent fortement chahutés ces derniers temps… Mais c'est une autre histoire.

Les sources du droit forestier en Afrique centrale

Samuel NGUIFFO
Avocat
Directeur du Centre pour l'environnement et le développement de Yaoundé

Le droit forestier est en constante mutation en Afrique centrale, avec une dynamique des réformes particulièrement importante depuis le début de la décennie 90[1]. Les textes se complexifient, touchant à des questions nouvelles, ou approfondissant des questions anciennes, apportant des solutions inédites pour répondre à des défis toujours plus pressants. On entendra par source ce qui a contribué à la création de l'ensemble des règles juridiques applicables à la gestion des forêts et à leur protection, et l'analyse se focalisera sur les seules sources formelles, à l'exclusion de celles matérielles. Ce texte n'a pas la prétention de couvrir l'ensemble du continent africain, qui se caractérise par une diversité réfractaire à toute généralisation. Il ne sera donc ici question que des pays exportateurs de bois d'œuvre du Bassin du Congo[2]. La législation forestière dans ces pays date de l'époque coloniale, et son contenu actuel est le résultat d'une série d'influences qui se complètent ou s'affrontent, et qu'on peut résumer en deux catégories principales : les sources internationales (**I**) et les sources coutumières (**II**).

I. Les sources internationales

La législation écrite a été introduite dans les pays d'Afrique centrale sous la colonisation française, anglaise, belge et allemande, et ces textes continuent d'être une importante source d'inspiration du législateur post-colonial (**A**), qui fait également recourt au droit international pour bâtir le droit forestier national (**B**).

---

[1] À partir du début des années 90, les législations forestières suivantes ont été enregistrées dans les pays du Bassin du Congo : loi du 2 févr. 1991 portant code forestier en République Centrafricaine ; loi du 19 janv. 1994 portant régime des forêts, de la faune et de la pêche au Cameroun ; loi du 20 nov. 2000 portant code forestier en République du Congo ; loi du 31 déc. 2001 portant code forestier en République Gabonaise ; loi du 29 août 2002 portant code forestier en République Démocratique du Congo ; loi du 17 oct. 2008 portant *Code Forestier* de la République Centrafricaine ; avec la décennie 2000, on a commencé à voir dans les différents pays des initiatives de révision de ces législations, qui sont restées jusqu'ici particulièrement lentes.

[2] Le Cameroun, le Gabon, la Guinée Équatoriale, la République Centrafricaine et la République Démocratique du Congo.

A. Le droit colonial, source du droit forestier en Afrique Centrale

Bien que le droit colonial ne soit pas véritablement du droit « international », en raison du fait qu'à l'exception du Cameroun[3] les territoires coloniaux faisaient partie intégrante de l'État colonial, et que le droit de la métropole étendu dans les possessions outre-mer restait du droit interne. On peut cependant insister sur leur origine extérieure aux territoires dépendants, pour les classer dans cette catégorie pour les besoins de la présentation. En matière de gestion des forêts, on peut dire que l'entreprise coloniale avait pour finalité essentielle l'exploitation de la ressource, et les premiers textes à la fin du XIXe siècle[4] indiquaient clairement cette tendance, même si des efforts d'inventaire de la ressource et de conservation pouvaient être relevés dans les textes successifs régissant ce secteur dans les territoires coloniaux d'Afrique centrale. À l'origine, en République Démocratique du Congo, l'exploitation de l'hévéa, espèce y poussant à l'état naturel, constituait l'objectif prioritaire de la gestion des forêts[5], tandis que dans les colonies françaises le bois d'œuvre était déjà le principal centre d'intérêt du service forestier colonial, même si la quête de l'ivoire et autres trophées était déjà présente. Dans le Cameroun allemand, un botaniste, Zincker, s'était intéressé à un inventaire systématique des essences forestières du territoire, qui allait de pair avec les débuts de l'exploitation du bois et des autres ressources de la forêt, dans le cadre de concessions attribuées à des entreprises coloniales[6]. Les explorateurs Barth, Natchigal et Flegel avaient parcouru le pays, mettant à la disposition de l'administration des informations sur les ressources qu'ils y avaient répertoriées. Les questions principales évoquées alors dans ces législations étaient relatives à l'organisation de l'exploitation des produits ligneux et non ligneux, à la réduction de la dégradation du couvert forestier (notamment par la lutte contre les défrichements par feux de brousse, particulièrement courants dans tous ces pays), à l'organisation des droits d'usage des communautés sur les forêts, reconnus comme vitaux par l'administration coloniale, qui a toutefois été animé de velléités de restrictions des usages communautaires, à la fois dans la superficie et dans l'étendue des

---

[3] Le Cameroun n'a jamais été une colonie. Il a été, tour à tour, un protectorat allemand, un territoire sous mandat puis sous-tutelle franco-britannique.

[4] Le décret du 28 mars 1899 relatif au régime forestier du Congo français et le décret du 17 oct. 1889 portant sur l'exploitation du caoutchouc et des autres produits végétaux pour le Congo Belge.

[5] Voir Garry Sakata, *Le droit forestier en République Démocratique du Congo*, Étude juridique en ligne N° 72, FAO, 2008.

[6] Il s'agissait de la *Gesellschaft Süd-Kamerun* et de la *Gesellschaft Nord-West Kamerun*, représentant respectivement une superficie de 7 200 000 ha et 4 450 000 ha. Voir F. Etoga Eily, *Sur les chemins du développement. Essai d'histoire des faits économiques du Cameroun*, Yaoundé, CEPER, 1971. Voir aussi André Cheradame, *La colonisation et les colonies allemandes*, Paris, 1905.

droits reconnus aux communautés[7]. Les autres questions mentionnées dans les législations coloniales étaient relatives au régime de la propriété des forêts, qui érigeait l'État colonial en propriétaire principal, voire exclusif des forêts. Ces éléments constituent aussi l'ossature du droit forestier contemporain : organisation d'une exploitation forestière qui se veut prudente, confirmation de la prééminence de l'État dans la gestion des forêts (dans un rôle de propriétaire principal), protection de la forêt contre les atteintes au couvert forestier et à sa capacité à assurer le maintien des fonctions essentielles de cet écosystème. Une survivance anecdotique du régime colonial français dans le droit forestier des pays du Bassin du Congo est la persistance de la reconnaissance d'un « droit de chasse », expressément mentionné dans les textes postérieurs à l'indépendance : il s'agissait de l'un des acquis de la Révolution Française, qui avait démocratisé ce privilège jusque-là réservé au Roi et aux seigneurs. L'administration coloniale avait alors étendu cette conquête dans les territoires sous domination, alors même qu'elle semblait superfétatoire (les habitants du territoire avaient en effet toujours joui du « droit de chasse », et ceux -ci faisaient en tous cas partie des droits d'usage consacrés par les différents textes). Aujourd'hui, cette terminologie est restée bien présente dans les textes, même si bien peu de citoyens pourraient encore en comprendre l'origine et les contours.

À cette influence imposée par l'histoire s'en est superposée une autre, plus ou moins consentie par les pays d'Afrique centrale, et résultant de la participation de ces nouveaux États aux affaires internationales en tant qu'acteurs autonomes de la scène internationale.

B. Une influence forte du droit international

Il s'agit notamment des instruments internationaux contemporains, universels ou régionaux.

1. L'apport des principales conventions internationales

Les pays du Bassin du Congo sont tous des États monistes avec primauté du droit international. La réception de la norme internationale dans l'ordre interne n'y résulte donc pas d'une obligation de la transcrire. On remarque pourtant, dans quelques cas, une transcription qui exprime une emphase du législateur sur des dispositions auxquelles il accorde un intérêt particulier. On peut ainsi citer, par exemple, l'attention accordée par les législations forestières en Afrique centrale à la protection des zones humides. Les normes d'intervention en milieu forestier interdisent en effet toute opération d'exploitation de bois dans ces espaces, même lorsqu'ils se trouvent à l'intérieur des concessions légalement attribuées. La raison de cette

[7] J.-H Madec, *Retour sur le passé : la législation forestière tropicale française*, Revue Forestière Française, XLIX- 1-1997, p. 69-78.

interdiction est essentiellement écologique, et vise le maintien des principales fonctions de ces espaces, indispensables pour la préservation de la faune[8].

De même, les législations forestières issues des réformes postérieures à 1990 contiennent toutes des dispositions organisant un contrôle plus strict des exportations des produits de la faune et de la flore, avec une attention particulière pour les ressources génétiques[9].

Enfin, la convention sur la biodiversité (Rio de Janeiro, juin 1992), par son insistance sur la préservation de la diversité biologique à la fois dans les aires protégées et en dehors, a directement inspiré les approches dites » paysages » qui intègrent, dans une stratégie unique et cohérente de gestion, les aires protégées et les espaces compris entre elles (au-delà des seules zones-tampons), qui garantissent les échanges génétiques entre espèces, d'une aire protégée à l'autre.

2. L'influence des institutions internationales

Les principaux piliers du droit forestier en Afrique centrale sont identiques à ceux de la politique forestière de la Banque mondiale de 1990, et ont été adoptés dans les législations forestières à partir de 1994, au cœur des années les plus rudes de l'ajustement structurel, processus dans lequel les institutions de Bretton Woods jouaient un rôle central. Parmi les innovations des nouvelles législations adoptées à partir du milieu de la décennie 90, on peut citer :

a. L'institution d'un cadastre forestier, avec trois catégories de forêts, correspondant aux fonctions principales assignées à ces espaces : la production durable du bois d'œuvre, la conservation de la biodiversité, et les usages multiples

---

[8] Ainsi la loi du 31 déc. 2001 portant code forestier en République Gabonaise prohibe, en son article 275 : « …[le] non-respect par les compagnies aériennes, de transit et de fret, des conditions de transport d'animaux sauvages vivants, suivant les dispositions IATA et CITES » ; de même, l'exposé des motifs de la loi du 29 août 2002 portant code forestier en République Démocratique du Congo indique : « La République Démocratique du Congo est consciente du rôle de premier plan joué par son écosystème forestier dans l'équilibre de la biosphère au niveau tant international et continental que national et même local, et est disposée à assumer les responsabilités qui en résultent. C'est pour cette raison qu'elle a ratifié nombre de ces conventions et accords et s'est engagée, en conséquence, à harmoniser ses lois par rapport aux dispositions pertinentes de ces instruments internationaux. La présente loi s'inscrit donc dans la logique des principes modernes de gestion des ressources forestières et des conventions internationales en matière de l'environnement ».

[9] Au Cameroun, l'article 12 de la loi du 19 janv. 1994 rappelle « Les ressources génétiques du patrimoine national appartiennent à l'État. Nul ne peut les exploiter à des fins scientifiques, commerciales ou culturelles sans en avoir obtenu l'autorisation ». De même, alors que l'article 80 de la loi du 20 novembre 2000 portant code forestier de la République du Congo libéralise le commerce du bois et des autres produits forestiers, l'article 81 prévoit une exception pour les ressources génétiques : « L'importation et l'exportation du matériel génétique sont soumises à l'autorisation préalable du ministre chargé des eaux et forêts et du ministre chargé de la recherche scientifique et technologique », se conformant ainsi aux restrictions internationales dans ce domaine.

b. Une augmentation sensible de la superficie et de la durée des concessions forestières, dans le but de rendre possible l'aménagement forestier, et de contribuer à la sécurité des investissements dans le secteur
c. Le renforcement des usages communautaires, notamment par l'institution de forêts communautaires, dans lesquelles la propriété des ressources (mais pas du sol !) est transférée par l'État aux communautés, pour une durée et dans des conditions bien définies.
d. La propriété étatique des ressources de la forêts, confirmée comme étant le droit commun.

3. Les solutions provenant de la COMIFAC

Parmi les solutions construites par des États membres de la COMIFAC[10], celle proposée ici est relative à la lutte contre le braconnage, avec l'institution d'un cadre juridique permettant une coopération entre les administrations locales de part et d'autre des frontières nationales, dans le cadre de la gestion des aires protégées transfrontalières. Les échanges visés ne passent plus par les capitales nationales, mais se déroulent au niveau local, et impliquent les administrations civiles, les services de lutte anti-braconnage et les forces armées. On a ainsi des États qui autorisent des agents des soldats de pays voisins à exercer sur leur territoire un droit de poursuite contre des braconniers[11]. Il s'agit là de la réponse des États du Bassin du Congo à la réalité du braconnage, qui se développe au-delà des limites de la souveraineté territoriale. Par le passé, les braconniers jouissaient d'un avantage sur les forces de l'ordre en ce qu'une fois la frontière franchie, ils ne pouvaient être poursuivis par les agents de l'État dans lequel l'infraction avait été commise. Et les services compétents de l'État de refuge n'étaient parfois même pas au courant de leur présence sur leur territoire.

---

[10] La COMIFAC est la Commission des Forêts d'Afrique Centrale. Elle a été créée en 2005 par les États membres du Bassin du Congo, dans le but de renforcer l'efficacité de la gestion des forêts, par une mise en convergence des efforts nationaux et une meilleure mutualisation des efforts sous-régionaux. *www.comifac.org*

[11] Notamment dans le cadre de la Tri-nationale de la Sangha, réseau d'aires protégées transfrontalières entre le Cameroun, la République Centrafricaine et la République du Congo. Dans le cadre des Brigades de lutte anti-braconnage (Blab), les agents des forces de l'ordre d'un pays peuvent exercer un droit de poursuite jusqu'à 10 km à l'intérieur de l'État voisin. Si le braconnier est capturé, il doit être remis aux autorités territorialement compétentes qui dressent un procès-verbal et actionnent les poursuites. Voir par exemple le Protocole d'accord sur la lutte contre le braconnage dans le cadre de l'accord de coopération relatif à la mise en place du Tri-National de la Sangha (TNS), qui prévoit en son article 6 : « les détachements ponctuels opèrent le long des frontières internationales communes, dans un rayon de cinq kilomètres maximum de part et d'autre ».Voir *www.fondationtns.org* Le Protocole de Lutte Anti-Braconnage entre les gouvernements de la République du Cameroun, de la République du Congo et de la République Gabonaise prévoit un dispositif similaire en son article 5 : « Le champ d'action des missions de lutte anti-braconnage est défini sur un rayon de vingt kilomètres de part et d'autre des frontières internationales communes ».

II. Les survivances des droits traditionnels

Passés d'une situation d'exclusivité à une posture de résistance, les droits coutumiers continuent d'influencer le droit forestier en Afrique centrale. Ils ont marqué de leur empreinte le droit forestier colonial, notamment sur les questions de tenure forestière, de consistance et modalités d'exercice des droits d'usage, de prise en compte du mode communautaire de vie des communautés qui constituaient, dans les textes allemands et français d'avant l'indépendance une forme (bien imparfaite) de reconnaissance de l'antériorité de leur présence dans la forêt. Le régime des forêts communautaires (**A**) et la reconnaissance des droits des communautés sur les terres et ressources forestières (**B**) constituent, de ce point de vue, des survivances des droits coutumiers dans le droit étatique.

A. Le régime des forêts communautaires

Il s'agit d'une innovation de la dernière génération des textes législatifs sur les forêts, adoptés dans les États du Bassin du Congo à partir du milieu de la décennie 90. Les forêts communautaires sont une forme d'association des communautés à la gestion des espaces et des ressources de la forêt, organisée par l'État, suivant des modalités variables d'un pays à l'autre. Ainsi, selon les cas, la communauté se voit attribuer par l'État la propriété de l'espace et des ressources, ou des ressources seules, de manière perpétuelle ou limitée dans le temps, avec des superficies qui peuvent aller jusqu'à 50 000 hectares. Dans tous les cas, la législation organise l'exclusivité de l'utilisation, voire de l'exploitation commerciale, au bénéfice d'une communauté bien identifiée, sur tout ou partie de son terroir traditionnel. La gestion est opérée suivant un ensemble de règles émanant à la fois des coutumes et du droit écrit. L'administration des forêts assure la supervision de la gestion, et jouit du pouvoir de sanctionner les infractions commises ou autorisées par la communauté. Le retrait de la forêt communautaire est possible, en cas de violations graves et/ou répétées des modalités de gestion.

On retrouve également, dans certaines législations, comme celle du Cameroun par exemple, des espaces communautaires destinés à la chasse sportive, sous la responsabilité des communautés riveraines, et la supervision de l'administration en charge de la gestion de la faune.

B. L'influence du droit « mou » et des normes volontaires

Face aux réticences des États à reconnaitre et à protéger les droits traditionnels, les communautés bénéficient d'un soutien de plus en plus important des règles volontaires, qui s'appliquent à des opérations précises, en raison soit de la nature du financement qui les rend possibles (Directives et politiques opérationnelles du Groupe de la Banque Mondiale), soit d'une démarche de certification (du bois, ou de produits agricoles dont la culture nécessite un défrichement total de la forêt). Certaines de ces règles de droit « mou » consacrent la reconnaissance des droits et conditions spécifiques des communautés autochtones, l'identification et la protection des terroirs traditionnels, notamment par le recours à la cartographie participative, l'identification et la protection des sites sacrés, etc. On note en Afrique centrale une porosité entre le droit étatique et les règles volontaires, l'un s'inspirant parfois des autres, ou adoptant totalement le corps de règles qu'elles prescrivent. Deux exemples illustreront cette situation.

1. La certification forestière

C'est un instrument volontaire, et le système du Forest Stewardship Council (FSC) est totalement indépendant des gouvernements. Les compagnies qui s'y soumettent en appliquent les normes dans leurs concessions, et respectent également la législation forestière du pays d'accueil de leurs opérations. En septembre 2018, le président de la République a imposé le FSC comme norme obligatoire de gestion des forêts, l'intégrant *ipso facto* dans le dispositif législatif du Gabon[12], avec tous ses principes et indicateurs plus protecteurs des droits des communauté que la législation nationale, si l'on s'en tient à la lettre des prescriptions et non à leur application.

2. La préservation des droits des communautés autochtones

Les États du Bassin du Congo entretiennent un rapport des plus ambigus à l'autochtonie, entendue dans le sens du droit international. À l'exception de la RCA, aucun de ces pays ne reconnait aux communautés installées sur leur territoire le statut prescrit par le droit international pour assurer la protection de ces peuples marginalisés, et exposés à la perte de leur identité culturelle et de leurs moyens de subsistance du fait des restrictions dans l'accès aux terres et aux ressources induites par la présence de projets de construction d'infrastructure, de conservation de la biodiversité ou de concessions foncières, minières et forestières, alors même que certains d'entre eux ont été expressément été indexés comme violant les droits des communautés autochtones y vivant[13]. On constate que dans le cadre des investissements

[12] Voir par exemple Alain Karsenty, *L'institutionnalisation légale de la certification FSC au Gabon*, Willagri, oct. 2018. : https://www.willagri.com/2018/10/04/forets-linstitutionnalisation-legale-de-la-certification-fsc-au-gabon/ Consulté le 31 janv. 2020.

[13] Saisi par des ONG de possibles violations des droits des communautés autochtones dans les réformes forestières financées par la Banque mondiale en 2007, le Panel d'Inspection avait déclaré : « …the Panel concluded that « Project documents presented to Board for approval of EESRSP do not mention Pygmy Peoples, or assess potential issues or risks to them posed by Project activities, even though presence of Pygmy peoples in the forest areas of DRC was well known and documented. Panel finds that Management did not carry out appropriate screening

financés par certaines institutions financières internationales (Banque mondiale et Banque africaine de développement par exemple), les États ont par le passé accepté de se soumettre à des normes allant parfois à l'encontre de leur législation sur cette question. Ainsi, alors que le Gouvernement du Cameroun refusait d'utiliser la terminologie « populations autochtones » pour désigner les peuples semi-nomades des forêts, appelés « pygmées » de manière péjorative, dans le cadre du projet pétrolier et d'oléoduc entre le Tchad et le Cameroun, ou du programme sectoriel forêts et environnement, il avait accepté de se soumettre à l'exigence de préparation d'un plan pour les peuples autochtones vulnérables, imposant à l'État et aux opérateurs des mesures de sauvegarde strictes en faveur des communautés autochtones impactées.

Conclusion

Vers un retour aux sources ?

On assiste à une revanche des droits traditionnels, après ce qui peut ressembler à une longue agonie : de plus en plus d'acteurs reconnaissent en effet qu'en matière de gestion des forêts, la solution à la crise actuelle passe par un retour aux sources, une résurrection de la propriété telle qu'elle est décrite par les coutumes des lieux de situation des forêts. En Amazonie, les forêts ayant le mieux résisté aux feux, et celles les mieux gérées sont celles relevant de la propriété des communautés autochtones[14]. La crise de la gestion

---

as required in early stage of the Project to determine possible presence of indigenous peoples. Management failed to identify existence of Pygmy communities in areas affected by Project. This does not comply with OD 4.20 ». Voir The inspection Panel, Investigative Report, DEMOCRATIC REPUBLIC OF CONGO: Transitional Support for Economic Recovery Grant (TSERO) (IDA Grant No. H 1920-DRC) and Emergency Economic and Social Reunification Support Project (EESRSP) (Credit No. 3824-DRC and Grant No. H 064-DRC), Report No. 40746 – ZR, 31 August 2007, p. 135. Consulté le 29 janv. 2020 à l'adresse suivante https://www.illegal-logging.info/sites/files/chlogging/uploads/WB%20DRC%20report.pdf

[14] De nombreux rapports et études insistent sur la capacité des communautés autochtones à mieux gérer les forêts.

Voir par exemple https://landportal.org/news/2020/01/indigenous-lands-protected-areas-limit-amazon%E2%80%99s-carbon-emissions, 27 janvier 2020, qui indique : « Indigenous lands and protected areas in the Amazon contribute far less to climate change than the rest of the rainforest since they account for only 10 percent of carbon emissions while covering 52 percent of the region, a study shows » ; voir aussi Mistry Jayalaxshmi, Bilbao Bibiana A. and Berardi Andrea,Community owned solutions for fire management in tropical ecosystems: case studies from Indigenous communities of South America**371***Phil. Trans. R. Soc.B* http://doi.org/10.1098/rstb.2015.0174; A Global Baseline of Carbon Storage in Collective Lands, Rights and Resources Initiative, Washington, 2018. Cette évaluation indique, entre autres conclusions: « *Twenty two percent (217,991 MtC) of the forest carbon found in the 52 tropical and subtropical countries in this analysis is stewarded by communities, and one-third of this (72,079 MtC) is located in areas where Indigenous Peoples and local communities lack formal recognition of their tenure rights* », relevant une fois de plus la nécessité de reconnaitre

des forêts en Afrique centrale, marquée par un recul rapide du couvert forestier et de la biodiversité, consécutifs à une accélération de la conversion des forêts, une exploitation peu rationnelle du bois d'œuvre, et une intensification du braconnage et des opérations illégales d'exploitation du bois, invite à une réflexion rapide sur les réponses les plus efficaces à apporter.

La qualité de la législation, et surtout le régime de la propriété, semble peu adapté à la situation de pays marqués par un fort déficit de gouvernance. L'importance de la forêt justifie que l'on réfléchisse à l'amélioration de la qualité de sa protection. Une proposition : revenir à un régime ramenant l'État à un statut de gestionnaire (administrateur de forêts qui redeviendraient la propriété collective des différentes communautés, privées de la possibilité d'accorder des droits d'exploitation). L'État garderait cette prérogative, mais les communautés propriétaires disposeraient de la qualité pour contester les décisions illégales, ou pour contrôler le respect de celles légales par les concessionnaires et les agents de l'administration. Instituant un meilleur équilibre entre les prérogatives des communautés et celles de l'État et des concessionnaires, cette formule présenterait le mérite de renforcer le contrôle de la gestion des forêts, en renforçant le poids des sources coutumières du droit forestier national.

et de protéger la propriété traditionnelle des forêts. Consulté le 28 janv. 2020 à l'adresse suivante
https://rightsandresources.org/wp-content/uploads/2018/09/A-Global-Baseline_RRI_Sept-2018.pdf

Forest Protection by Law in China: History, Status Quo and Development

ZHANG Bao[1]
Associate Professor of Law
Directeur du département droit et économie
The head of Department of Economic, Social and Environmental Law at Zhongnan University of Economics and Law,
Zhongnan University of Economies & Law de Wuhan
LIU Yingying
Research assistant at Zhongnan University of Economics and Law

Abstract: China has a long history of protecting forest by law. As early as 3000 years ago, China has enacted some legal norms to protect forest, but the emergence of modern forest legislation is already after the 20th century. Current *Forest Law* was enacted in 1984 and has been revised in 1998, 2009 and 2019 respectively. Generally speaking, China's *Forest Law* has undergone changes from timber production to ecological protection since 1980s, and has greatly promoted the development of forestry and the protection of forest resources. According to the statistics, China's forest cover rate has increased from 12% in 1979 to 22.96% in 2019, soil erosion and land desertification has been effectively reduced. In the future, China shall further strengthen the enforcement and compliance with the *Forest Law* in order to achieve the goal of sustainable development and ecological civilization.

Keywords: *Forest Law* of P.R.C; Sustainable Development; Priority for Ecological Protection

Introduction

Forest is an important condition for the survival and development of human beings and a variety of organisms. It is the energy pool and natural resource pool of the earth's living system and the bond that maintains the harmony and unity between human beings and nature[2]. Since ancient times, Chinese culture has advocated "heaven and man are united as one" (Tian ren he yi) and "The law of the Tao is its being what it is" (Dao fa zi ran), which stresses the

---

[1] Dr. Zhang Bao can be reached at yisulaw@gmail.com; The authors appreciate the comments provided by the participants of the Colloquium on Protection of the Forest by Law at Paris-Sud University. This article is sponsored by the National Social Science Fund of China (Grant No.20ZDA090).

[2] Cai S.Q., Several Issues Concerning the Revision of the *Forest Law*. *Modern Law*, 2004, 5, 51.

harmony between mankind and nature. As early as the Zhou Dynasty, more than 3,000 years ago, China had already enacted laws and regulations containing forests protection norms[3]. However, specialized forest protection legislation did not appear until the early 20th century, and for a long period of time, China's forest legislation mainly focused on timber production rather than ecological protection. This situation has improved in recent years and can be seen from the legislative purpose of the newly revised *Forest Law* in 2019[4]. The goal of this article is to explore the development of Chinese *Forest Law*. In order to achieve this goal, the first part will mainly sort out the legal history of forest protection in different periods, especially the legislative experiences after 1949; the second part will introduce the main rules and institutions of the laws of forest protection; and the third part will continue to discuss the effectiveness of forest protection by law and its challenges.

1. The Historical Evolution of Forest Protection by Law in China

1.1 Forest legislation before 1949

Forest legislation in Law in modern sense in China appeared after the Revolution of 1911. In 1912, the Beiyang Government issued a document named Forest Policy Outline[5], which contained 11 provisions and established a guideline of forestry policy. In 1914, the Beiyang Government promulgated the first *Forest Law* in Chinese history, and issued a series of rules and regulations such as the *Implementation Rules of Forest Law*[6] and the *Regulations on Afforestation Awards*[7]. The Nanjing National Government issued the *Interim Rules for State-owned Forest and Public Forest* in 1937[8], and revised *Forest Law* in 1932 and 1945 respectively. Due to the war and the loose management, the implementation of these laws and regulations was

[3] Xu, Y, Introduction to *Forest Law*; China Forestry Publishing: Beijing, China, 1989.
[4] Article 1 of the *Forest Law* provides that: This Law is formulated and enacted in order to practice the concept that "Lucid waters and lush mountains are invaluable assets", to protect, cultivate and rationally exploit forest resources, to accelerate territorial afforestation, safeguard forest ecological security, build ecological civilization, and to realize the harmonious coexistence of human being and nature. See the *Forest Law* of the People's Republic of China (2019 revision, in English), available at https://www.atibt.org/wp-content/uploads/2020/01/China-Forest-Law-Amendment-2020-20191228.pdf.
[5] Available online: http://www.forestry.gov.cn/main/2429/20100929/444949.html. (accessed on 1 July, 2020).
[6] Available online: http://www.forestry.gov.cn/main/2429/20170204/944564.html. (accessed on 1 July, 2020).
[7] By Commercial Press. The latest compilation of the laws of 1912-1937: A supplement to the thirteen years of 1912-1937. 100.
[8] Editorial Committee of Forestry Annals of Guiyang, Liaoning province. Selected Chinese forestry regulations. 1987.

extremely limited, forest resources in China were continuously destroyed and forest area was continuously reduced.

Meanwhile, forest legislation was also developed in the liberated areas led by the Communist Party of China (hereinafter the CPC). For example, in 1934, the People's Committee of the Chinese Soviet Republic promulgated the *Regulations on the Protection of Mountains and Forests*[9]; in 1941, the Shaanxi-Gansu-Ningxia Border Region promulgated the *Regulation on Afforestation*[10]; in 1947, *Outline of the Chinese Land Law*[11] issued by the Central Committee of the CPC clarified the administration of large forests and large wastelands to the government, and clarified the distribution of mountains and forests, stipulated that "any arbitrary felling of trees for the purpose of impeding fair distribution is prohibited". Article 34 of *Common Programme* adopted by the Chinese People's Political Consultative Conference on September 29,1949 provided that "protect forests and develop forestry in a planned manner". those rules and regulations laid the foundation for the later Chinese *Forest Law*[12].

1.2 Forest legislation after 1949

1.2.1 1949-1979: preliminary formation

After 1949, the new government attached great importance to forestry. Although there was no specialized *Forest Law*, the central government enacted a series of laws and regulations which contained norms protecting forest. For example, the *Land Reform Law of the People's Republic of China* (hereinafter the PRC) passed in 1950[13] stipulated that "large forest... shall all be nationalized and managed by the people's governments", which provided a legal basis for the operation and management of forests owned by the public. In 1951, the State Council issued the *Directive on Proper Handling of Forest Tenure, Division of Management and Protection Liabilities*[14]. In July 1953, the State Council issued the *Instructions on Encouraging People to Afforest and Protect Forest*[15]. In 1958, the State Council issued the *Instructions on Large-*

---

9 Legislative and judicial administrative interpretation of PRC. Vol 3. 1997.

10 Archives of Shaanxi Province, Shaanxi Academy of Social Sciences. Selected Shaanxi-Gansu-Ningxia Border Region, Vol 3. 2013.

11 Available online: http://www.forestry.gov.cn/main/2429/20100913/442260.html. (accessed on 1 July 2020).

12 Available online: http://en.pkulaw.cn/display.aspx?id=abb13dba42840de7bdfb&lib=law&SearchKeyword=&S ea rchCKeyword=%b9%b2%cd%ac%b8%d9%c1%ec. (accessed on 1 July 2020).

13 Available online: http://www.npc.gov.cn/wxzl/wxzl/2000-12/10/content_4246.ht. (accessed on 19 May 2020).

14 Available online: http://www.forestry.gov.cn/main/2429/20110421/399200.html. (accessed on 1 July 2020).

15 Available online:

scale Planting and Afforestation throughout the Country. In 1961, the State Council issued the *Policies on the Determination of Forest Tenure, Protection of Mountain Forests, and the Development of Forestry (Trial Draft)*[16]. In 1963, the State Council issued the *Regulation on Forest Protection*[17], which was the first comprehensive regulation on forest protection in China since 1949. Some other orders and regulations on forestry were issued since then[18].

However, forestry construction and protection had been hit by some events during this period. After the "Great Leap Forward" was launched nationwide in 1958, the forestry suffered its first major setback. Due to the large-scale iron and steel smelting in various places, the large office sharing canteens, a large number of natural forests and even primary forests had been looted[19]. During the Cultural Revolution from 1966 to 1976, the rule of law in China was severely destroyed, the legal protection of forests was naturally impossible to make great progress[20].

1.2.2 1979 till now: Going mature

After 1979, China entered the era of reform and opening up, legal construction began to resume. Forest legislation also got into a new period. In 1979, the State Council issued *Notice on Forest Protection and Prohibiting Deforestation*. in February 1979, the Sixth Session of the Standing Committee of Fifth National People's Congress (hereinafter "NPC Standing Committee") adopted *the Forest Law of the PRC (For Trial Implementation)*[21], which is the first special *Forest Law* since 1949. The law, which was enacted at the beginning of the period of reform and opening up, consists of forty-two articles, including general provisions, forest administration, forest protection, tree planting and afforestation, tree felling and forest utilization, awards and penalties, and supplementary provisions. In 1981, the Fourth Session of the Fifth NPC Standing Committee issued the *Resolution on Launching the Voluntary Tree-planting Campaign*. Those Laws and resolutions[22] had

http://www.forestry.gov.cn/main/2429/20120709/550492.html. (accessed on 1 July 2020).

16 Available online:
http://www.forestry.gov.cn/main/2429/20100626/429120.html. (accessed on 1 July 2020).

17 Legislative Affairs Office of the State Council. Compilation of Laws and Regulations of PRC 1960-19631979-1981 vol. 5. 2005.

18 Xu, Y: Introduction to *Forest Law*; China Forestry Press: Beijing, China, 1989.

19 Available online:
http://www.forestry.gov.cn/Zhuanti/contently60/266289.html. (accessed on 1 July 2020).

20 Available online: http://cpc.people.com.cn/n/2014/1223/c223633-26257310.html. (accessed on 1 July 2020).

21 Available online:
http://en.pkulaw.cn/display.aspx?cgid=1c14a900a701eb5dbdfb&lib=law. (accessed on 1 July 2020).

22 Available online: http://www.forestry.gov.cn/main/1082/20090310/115072.html. (accessed on 1 July 2020).

provided legal basis for the development of forestry and played an active role in the management of forestry in China.

Based on the experiences of forestry construction and law enforcement, *the Forest Law of PRC* (hereinafter "*the Forest Law*") was formally adopted at the Sixth Session of the Seventh NPC Standing Committee on September 20, 1984, and came into force on January 1, 1985. This means China had formally established a basic framework for forest protection and utilization. Since then, the Forest Law has undergone three revisions, namely the 1998 Revision adopted at the Second Session of the Ninth NPC Standing Committee on April 29, 1998, the 2009 Revision adopted at the Eleventh Session of the NPC Standing Committee on August 27, 2009, the 2019 Revision adopted at the Fifth Session of the NPC Standing Committee on December 28, 2019 and come into force on July 1, 2020.

In addition to specialized forest legislation, in order to ensure the effective implementation of the *Forest Law* and achieve the goal of protecting forest resources, China has enacted detailed provisions on the liabilities of protecting forest resources in civil and criminal laws. For example, the *Amendment (IX) of the Criminal Code of the PRC* criminalizes the illegal felling or logging of trees as well as the acquisition and transportation of illegally logged forests, those who committed above crimes will be sentenced to up to seven years in prison with a fine[23]. The Supreme People's Court also issued two judicial interpretations on the crimes of destroying forest resources and forest lands respectively in 2000 and 2005[24]. In terms of civil liability, according to the *Civil Code*[25], *Civil Procedure Law*[26] *and Environmental Protection Law*[27], NGOs, people's procuratorates or local authorities can bring an environmental public interest litigation against those who illegally destroy forest resources.

---

[23] Amendment (IX) to the Criminal Law of PRC. Available online: http://www.gov.cn/zhengce/2015-08/30/content_2922323.ht. (accessed on 1 June 2020).

[24] Available online: http://www.pkulaw.cn/fulltext_form.aspx?Db=chl&Gid=d206f874b005f4a3bdfb&keyword=%e7%a0%b4%e5%9d%8f%e6%a3%ae%e6%9e%97%e8%b5%84%e6%ba%90&EncodingName=&Search_Mode=accurate&Search_IsTitle=0

http://en.pkulaw.cn/display.aspx?cgid=cebd7c5f1d59fceabdfb&lib=law. (accessed on 5 July 2020).

[25] Available online: http://en.pkulaw.cn/display.aspx?id=743bd7d871769deebdfb&lib=law&SearchKeyword=&Se archCKeyword=%c3%f1%b7%a8%b5%e4. (accessed on 5 July 2020).

[26] Available online: http://www.pkulaw.cn/fulltext_form.aspx?Db=chl&Gid=d33df017c784876fbdfb&keyword=%e6%b0%91%e4%b8%8b%e8%af%89%e8%ae%bc%e6%b3%95&EncodingName=&Search_Mode=accurate&SearchIsTitle=0. (accessed on 5 July 2020).

[27] Available online: http://www.pkulaw.cn/fulltext_form.aspx?Db=chl&Gid=c24f71752129d23dbdfb&keyword=%e7%8e%af%e5%a2%83%e4%bf%9d%e6%8a%a4%e6%b3%95&EncodingName=&Search_Mode=accurate&Search_IsTitle=0. (accessed on 5 July 2020).

In sum, since China's reform and opening up, the revision of the *Forest Law* has realized the conversion from resource utilization to ecological priority and protection priority. At the beginning of the forestry legislation, China's forestry development is the core of "timber production". The legislative orientation focuses on the management of forestry industry and the administration of forest resources without giving priority to protection. Therefore, the enacted *Forest Law* is a law aimed at ensuring the demand for woods, and the ecological value of forest resources has not been properly reflected[28]. This practice has led to serious deforestation and the gradual expansion of soil erosion and desertification. Since 1998, China has gradually begun to pay attention to the ecological function of forest protection, but it is still in the swing state of economic benefit and ecological benefit. In 2019, the latest forest law thoroughly gives priority to ecological interests. The most important purpose of legislation is to safeguard forest ecological security, build ecological civilization, and to realize the harmonious coexistence of human being and nature. To protect, cultivate and exploit forest resources, one should adhere to the principles of ecological priority, protection priority, combination of protection and cultivation and sustainable development. Meanwhile, forest cover and forest growing stock are also taken as the important binding quotas to assess and evaluate local governments.

2. Main institutions of China's *Forest Law*

The latest revised *Forest Law* consists of 9 chapters and 84 provisions, namely the general provisions, forest rights, development plans, forest protection, afforestation and greening, operations and management, supervisory inspection, legal liability, supplemental provisions (See **Table I**). In particular, the main institutions of the *Forest Law* are introduced as follows.

Table I Outline of the Latest Version of *Forest Law*

Chapter	Main content
Forest Ownership	This chapter clasifies the rights and interests of forest resources enjoyed by diffe ent subjects, as well as the rights and obligations they should undertake, are clearly defi ed the corresponding rights need to be confir ed and registered, and legal remedies are provided. The main systems designated are forest resources ownership registration, state-owned forest resources ownership exercise, collective forest right contract management, and forest operator rights protection.
Development Planning	This chapter provides that forest resource protection and forestry development shall be incorporated into national economic and

[28] Cai S.Q. Several Issues Concerning the Revision of the Forest Law. *Modern Law*. 2004, 5, 47-57.

	social development plans, and forest resource cover rate and forest stock volume shall be taken as constraint indicators for government assessment. The main systems involved are forest planningand forest resource survey.
Forest Protection	This chapter provides that the construction, care, protection and management of forest resources. The main systems designated are public welfare forests compensation, natural forest protection, ranger's organizations, total forest control, forest fir prevention.
Tree Planting and Aff restation	This chapter provides that forest cultivation, protection and restoration of forest ecosystem, expansion of forest area, improvement of forest quality and increase of forest supply can be achieved through artificial aff restation, aerial planting and aff restation, mountain closure and aff restation. The main systems involved are obligatory tree-planting, conversion of farmland to forest and grassland.
Forest Management and Administration	This chapter emphasizes the classifie management of forest resources, highlights the function of protection of public welfare forests and rational utilization of commercial forests, scientific protection, strict cutting management and standardized and rational utilization. The main systems designed are forest classificati n management, felling combination, cutting license, cutting quota approval, and ecological benefi s compensation system.
Supervision and Inspection	This chapter provides that the government shall implement the legislation on target-based responsibility, strengthen the supervision and inspection powers of the competent forestry authorities, and grant the competent forestry authorities the right to file lawsuits according to law. The main systems involved are target-based responsibility and assessment and evaluation
Legal Liability	This chapter increases penalties for forest damage, increases legal operability, improves law enforcement effe tiveness, and deter violations. It mainly involves the connection of liability between *Forest Law* and *Criminal Law*, *Civil Code* and *Administrative Punishment Law*.

2.1 Forest Tenure

Forest tenure is a broad concept that includes ownership, tenancy and other arrangements for the use of forests. China has a complicated forest tenure system, which includes the forestland ownership, forest land use right, forest land contract management right, forest resources ownership and trees ownership. The *Constitution*, the *Civil Code* and the *Forest Law* clearly stipulates that forest resources belong to the State, except those that are collectively owned under the law. Meanwhile, the lawful rights and interests of the owners and users of forests, trees and forest land are protected by the

Civil Code and *Criminal Code*, entities and individuals are not allowed to infringe upon its rights. Current forest tenure mainly includes the following aspects:

2.1.1 Forest Ownership

According to Constitution, the Civil Code and the Forest Law, the ownership of forest resources belongs to the State, excluding those belonging to collective specified in the law. According to Article 14 of the Forest Law, the ownership of the state-owned forest resources shall be exercised by the State Council on behalf of the State. Among the existing forest areas in China, the state-owned forest area accounts for about 80%, and the collective-owned forest area accounts for about 20%.

In the exercise of forest ownership, the State Council may authorize the competent department of natural resources under the State Council to uniformly perform the duties of owners of state-owned forest resources. State-owned forests, trees and forest land can be authorized by law to be used by the collectives, individuals, legal persons and other organizations. Right to use state-owned forest, forestland and tress acquired by forest operators in accordance with the law may be transferred, leased, or contributed to capital at appraised value, among others, with approval. For the collective forests, owned by the rural inhabitants collectively, the rural collective economic organizations or villager committee shall exercise the right of ownership on behalf of the collective; for those owned respectively by two or more rural peasants collectively, the rural collective economic organizations or small village group shall exercise the right of ownership on behalf of the collective; for those owned by the collective of farmers of township, the collective economic organization of township shall exercise the right of ownership on behalf of the collective.

2.1.2 Timber and Forestland Ownership

Forest land is a type of land. According to the Constitution, Civil Code, Land Administration Law and Forest Law, forest land can also be owned by the state and the collective. Among this, land in urban districts shall be owned by the state. Land in the rural areas and suburban areas, except otherwise provided for by the State, shall be collectively owned by peasants including house site, land and hills allowed to be retained by peasants[29].

Woods are owned by the state, the collectives or the individuals. Under an operation contract, the contractor has the ownership of the forests and woods on the contracted forest lands, unless otherwise stipulated in the contract. The

[29] Available online: http://en.pkulaw.cn/display.aspx?cgid=4e5a046905fd9240bdfb&lib=law. (accessed on 5 July 2020).

collective forest lands and the woods on these forest lands that have not been operated under a contract shall be managed by the rural collective economic organizations[30]. Trees planted by rural inhabitants at the front and back of their farm houses, on plots of land for personal needs and plot on hills for personal needs belong to the said individuals. Trees planted by urban and township inhabitants in the courtyards of their own houses belong to the said individuals. For state-owned and collective-owned barren hills, waste lands and desolate beaches suitable for afforestation contracted out to collectives or individuals for afforestation, the trees planted after contracting belong to the contracting collectives or individuals[31].

2.1.3 Use Rights of Forestland and Woods

The state-owned forest lands and the forest and woods on the forest lands may be designated for use by forestry operators in accordance with law. The right to use the state-owned forest lands and the forests and woods on the forest lands acquired by the forestry operators in accordance with law may, upon approval, be transferred, leased, priced or contributed at a fixed price[32].

For the collective forest lands, used by the peasants collectively in accordance with law (hereinafter referred to as collective forest lands) under an operation contract, the contractor has the management right of the forest lands and the ownership of the forests and woods on the contracted forest lands, unless otherwise stipulated in the contract. The contractor may transfer the right of management of forest lands, the right of ownership and the right of use of woods by means of leasing (subcontracting), shareholding and transfer in accordance with law. The collective forest lands and the woods on these forest lands that have not been operated under a contract shall be managed by the rural collective economic organizations in a unified way. With the consent of more than two-thirds of the members of the villagers' meeting of the members of the collective economic organization or more than two-thirds of the representatives of the villagers and publicity, the right to the management of forest lands, the ownership and use right of woods may be transferred in accordance with law through bidding, auction, public consultation and other means.

---

[30] Articles 17 and 18 of the *Forest Law*. See the *Forest Law of the People's Republic of China* (2019 revision, in English), available at: https://www.atibt.org/wp-content/uploads/2020/01/China-Forest-Law-Amendment-2020-20191228.pdf.

[31] Article 20 of the *Forest Law*. See the *Forest Law of the People's Republic of China* (2019 revision, in English), available at https://www.atibt.org/wp-content/uploads/2020/01/China-Forest-Law-Amendment-2020-20191228.pdf.

[32] Article 16 of the *Forest Law*. See the *Forest Law of the People's Republic of China* (2019 revision, in English), available at https://www.atibt.org/wp-content/uploads/2020/01/China-Forest-Law-Amendment-2020-20191228.pdf.

2.2 Forests Protection

Forest is the main body of terrestrial ecosystem and the main barrier of ecological security in China[33]. Meanwhile, forest has ecological, economic and social benefits. China has implemented a strict legal system for the protection of forests, trees and forestland. It is mainly embodied in natural forest protection, forest protection organization and forest rangers, forest fire prevention, forestry pest control, forest land use control, ancient, famous and precious trees protection, forestry infrastructure construction.

2.2.1 Establishment of Ranger Organizations

In accordance with the provisions of the *Forest Law*, the *Regulation on the Implementation of the Forest Law*[34] and the *Regulation on Forest Fire Prevention*[35], local people's governments at all levels shall organize relevant departments to establish ranger organizations to take charge of forest protection work. Forest Rangers may be appointed by the county-level or township-level people's government. The main duty of the forest rangers is to patrol the forest and stop the destruction of the forest resources. Where damage is caused to forest resources, forest rangers shall have the right to request the local authorities concerned to deal with it.

2.2.2 Protection of Natural Forest

Before the 1990s, China's natural forest resources were seriously damaged. Since 1998, China has begun to carry out projects to protect natural forest resources in the upper reaches of the Yangtze River and the mid and upper reaches of the Yellow River, as well as in key state-owned forest regions such as northeastern China and Inner Mongolia. Therefore, promoting the continuous recovery growth of natural forest resources[36]. The *Forest Law* continues to enforce the strictest natural forest protection measures, stipulating that the National Forest and Grass Administration and provincial

---

[33] Cai S.Q. Several Issues Concerning the Revision of the *Forest Law*. Modern Law. 2004, 5, 47-57.

[34] Available online: http://en.pkulaw.cn/display.aspx?id=b49425c6f79304a8bdfb&lib=law&SearchKeyword=&SearchCKeyword=%c9%ad%c1%d6%b7%a8%ca%b5%ca%a9%cc%f5%c0%fd. (accessed on 1 July 2020).

[35] Available online: http://en.pkulaw.cn/display.aspx?id=f7c2b01ecfe10152bdfb&lib=law&SearchKeyword=&S earchCKeyword=%c9%ad%c1%d6%b7%c0%bb%f0%cc%f5%c0%fd. (accessed on 1 July 2020).

[36] Available online: http://www.gov.cn/xinwen/2019-04/20/content_5384656.htm. (accessed on 7 July 2020).

governments should establish a system of nature reserves with national parks as the main body. Specifically, it includes typical forest ecological regions in different natural zones, forest regions where precious animals and plants grow and breed, natural tropical rainforest regions and other natural forest regions with special protection value. The State implements a comprehensive system for protecting natural forests, strictly limits the cutting of natural forests, protects and repairs natural forest resources[37]. In July 2019, the State Council issued the *Plan for the Protection and Restoration of Natural Forest*, marking a new stage in China's natural forest protection from construction projects to comprehensive protection.

2.2.3 Protection of Forestland

Forestland is the carrier of forest resources and the most important factor of production in forestry. To ensure the amount of forestland, the *Forest Law* stipulates the following forestland protection measures: firstly, strictly controls the conversion of forest lands into non-forest lands, owners and users of forests, woods and forest lands shall not illegally alter the uses of the forest lands or destroy the forests, woods and forest lands[38]. Secondly, controls the total amount of occupied forest lands. The occupation of forest lands by various construction projects should not exceed the total occupation quota of forest lands in the administrative area. The county-level governments at all levels should arrange tree planting and afforestation. The area of tree planting and afforestation should not be less than the area of forest vegetation reduced as a result of occupation and requisition of forest lands[39]. Thirdly, examines and approves the occupied forest lands. No forest land or less forest land should be occupied in exploration and mining of mineral resources and other construction projects; where occupation or requisition of forest land is necessitated, formalities of examination and approval for land use for construction should be completed pursuant to laws and administrative regulations on land administration upon the examination, verification and consent of the competent department of forestry of the people's government

[37] Article 31 and 32 of the *Forest Law*. See the *Forest Law of the People's Republic of China* (2019 revision, in English), available at https://www.atibt.org/wp-content/uploads/2020/01/China-Forest-Law-Amendment-2020-20191228.pdf.

[38] Article 15 of the *Forest Law*. See the *Forest Law of the People's Republic of China* (2019 revision, in English), available at https://www.atibt.org/wp-content/uploads/2020/01/China-Forest-Law-Amendment-2020-20191228.pdf.

[39] Articles 36 and 37 of the *Forest Law*. See the *Forest Law of the People's Republic of China* (2019 revision, in English), available at: https://www.atibt.org/wp-content/uploads/2020/01/China-Forest-Law-Amendment-2020-20191228.pdf.

at or above the county level. The unit that occupies or uses forest land should pay the forest vegetation restoration fee[40].

2.3. Tree Planting and Afforestation

The *Forest Law* emphasizes the scientific protection and restoration of forest ecosystem, insisting on the combination of natural restoration and artificial restoration; the mountain areas that need ecological restoration shall be closed for forest cultivation; arable land in need of ecological rehabilitation, determined by the State Council, shall be organized to implement the conversion of cultivated land to forests or grassland in a planned way. The government will put equal emphasis on quantity and quality, make scientific plans, adapt measures to local conditions, optimize the structure of forest classifications and tree varieties, encourage the use of native tree varieties and superior tree varieties, create mixed forests[41]. People's government at the county level shall conduct regular inspection and assessment of the afforestation situation. Except for areas specially regulated by the state, trees whose survival rate is less than 85% shall not be included in the annual assessment of the completion of afforestation.

According to the *Forest Law*, People's governments at all levels should organize all trades and professions and rural and urban inhabitants in tree planting and afforestation. On barren hills, waste lands and desolate beaches suitable for afforestation that belong to the State, afforestation shall be organized by the competent departments of forestry and other relevant competent departments of the people's governments at or above the county level; on those belonging to collectives, afforestation shall be organized by collective economic organizations. The *Forest Law* formulates that "Every March 12 is designated as tree planting day". The State encourages citizens to participate in tree planting and afforestation by means of afforestation, tending, management and protection, and recognition and adoption etc.[42]

2.4. Classified Management and Administration

In order to give full play to the diversified functions of forest, the forest is divided into public welfare forests and commercial forests. According to the

[40] Article 37 of the *Forest Law*. See the *Forest Law of the People's Republic of China* (2019 revision, in English), available at https://www.atibt.org/wp-content/uploads/2020/01/China-Forest-Law-Amendment-2020-20191228.pdf.

[41] Available online: http://www.forestry.gov.cn/main/195/20200108/084504214961021.html. (accessed on 1 July 2020).

[42] Articles from 46 to 49 of the *Forest Law*. See the *Forest Law of the People's Republic of China* (2019 revision, in English), available at: https://www.atibt.org/wp-content/uploads/2020/01/China-Forest-Law-Amendment-2020-20191228.pdf.

difference of ecological location and function, the forestry departments take different policy management measures.

2.4.1 Classified Management of Forests

The *Forest Law* designates the forests lands with important ecological location or fragile ecological conditions as public welfare forests, mainly containing the catchment area of the source of important rivers, protection areas of main rivers, tributaries and drinking water sources. Public welfare forests shall be designated and announced by the State Council or provincial governments directly under the central government. If the delimitation of public welfare forest involves non-state-owned forest lands, a written agreement should be signed with the obligee and reasonable compensation should be given[43]. The State strictly protects public welfare forests. On the premise of meeting the requirements of ecological location protection of public welfare forest and not affecting the ecological function of public welfare forest, through scientific verification, the forest land resources and forest landscape resources of public welfare forests can be reasonably exploited, and the under-forest economy and forest tourism can be moderately developed.

The *Forest Law* stipulates that the forests not designated as public welfare forest belongs to commercial forest, which mainly brings into play economic benefits. Commercial forest mainly includes timber forest, firewood forest and economic forest[44]. Commercial forests are independently managed by forest operators in accordance with law. On the premise of not destroying the ecology, intensive management measures can be taken to make rational use of forests, woods, and forest lands, and improve the economic benefits of commercial forests.

2.4.2 Forest Felling

For public welfare forests, only felling in the nature of tending, renewal, transformation of low-quality and low-efficiency forestsis permitted, with the exception of the needs for scientific research or experiment, prevention and control of forest pests, construction of fire prevention facilities, construction of biological fire separation zone, natural disasters and so on. For nature reserves, felling is strictly prohibited. with the exception of the needs for

---

[43] Article 48 of the *Forest Law*. See the *Forest Law of the People's Republic of China* (2019 revision, in English), available at https://www.atibt.org/wp-content/uploads/2020/01/China-Forest-Law-Amendment-2020-20191228.pdf.

[44] Article 50 of the *Forest Law*. See the *Forest Law of the People's Republic of China* (2019 revision, in English), available at https://www.atibt.org/wp-content/uploads/2020/01/China-Forest-Law-Amendment-2020-20191228.pdf.

prevention and control of forest pests, forest fire prevention, maintenance of the living environment of the main protected objects, and natural disasters, and the bamboo forests outside the experimental area. For commercial forests, various modes of felling should be employed in the light of the different conditions. Total felling shall be strictly controlled and renewed afforestation shall be completed follow the felling[45]. Simultaneously implements the systems of felling quota and felling permits.

The State strictly controls the annual rate of forest felling. Annual quotas for felling for their respective administrative areas shall be worked out by the competent department of forestry of the provincial people's governments, in accordance with the principle that the rate of consumption is lower than the rate of growth, and for approval upon examination and verification by people's governments at the corresponding level, and implemented after publicity. The annual rate of forest felling for key forest regions shall be worked out by the competent department of forestry under the State Council, and shall be promulgated for implementation after being submitted to and approved by the State Council.

Any felling of woods of forest lands or treesplanting trees should apply for a felling permit and the felling must be carried out pursuant to the provisions of the permit. Rural inhabitants who intend to fell scattered trees owned individually by themselves and growing on plots of land for their personal needs or at the front and back of their farm houses are not required to apply for a felling permit. The felling permits are issued by the competent department of forestry of the people's government at or above the county level. Units and individuals that fell woods should complete reforestation in accordance with relevant regulations. The area of reforestation should not be less than the area of felling.

2.5 Forest Ecological Benefits Compensation

Ecological benefit compensation means that the user or beneficiary of natural resources should pay the corresponding expenses to the owner of natural resources or the cost of ecological protection in the course of using natural resources[46]. Article 7 of the *Forest Law* provides that, the State establishes the scheme of compensation for forest ecological benefits, strengthens support for the protection of public welfare forests, improves the transfer payment policy for key ecological function zones, and guides the

---

[45] Article 55 of the *Forest Law*. See the *Forest Law of the People's Republic of China* (2019 revision, in English), available at https://www.atibt.org/wp-content/uploads/2020/01/China-Forest-Law-Amendment-2020-20191228.pdf.

[46] Wang L.H., On the Connotation of Ecological Compensation, Sichuan Environment, 2006(06):40-43+48.

people's governments of the beneficiary areas and forest ecological protection areas to compensate for ecological benefits through consultation.

From the perspective of practice, forest ecological benefit compensation mainly adopts fund mode, and the fund source mainly has three approaches. Firstly, the Central Finance uniformly goes on financial allocation, to the forest ecological benefit according to the plan every year. Secondly, the funds are arranged through the local financial budget. Based on the research, Fujian, Guangxi, Yunnan, Zhejiang, Jiangxi and other provinces in the level of the provincial government budget to establish local ecological compensation fund. Thirdly, expropriation through compensation to the beneficiaries of forest resources. Mainly relying on forest resources to carry out tourism revenue, mining industry, hydropower industry, other industrial and sideline products to impose. The compensation scope of the ecological benefit fund is the key public welfare forest land, and the object of the compensation fund is the units or the public welfare forest operators and owners undertaking the protection and management of public welfare forests. In practice, specific compensation objects include individuals, rural collective organizations, state-owned forest farms, nature reserves etc.

2.6. Supervision and Inspection

2.6.1 Competent Authorities

The National Forestry and Grassland Administration takes charge of the forestry work nationwide. The competent departments of forestry of local people's governments at or above the county level take charge of the forestry work within their respective areas. People's governments at the village and township levels can determine relevant institutions or assign fulltime or part-time personnel to be responsible for forestry work.

2.6.2 Main Approaches

People's governments at or above the county level shall incorporate the protection of forest resources and the development of forestry into their plans for national economic and social development. The competent department of forestry of the people's governments at or above the county level may, in the light of local conditions, formulate specific plans for the protection and exploitation of forest lands, tree planting and afforestation, forest management and natural forest protection, etc.[47]

---

[47] Article 9 of the *Forest Law*. See the *Forest Law of the People's Republic of China* (2019 revision, in English), available at https://www.atibt.org/wp-content/uploads/2020/01/China-Forest-Law-Amendment-2020-20191228.pdf.

The competent department of forestry of the people's governments at or above the county level, in performing their duties of supervision and inspection of forest resources protection, has the right to take the sealing up or detaining timbers of illegal origin and tools. The competent department of natural resources and the competent department of forestry of the people's government at or above the county level may bring a lawsuit to the people's court against whoever that has caused destruction of forest resources in accordance with law.[48]

2.7 Liability

According to China's legal system, civil liability and criminal liability arising from the destruction of forest resources are regulated by the *Civil Code* and the *Criminal Code* respectively, and the *Forest Law* only sets up simple bridging clauses[49]. *Forest Law* mainly stipulates the administrative legal liability in chapter 8th.

2.7.1 Liabilities aimed at administrative organs

The competent department of forestry of the people's governments at or above the provincial level may interview the person-in-charge of the local people's governments at or above the county level and their relevant departments in the regions where the protection and development of forest resources are not effective, where the problems are prominent, and where the masses have strong reactions, and requires them to take measures to rectify them in time. The rectification situation should be disclosed to the public[50].

Meanwhile, if the competent department of forestry of the people's government at or above the county level or other relevant state organs fail to perform their duties in accordance with the provisions of this Law, the person-in-charge held directly responsible and other personnel directly responsible shall be imposed administrative sanctions in accordance with law[51].

---

48 Articles 67 and 68 of the *Forest Law*. See the *Forest Law of the People's Republic of China* (2019 revision, in English), available at : https://www.atibt.org/wp-content/uploads/2020/01/China-Forest-Law-Amendment-2020-20191228.pdf.

49 Articles 71 and 82 of the *Forest Law*. See the *Forest Law of the People's Republic of China* (2019 revision, in English), available at : https://www.atibt.org/wp-content/uploads/2020/01/China-Forest-Law-Amendment-2020-20191228.pdf.

50 Article 67 of the *Forest Law*. See the *Forest Law of the People's Republic of China* (2019 revision, in English), available at https://www.atibt.org/wp-content/uploads/2020/01/China-Forest-Law-Amendment-2020-20191228.pdf.

51 Article 70 of the *Forest Law*. See the *Forest Law of the People's Republic of China* (2019 revision, in English), available at https://www.atibt.org/wp-content/uploads/2020/01/China-Forest-Law-Amendment-2020-20191228.pdf.

2.7.2 Liabilities aimed at the public

For the acts violating the *Forest Law*, administrative organs may carry out administrative punishment according to law. There are two main approaches.

Firstly, impose a separate fine. For whoever engages in forging, altering, buying or selling, and leasing timber felling permits, in violation of the provisions of this Law, shall be confiscated of the permits or documents illegally bought or sold and the illegal gains, and concurrently imposed a fine of more than 100% and less than three times the amount of price of the permits or documents illegally bought or sold; if there is no illegal income, the offender may be imposed a fine of less than RMB 20,000.

Secondly, at the same time as the fine, order the cessation of illegal acts and replanting trees. For whoever engages in pirate felling of forest and woods; the offender shall be ordered by the competent department of forestry at or above the county level to plant more than 100% and less than five times the number of trees piratically felled in situ or in other places within a time limit, and concurrently imposed a fine of more than five times and less than ten times the value of the trees piratically felled. Whoever engages in indiscriminate felling of forest and woods shall be ordered by the competent department of forestry of the people's government at or above the county level to plant more than 100% and less than three times the number of trees indiscriminately felled and concurrently imposed a fine of more than three and less than five times the value of the trees indiscriminately felled[52]. For whoever refuses to plant trees, the competent department of forestry of the people's government at or above the county level shall do it on his/her behalf in accordance with law, and the expenses required shall be paid by the offender[53].

3. Implementation of *Forest Law* in China

Forest Law implemented in 1985 and amended in 1998 and 2009, has played a very important role in the protection and reasonably utilization of forest resources. It accelerates the process of land greening and ecological construction, guarantees and promotes the forestry development.

[52] Articles 76 and 77 of the *Forest Law*. See the *Forest Law of the People's Republic of China* (2019 revision, in English), available at https://www.atibt.org/wp-content/uploads/2020/01/China-Forest-Law-Amendment-2020-20191228.pdf.

[53] Article 81 of the *Forest Law*. See the *Forest Law of the People's Republic of China* (2019 revision, in English), available at https://www.atibt.org/wp-content/uploads/2020/01/China-Forest-Law-Amendment-2020-20191228.pdf.

3.1 Enforcement and Compliance of Forest Law in China

In recent years, China has continuously strengthened the enforcement and compliance of the forest Law, kept strict administrative enforcement and intensified investigation of forest-related crimes, and achieved remarkable results.

3.1.1 Forestry Administrative Enforcement Status

According to the National Forestry and Grassland Administration, 144,400 forestry administrative cases were discovered nationwide in 2019, and 135,600 were solved, accounting for 93.95% of all cases. Through the work of handle, a total of 155,66.70 hectares of forest land, 195.09 hectares of nature reserves or habitats were recovered; 98,500 cubic meters of wood, 9,400 kilograms of storing seeds, 38,500 young trees or seedlings, 116,800 wild animals and 106,600 wild plants were confiscated; 5,390 wild animal products and 2,727 wild plant products were confiscated. A total of 1.79 billion yuan will be fined in forest-related cases. Compared with 2018, the total number of administrative cases involving forestry across the country dropped by 38,600, or 21.08%, marking the biggest drop since 2010. There were 50,500 cases of illegal use of forest land, accounting for 34.97% of the total number of cases found. The proportion was the highest for three consecutive years, and the proportion was on the rise for five years. The number of forest cases decreased by 31,000, or 34.90%, and the number of losses decreased by 193,900 cubic meters, or 49.95%, showing a "double decline". The number of cases violating *Wild Animal Conservation Laws* increased by 2,886, up by 54.42%, but the losses caused by the cases were alleviated, down by 72,900, dropped by 51.87%. Compared with the same period last year, the fines for forestry administrative cases increased by 152 million yuan, or 9.34%. Among them, the fines for illegal use of forest land amounted to 1.428 billion yuan, accounting for 80.31%, which is the main source of fines[54].

3.1.1 Investigation of Forestry Crimes

Since 2007, China's courts at all levels have set up a large number of judicial organizations specializing in environmental and resource cases, and centralized jurisdiction over civil, administrative and criminal cases.[55] Forest-

[54] Office of National Forestry and Grassland Administration: Notice on Statistical Analysis of Forestry Administrative Cases nationwide in 2019.

[55] By the end of 2019, China had 1,353 specialized judicial organs for environmental resources, including 513 environmental resource tribunals (including 26 higher people's courts, 118 intermediate people's courts and 368 basic people's courts), 749 collegial panels and 91

related cases are important types in the environmental resource tribunal, especially using the criminal means to combat the acts of destroying forest resources. For example, in 2019, courts across the country accepted 39,957 criminal cases of first instance involving environmental resources, concluded 36,733, and sentenced 114,633 criminals. The number of criminal cases concluded increased by 50.9% and 43.4% respectively, compared with 2018. Among them, 8,148 criminal cases related to forest protection, accounts for 20.39% of all criminal cases involving environmental resources. Figures from 2017 to 2019 show that the number of forest-related crimes continues to rise (see Chart 1), but this does not mean that illegal logging is getting worse, but rather that such acts have usually been subject to administrative liability rather than criminal liability.

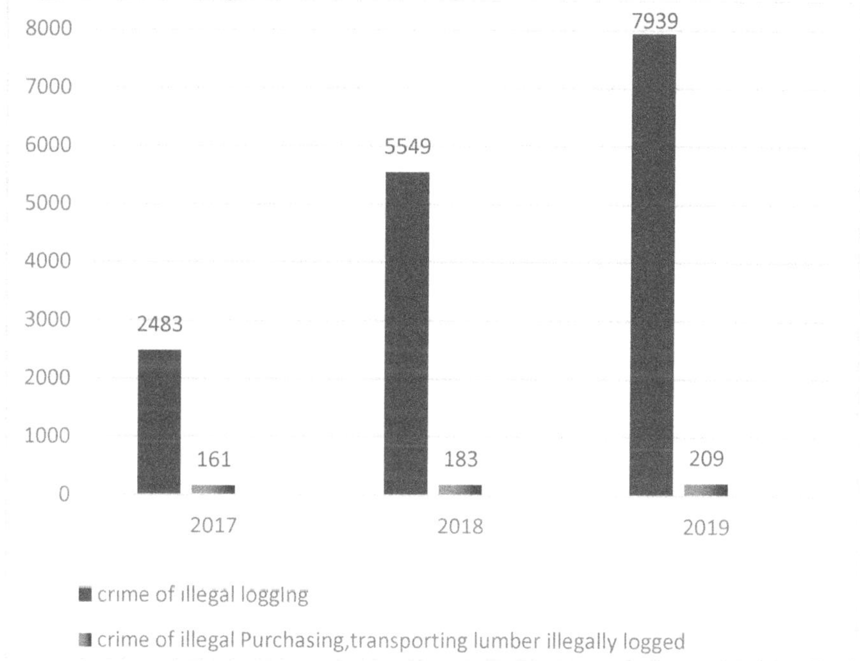

Chart 1 Cases Accepted of Forest-related Crimes in China (2017-2019)

people's courts. A total of 23 higher people's courts have adopted the "two-in-one" or "three-in-one" centralized trial mode for civil, administrative and criminal environmental and resource cases. We will actively promote the establishment of centralized jurisdiction across administrative divisions based on ecosystems such as river basins or functional ecological zones, and explore mechanisms for centralized jurisdiction across provincial administrative divisions. See White Paper on Environmental and Resource Trials in China (2019).

3.1. Improvement of Forest Protection by Law in China

3.2.1 Forest Cover has Steadily Increased

China has been conducting forest resources inventory every five years since 1973. According to the 9th forest resources inventory report released in June 2019, China's forest cover reached 22.96% by the end of 2018, up 1.33%age points from 21.63% in the 8th forest inventory at the end of 2013 and 10.26%age points from 12.7% at the end of 1976 (see Chart 2)[56]. China now has 220 million hectares of forest area and 17.56 billion cubic meters of forest stock, achieving a "double growth" over the past 30 years (see Chart 3)[57]. Meanwhile, the 9th forest inventory also investigated the ecological service function of forests, with annual water conservation capacity of 628.95 billion cubic meters, annual soil consolidation capacity of 8.748 billion tons, annual fertilizer conservation capacity of 462 million tons, annual air pollutant absorption capacity of 40 million tons, annual dust retention capacity of 6.158 billion tons, annual oxygen release capacity of 1.029 billion tons, and annual carbon sequestration capacity of 434 million tons. The annual water conservation capacity of forests is 628.95 billion cubic meters, 8.748 billion tons of solid soil, 462 million tons of fertilizer, 40 million tons of air pollutants, 6.158 billion tons of stagnant dust, 1.029 billion tons of oxygen release and 434 million tons of carbon sequestration, making important contributions to the maintenance and improvement of China's ecological environment[58].

---

[56] National Forestry and Grassland Administration: China Forest Resources Report (2014-2018), China Forestry Press, 2019, p. 3-5.
[57] National Forestry and Grassland Administration: China Forest Resources Report (2014-2018), China Forestry Press, 2019, p. 3-5.
[58] Wang X.Z., Forest Cover of China is 22.96%, *Green China*, 2019, 12, 54-57.

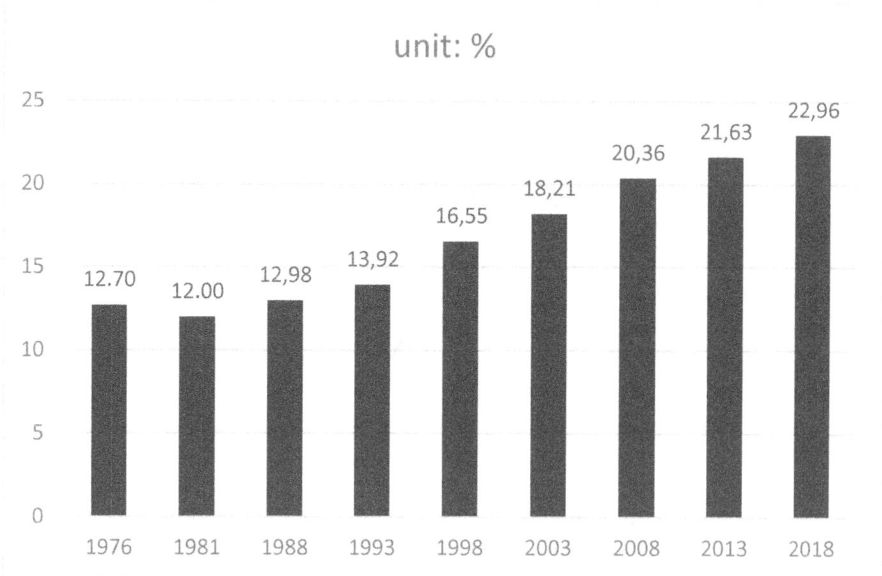

Chart 2: Changes of Forest Cover in China (1976-2018)[59]

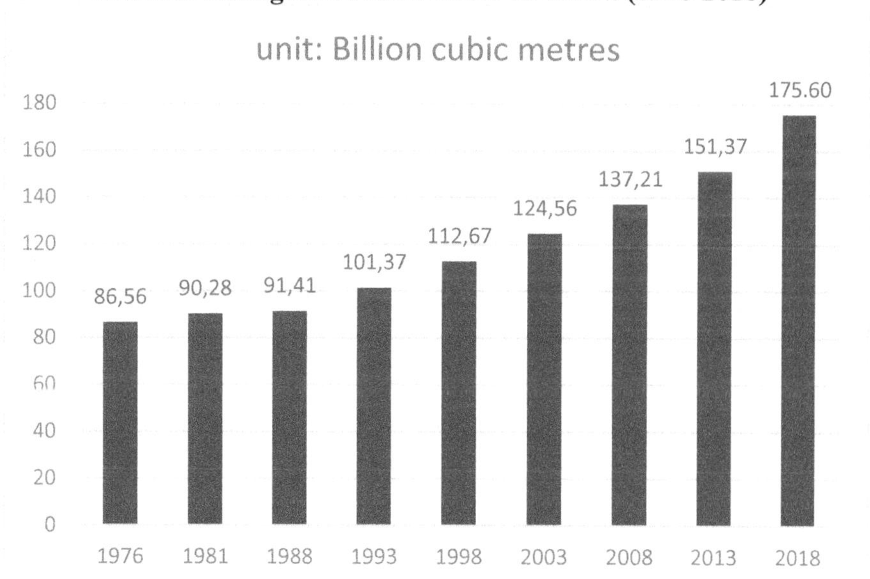

Chart 3: Changes of Forest Stock in China (1976-2018)[60]

---

[59] National Forestry and Grassland Administration: Overview of China's Forest Resources-the Ninth National Forest Resources Inventory (March 2019), p. 5.

[60] National Forestry and Grassland Administration: Overview of China's Forest Resources - the Ninth National Forest Resources Inventory (March 2019), p. 6.

3.2.2 Land Ecological Security has been Effectively Guaranteed

Over the past 40 years, China has made continuous efforts to promote land greening. While the forest cover has been increasing, the ecological security of land has been effectively guaranteed. According to officially disclosed data, China has planted more than 6 million hectares of trees each year since 2011, and more than 7 million hectares each year since 2017 (see Chart 4). In 2019, China completed afforestation of 7.067 million hectares, forest tending of 7.733 million hectares, grass growing and grassland improvement of 3.147 million hectares, desertification control of 2.26 million hectares, and protection and restoration of 93,000 hectares of wetlands[61]. At present, China's plantation area has reached 795.428 million hectares, with a total retained area of 3.388 billion cubic meters[62]. These afforestation measures have not only increased China's forest cover, but also effectively guaranteed the ecological security of the country. Especially in recent years, China accelerates a series of desert ecosystem protection and restoration projects, such as the returning farmland to forests, Three-North Shelterbelt Project (North China, Northeast China and Northwest China), Beijing and Tianjin sandstorm source control, comprehensive control of rocky desertification. Since 2004, China has maintained a "double decrease" in the area of desertification and sandification for three continuous monitoring periods. Around 2000, desertified land areas expanded by an average annual of 10,400 square kilometers, and is now shrinking by 2,424 square kilometers. At the end of the last century, the average annual sandy land areas expanded by 3,436 square kilometers, and the current average annual decrease is 1,980 square kilometers. Compared with 2009, the country's sandy land area is now a net reduction of 9,902 square kilometers[63].

---

[61] See "China Land Greening Status Bulletin in 2019".
Available online: http://www.forestry.gov.cn/main/3457/20200312/101502493844793.html. (accessed on 7 July 2020).

[62] National Forestry and Grassland Administration: Overview of China's Forest Resources - the Ninth National Forest Resources Inventory (March 2019), p. 23.

[63] Date source: Annual China Land Greening Status Bulletin.

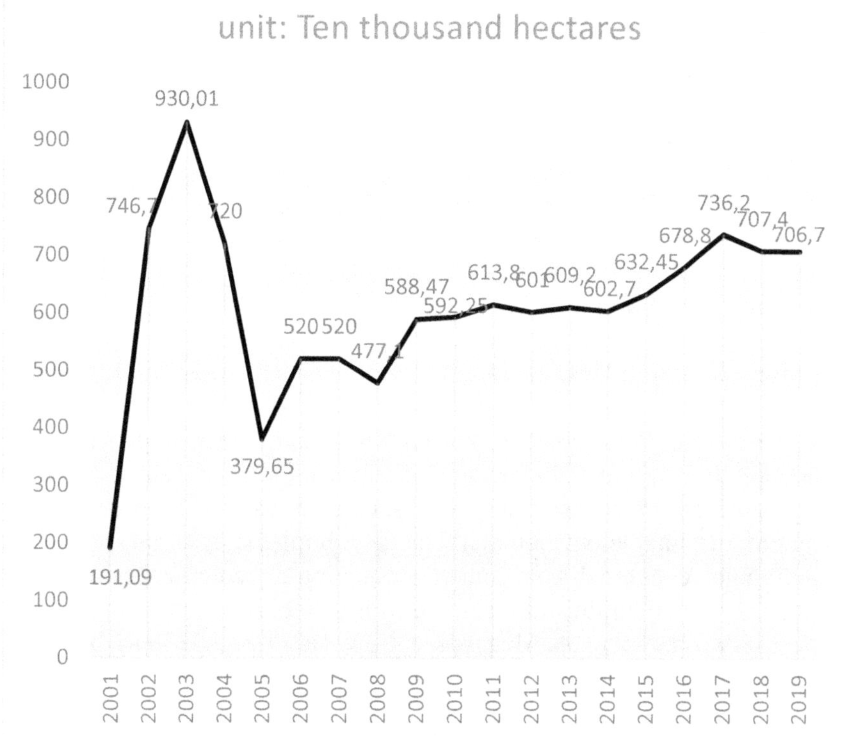

Chart 4: Annual Afforestation in China (2001-2019)[64]

3.2.3 The Means of Citizens Participation has been Gradually Facilitated

The *Forestry Law (For Trial Implementation)* of 1979 already stipulated that all localities shall organize the masses to plant trees on Tree-Planting Day each year or in seasons suitable for tree planting. Article 9 of the *Forest Law* of 1984 formulated that "Planting trees and protecting forests are the bounden duty of every citizen. People's governments at all levels shall launch afforestation activities and organize tree planting on a voluntary and nationwide basis", and this article is still in force today. However, for a long time, due to the conditions of afforestation, the main subjects of voluntary tree-planting is mainly Party and government organs as well as enterprises and institutions, and the participation scope of citizens is relatively limited. In recent years, the development of artificial intelligence and Internet technology has provided effective channels for citizens to participate in afforestation. Typically, for example, an Internet company launched the "Ant Forest", the project based on a payment and lifestyle APP is very popular in China. Ant

[64] Date source: Annual China Land Greening Status Bulletin.

Forest users are encouraged to record their low-carbon footprint through daily actions like taking public transport or paying utility bills online. For each action, they receive 'green energy' points and when they accumulate a certain number of points, an actual tree is planted. Ant Forest users turn the green good deeds into real trees planted in some of China's most arid regions. Since its launch in 2016, more than half a billion people have participated in the project and 39,000 hectares of trees have been planted[65]. Ant Forest recognized for inspiring consumers to reduce their carbon footprint, resulting in China's largest private sector tree-planting initiative, as well as won UN Champions of the Earth award[66].

4. Major Issues and Responses to Current Forest Protection in China

On the whole, the current *Forest Law* has made great progress in forest protection, forestry development and utilization, and supervision and management of forest resources after several revisions. In particular, the concept of sustainable development has been implemented, and the focus of legislation has converted from timber production to ecological protection. It also imposes strict administrative and criminal liability on the indiscriminate felling of forest and woods. Meanwhile, however, there are some limitations that need to be improved.

4.1. Limitations of Forest Law and Forest Protection in China

4.1.1 The Situation of Forest Protection is Still Grim

Over the past 40 years of reform and opening up, China's forest resources have entered a sound development track, showing a trend of continuous increase in quantity, steady improvement in quality and continuous enhancement in function: forest area accounts for 5.51% of the world's forest area, ranking fifth; forest accumulation accounts for 3.34% of the world's forest accumulation, ranking sixth; plantation area ranks first in the world. However, China's forest protection still faces some challenges: China's per capita forest area is 0.16 hectares, less than one third of the world's per capita forest area; per capita forest stock is 12.35 cubic meters, which is only one sixth of the world's per capita forest stock. In addition, China's forest quality still needs to be improved, with 94.83 cubic meters of forest stock per hectare, 4.73 cubic meters of annual growth per hectare, 1,052 plants per hectare,

[65] See "China Land Greening Status Bulletin in 2019". Available online: http://www.forestry.gov.cn/main/63/20200312/101503103980273.html

[66] https://www.unenvironment.org/news-and-stories/press-release/chinese-initiative-ant-forest-wins-un-champions-earth-award

average canopy density 0.58, average DBH 13.4 cm, average tree height 10.5 meters, and mixed forest area accounting for 41.92%. After comprehensive evaluation, the forest quality accounted for 20.68% as "good", 68.04% as "medium" and 11.28% as "poor"[67].

4.1.2 The Compensation Standard of Public Welfare Forests is Relatively Low

The *Forest Law* stipulates that the state establishes the scheme of compensation for forest ecological benefits and strengthens support for the protection of public welfare forests. The central and local governments shall allocate funds respectively for the construction, cultivation, protection and management of public welfare forests and economic compensation for the right holders of non-state-owned public welfare forests. While China has been raising the compensation standards for public welfare forests, the overall standard is still relatively low. Take Zhejiang Province as an example, one of the most economically developed provinces. At present, the minimum annual compensation standard for public welfare forests above the provincial level is only about 62-75 euros/ha, which is already among the top compensation standards in all provinces in China. However, compared with the annual income of commercial forests of 1,000 euros/ha, the gap is relatively big. The low compensation standard of ecological forest not only leads to the negligent management of forest trees, but also leads to the phenomenon of stealing and cutting.

4.2. Development and Improvement of Forest Law in China

4.2.1 Continue to Promote Sustainable Development of Forests and Forestry

The growth targets set by the Chinese government for forest cover are 23.04% by the end of 2020, 26% by 2035 and the world average by 2050. Meanwhile, forest stock per hectare should reach 95, 105 and 120 cubic metres respectively[68]. To achieve this goal, China needs to strengthen the legal protection of forests. First, expand the scale of afforestation projects and accelerate the implementation of major ecological restoration projects such as returning farmland to forests, controlling sources of sandstorms and rocky-desertification; second, implement the projects to improve forest quality precisely, strengthen forest management, and focus on improving forest

---

[67] National Forestry and Grassland Administration: Overview of China's Forest Resources - the Ninth National Forest Resources Inventory (March 2019), p. 26.
[68] Available online:
http://www.cma.gov.cn/2011xwzx/2011xqhbh/2011xdtxx/201803/t20180312_463882.html

quality; third, innovate the land greening scheme, explore first formed after the repair, replace subsidies with awards, the leasing of redemption, in the green field to a variety of ways, and lead the enterprises, collectives and individuals, social organizations to go on capital investment, foster a batch of professional enterprise of protection and restoration of ecology, give priority to support the government and social capital cooperation afforestation project; fourth, improve the environment quality around us, vigorously develop forest cities, forest city clusters, forest villages, forest parks, and country parks, promote the greening of villages and towns, and focus on improving the ecology of urban and rural areas and optimizing the living environment.

4.2.2 Explore Multi-way Forest Ecological Benefits Compensation Scheme

The compensation for forest ecological benefits needs a large amount of financial investment, and the financial investment will be subject to many restrictions. Simply raising the compensation standard cannot effectively resolve the contradiction between logging utilization and ecological protection. In order to safeguard the lawful rights and interests of forest farmers, promote the social harmony and stability of forest regions, and realize the double-win goal of "ecology gets protection, forest farmers obtain interests", China is currently making exploration from two aspects. The first is to encourage undergrowth in public welfare forests, to which the *Forest Law* has given authorization. Provinces have also begun to introduce policy incentives. Some provinces provide credit support to those who use ecological public welfare forests to develop understory economy and guide commercial insurance institutions to increase their support to understory economy. Other provinces have explored ways to develop policy-based insurance for the forest economy to provide support for mortgage loans to small and micro enterprises in the development of the forest economy and leverage financial and social capital to participate in the development of the forest economy. Second, promote the reform of the purchase, lease and replacement of commercial forests in key ecological areas, so that forest farmers can get much more income from the purchase at market prices than the annual ecological compensation standard for public welfare forests.

5. Conclusion

The promulgation and implementation of *Forest Law* plays a very important role in protecting and rationally utilizing forest resources, speeding up land greening and promoting forestry development. The forest is the main body and the important resources of the terrestrial ecosystem, and the important ecological barrier of the human survival and development. Forestry construction is the fundamental question which concerns the sustainable development of the economic society, and forestry should create better ecological conditions for building an ecological civilization and a more beautiful China. At present, the situation, task and function orientation of forestry have changed fundamentally. So, it is urgent to provide legal guarantee for forestry reform and development. First, promote the establishment of a modern forestry governance system. In the construction of modern forestry, we should mobilize the enthusiasm of all kinds of management bodies; protect their lawful rights and interests; strengthen the protection of property right; change the administrative management mode that emphasizes examination and approval over supervision; abolish the management system with the idea of planned economy. Different management measures should be taken for different types of forests. To establish and improve the modern forestry management system to meet the requirements of the ecological functions of forests. Second, promote forestry transformation and sustainable development. In recent years, reform of state-owned forest farms and state-owned forest areas has been carried out in an overall way. The reform of the collective forest tenure system has been deepened, and measures such as the complete cessation of commercial logging of natural forests in 2016 have been pushed forward. The development of forestry has changed from timber production to ecological construction. The change is from providing material products to high-quality ecological products for the whole society. Meanwhile, meeting the diversified needs of economy, society, ecology and culture. To adapt to the fundamental change of forest function orientation, and to transform the effective reform measures into legal norms in time, which can furtherly guarantee and guide the sustainable development of forestry. Third, we will accelerate land greening and improve the quality of forests. Through continuous efforts, China has made remarkable achievements in forest resources protection and ecological restoration, but there are still problems such as lack of green forests and low forest quality. The responsibility of the government for protecting forest resources should be strengthened more scientifically. The whole society should be effectively mobilized to promote land greening and ensure the steady improvement of the quantity and quality of forest resources.

Conflits légaux sur les forêts de l'archipel indonésien : 1620-2020

Frédéric DURAND
Professeur de géographie
Université de Toulouse II Jean Jaurès
Chercheur au LISST-CNRS
(Laboratoire Interdisciplinaire Solidarités, Sociétés, Territoires)

Introduction

L'amorce de l'emprise coloniale dans les territoires insulaires de l'Asie du Sud-Est remonte au début du XVIe siècle avec les premières conquêtes portugaises. Les forêts y ont joué un rôle non négligeable car très tôt les formations de teck et de bois de santal ont fait l'objet de rivalités amenant à la mise en place de réglementations.

Dans le territoire correspondant aux anciennes Indes néerlandaises – actuelle Indonésie – les premières mesures légales occidentales datent de 1620. Par-delà d'importantes fluctuation des pratiques, l'ensemble de la période coloniale révèle une volonté des services forestiers des Pays-Bas d'accroître leurs revenus au détriment des populations locales, que ce soit en faisant appel à des sociétés d'État ou à des entreprises privées. Cette tendance a rapidement induit des contestations de la part des groupes autochtones, mais aussi de juristes néerlandais qui ont remis en question la notion de « Domaine d'État ».

À l'indépendance, après une tendance à favoriser les droits locaux sous Soekarno, l'Ordre Nouveau du général Suharto a promu une exploitation massive, via de grandes compagnies privées, ce qui a eu des effets délétères sur la couverture forestière, jusqu'à l'effondrement du régime en 1998.

Depuis une vingtaine d'années, un mouvement de décentralisation et de restauration des droits traditionnels s'est amorcé, mais avec une double pression de l'extension agro-industrielle et des enjeux climatiques, sachant qu'une majeure partie des forêts denses naturelles a désormais disparu.

I. Colonisation et travail forcé (1620-1865)

I.1 Accaparer : l'expansion de la VOC pour le bois

La première expédition entreprise par la compagnie néerlandaise des Indes orientales ou VOC (*Vereenigde Oostindische Compagnie*) a eu lieu en 1602, avant une première implantation territoriale et la construction d'un fort à Batavia (actuelle Jakarta) en 1619.

Pendant deux siècles – jusqu'à la faillite de la VOC en 1799 – la colonisation de l'Insulinde a été effectuée par cette entreprise privée. Ce n'est qu'à partir du début du XIXe siècle que la couronne néerlandaise a pris le contrôle des territoires conquis par la compagnie. Cette caractéristique n'a pas empêché les colons néerlandais de prendre des mesures restrictives à propos des forêts dès le début de leur implantation. C'est ainsi qu'un an après leur installation, en 1620, un poste de garde forestier a été créé, tandis qu'une autorisation était instaurée pour la coupe de bois, assortie d'une taxe de 10 % sur la valeur du bois prélevé.

À l'époque, hors de quelques comptoirs dans les îles aux épices, la VOC était surtout intéressée par l'île de Java, qui avait la particularité d'abriter de très vastes forêts de teck (*Tectona grandis*), un bois essentiel pour la construction de la marine à voile. Plusieurs principautés ou sultanats se partageaient le contrôle politique de l'île, dont la plus importante – le sultanat de Mataram au centre de Java – contrôlait de riches formations de teck sur la côte nord. De nombreux chantiers navals s'y étaient installés au moins dès le XIVe siècle[1] et permettaient de répondre aux besoins en bateau pour le commerce local mais aussi pour la navigation jusqu'en Chine. Les populations coupant le bois étaient connues sous le nom de *Kalang* et constituaient une basse caste méprisée car ils travaillaient le cuir et le bois, sans doute dans la continué des traditions de l'ancienne religion hindouiste des Javanais.

Pour empêcher que la VOC ne prenne le contrôle de ces exploitants forestiers, le sultan de Mataram ordonna dès 1636 aux *Kalang* de s'installer en ville afin de mieux les contrôler. Cela n'empêcha pas la compagnie néerlandaise d'accroître progressivement son emprise. Dès 1651 la VOC installa un comptoir à Japara, une des régions les plus riches en teck, et une première scierie fonctionnant à l'énergie hydraulique fut installée en 1659[2]. Parallèlement, un édit du sultan de Mataram de 1659 interdisait à la population de prélever du bois d'une forêt de la région de Mandalika, car le sultan souhaitait l'exploiter pour fabriquer des mâts de navires.

À l'époque, la forêt de Java restait toutefois encore suffisamment étendue pour que de telles appropriations ne gênent guère une population encore relativement réduite. Un siècle plus tard, le premier recensement l'évalue à un peu plus de deux millions, soit 15 habitants au km^2. De fait, les récits des voyageurs européens du XVIIe siècle suggèrent que la forêt était largement dominante, même si la présence de réserves de chasse par des souverains locaux – attestées dès 1613 – indique qu'en certains endroits, l'extension des cultures pouvait provoquer une raréfaction du gibier[3].

En tout cas, profitant des rivalités internes entre souverains locaux, la VOC monnaya en 1677 son soutien au sultan de Mataram contre la cession de la

[1] Durand Frédéric, 1994, p. 205.
[2] Boomgaard Peter, 1988, p. 62.
[3] Lombard Denys, 1974, p. 475.

région du Priangan (à Java-Ouest) et la possibilité pour la compagnie néerlandaise d'ouvrir des chantiers navals là où elle le souhaitait. Ces nouveaux droits marquent le début du contrôle direct de la VOC sur les populations *Kalang* spécialisées dans l'exploitation du bois.

(Cf. carte n°1 : Les territoires contrôlés par la VOC à Java et Madura en 1749, page 174)

I.2 Des *Kalang* aux *Blandong* et aux *Panglong*

La VOC récupéra à son propre compte le mode d'exploitation des *Kalang* et le transforma à partir de 1684 en un système de travail forcé appelé *blandong*. Les populations devaient fournir des quotas de teck en mobilisant aussi la force de leur bétail pour le transport des grumes. Cette époque correspond également à l'augmentation de la production avec l'installation de scierie fonctionnant à l'énergie éolienne. Dès le début du XVIIIe siècle les forêts de teck de Java commencèrent à montrer des signes de surexploitation. Pour y faire face, la VOC décida en 1722 d'interdire les coupes de bois pendant quinze ans dans la région du Priangan, afin de permettre à ses forêts de se régénérer[4]. En 1730, elle tenta sans grand succès d'établir des plantations de teck.

Plutôt que de remettre en question sa gestion prédatrice, la compagnie néerlandaise chercha à échapper au problème en accroissant son emprise territoriale. En 1743, la VOC obtint du sultan de Mataram le contrôle de toutes les forêts de Java à l'exception de celles des territoires limités de Yogyakarta et de Solo. En 1753, la VOC prit la tutelle du sultanat de Banten à l'ouest de Batavia, même si, en l'absence de tecks, les enjeux forestiers y étaient moindres. Mais c'est surtout à partir du traité de Giyanti en 1755 – qui marqua la fin du pouvoir politique de Mataram – qu'elle imposa son monopole sur la construction navale dans toute l'île de Java. Vingt ans plus tard, en 1777, la VOC étendit son monopole sur toute l'exploitation forestière quelle que soit sa finalité, ce qui ne fit qu'aggraver le déclin des forêts. En 1787, la VOC fut d'ailleurs contrainte d'interdire toutes les coupes dans la région de Rembang, qui abritait pourtant au début du siècle la moitié des formations de teck de l'île.

La mauvaise gestion dans ce secteur – comme dans bien d'autres – explique pourquoi la VOC fit faillite en 1799, ce qui amena la couronne des Pays-Bas à reprendre le contrôle de ses possessions dans l'archipel insulindien, des possessions principalement centrées dans l'île de Java, avec des comptoirs dans ce qui était appelé les « îles extérieures ». La faillite de la VOC s'inscrivit également dans le contexte des bouleversements en Europe,

[4] Sartono Kartodirdjo, 1988, p. 244.

avec la prise de contrôle successive des colonies néerlandaises d'Insulinde par la France, puis par l'Angleterre.

Le maréchal Daendels, qui dirigea Java au nom de Napoléon de 1808 à 1811, est à l'origine de la création d'un service public des Forêts et des premières mesures de gestion concrètes. Ses tentatives n'eurent cependant guère d'impact, car Sir Stanford Raffles qui lui succéda de 1811 à 1816 supprima le service des Forêts, pour revenir aux méthodes de travail forcé avec une priorité à l'exploitation privée comme du temps de la VOC.

Vu l'importance des forêts, trois ans après avoir repris la gestion de Java, en 1819, les Pays-Bas décidèrent de recréer un service des Forêts, mais il fut dissout sept ans plus tard, cette fois en raison de réductions budgétaires dues aux insurrections populaires de la Guerre de Java (1825-1830).

Cette époque est également marquée par des tiraillements, qui ne sont pas sans annoncer la situation contemporaine. En effet, à côté de l'intérêt pour le bois, les autorités coloniales s'efforcèrent de favoriser l'essor agricole (notamment du café). C'est le sens de l'instauration d'un système des cultures forcées en 1830 par le gouverneur Johannes van den Bosch, qui accrut encore la pression sur les populations rurales et provoqua des défrichements massifs pour permettre la livraison des quotas agricoles ou en bois.

L'arrivée à Java des trois premiers forestiers professionnels, de nationalité allemande en 1849 n'améliora pas significativement la situation, d'autant que les gouverneurs privilégiaient alors l'essor des concessions privées, parallèlement au travail forcé des *blandong* qui continuait d'exister.

La marque des effets négatifs de ces pratiques destructrices est confirmée en 1850 avec l'arrêt de l'exportation de bois de Java. Cette décision stimula l'essor d'une autre forme d'exploitation hors de Java : les *panglong*, ou système de coupe de bois par des entrepreneurs chinois sur la côte orientale de Sumatra. Ils desservaient surtout la colonie britannique de l'île de Singapour, qui commençait à devenir un port important dans la région. Là encore, les contrôles étaient limités et les méthodes de coupes prédatrices, sachant que par ailleurs une grande partie de l'actuelle Indonésie ne se trouvait pas encore sous contrôle néerlandais.

(Cf. carte n°2 : L'essor de l'autorité territoriale néerlandaise en Insulinde : 1602-1942, page 174)

Les limites de ce mode de fonctionnement devinrent de plus en plus patentes avec la montée d'une pensée éthique aux Pays-Bas au milieu du XIXe siècle, symbolisée par le livre *Max Havelaar* d'Eduard Douwes Dekker. Dans ce magnifique roman, cet ancien administrateur colonial dénonçait toute l'hypocrisie et la perversité du système de domination et de surexploitation européen. Le mouvement d'opinion aux Pays-Bas obligea le gouvernement à abolir le travail forcé en 1865, y compris le système des *blandong*. Les conséquences de cette décision ne devaient cependant pas favoriser une meilleure conservation des forêts car il s'assortit la même année du passage à un système d'exploitation du bois sous forme de concessions privées et à une classification de vastes étendues boisées en « Forêts de l'État ».

II. « Domaine d'État », *tumpangsari* et saminisme (1865-1918)

1. Nationalisation des forêts à Java, début de gestion raisonnée et révoltes populaires

La fin des années 1860 a induit un changement majeur dans les relations entre l'Europe et l'Asie avec l'ouverture du Canal de Suez en 1869. Jusqu'alors, le voyage durait trois mois, en contournant l'Afrique par le cap de Bonne espérance. Grâce au canal, sa durée était réduite à un mois, dans des conditions moins périlleuses, ce qui permettait d'envisager une venue plus massive de colons. Une telle perspective supposait un contrôle territorial encore plus marqué. En 1870, cinq ans après la nationalisation des forêts, le gouvernement colonial revendiqua à Java comme « propriété de l'État » toute terre « non revendiquée », ce qui étendait leur contrôle sur les friches et les recrus forestiers. En l'absence de cadastre et compte tenu des systèmes traditionnels de gestion du foncier souvent collectifs, cela ouvrait la porte à de nombreux abus, même si cela permit aussi des améliorations.

Du côté des améliorations, il faut noter l'instauration en 1873 du *tumpangsari*, un système de culture du teck en coopération avec les populations paysannes. Ce procédé avait été mis au point dans les années 1860 en Birmanie par le forestier allemand Dietrich Brandis, qui avait lui-même adapté les pratiques des minorités *Karen*. Le *tumpangsari* consistait à confier des parcelles à des agriculteurs afin qu'ils s'occupent de jeunes plants de teck, en échange du droit de cultiver la terre en dessous et autour des arbres pendant leur phase de croissance. Ce principe était relativement intéressant dans le contexte d'accroissement de la pression démographique et foncière à Java, d'autant que le gouvernement colonial imposa aussi en 1875 une limite à l'extension de l'agriculture dans l'île. Cette limite – qui se traduisait concrètement par l'interdiction de défricher de nouvelles terres pour étendre les superficies agricoles – visait officiellement à protéger les bassins versants, à préserver le climat local et à garantir l'irrigation. En effet, en 1875, la plupart des forêts relictuelles se situaient sur des reliefs.

Parmi les autres mesures concrètes indiquant une volonté de meilleure gestion, on peut signaler la mise en place des premiers cours de foresterie tropicale à l'université de Wageningen aux Pays-Bas en 1883 ; des tentatives de plantations d'espèces à croissance rapide dans les années 1880 (*Eucalyptus,*

Acacia et Albizia)[5]; la création d'une première réserve naturelle à Java sur le mont Gede en 1889 ; la création de l'association des Forestiers hollandais (VABINOI) en 1907 ; ainsi que la fondation de l'Institut de Recherche Forestière de Bogor en 1912.

D'autres mesures étaient plus contestables, comme la promulgation de l'ordonnance forestière en 1913 assurant au gouvernement colonial l'administration de toutes les forêts de Java et de l'île adjacente de Madura. Dans l'ensemble, ces innovations visaient *in fine* à promouvoir un plus grand contrôle par le pouvoir colonial et se sont traduites sur le terrain par une augmentation du maillage territorial et de la surveillance. Ainsi, alors qu'il y avait seulement 10 districts forestiers à Java avant 1897, ils sont passés à 24 en 1900 et à 47 en 1910. L'augmentation du nombre de fonctionnaires s'occupant des forêts est encore plus marquant puisqu'ils sont passés de 13 en 1897, à 971 en 1910 (dont 692 gardes forestiers). Dans ce contexte, la part de l'exploitation publique des forêts de teck – qui se sont progressivement transformées en plantations arborées – a augmenté de 5 % en 1902 à plus de 50 % en 1913. Les autres forêts naturelles de Java intéressaient moins le service forestier et 90 % des coupes étaient effectuées par des compagnies privées.

Cette évolution provoqua de nombreuses révoltes populaires contre la confiscation des droits d'usages traditionnels des forêts, dont la plus connue à partir de 1890 fut le mouvement saministe dans la région de Blora riche en tecks. Samin, l'initiateur du mouvement, finit par être capturé et exilé à Sumatra en 1907. Les révoltes se prolongèrent néanmoins pendant les années 1910, ce qui prouve que les dépossessions ne se sont pas faites sans résistance.

2. Un début d'intérêt pour les forêts des « îles extérieures »

Jusqu'au dernier quart du XIXe siècle, les efforts de contrôle néerlandais s'étaient surtout concentrés sur l'île de Java qui abritait alors les deux tiers de la population de la colonie sur seulement 7 % du territoire de l'Indonésie actuelle. Une volonté d'étendre l'emprise sur l'ensemble de l'archipel s'est manifestée de manière militaire par la guerre d'Aceh au nord de Sumatra (1873-1906), mais aussi par des mesures forestières. On peut notamment signaler en 1892 la création du premier district forestier hors Java, couvrant les régions de Palembang-Bangka-Lampung. Il concernait notamment la production de bois par les *panglong* vers Singapour, mais également l'approvisionnement en bois d'œuvre et en bois de feu pour les mines d'étain de l'île de Bangka voisine de Sumatra.

Par ailleurs, le gouvernement colonial imposa des taxes sur les produits non-ligneux des îles extérieures en 1899, et instaura un système de

[5] Ces tentatives de plantations d'espèces à croissance rapide s'avérèrent des échecs et furent abandonnées en 1911.

concessions privées pour les concessions hors de l'île de Java. Ces décisions indiquent toutefois que, contrairement à ce qui se déroulait à Java, la volonté était plus de récupérer des revenus à la marge que de contrôler, ce qui aurait nécessité des investissements publics. Seules de rares forêts – économiquement ou écologiquement intéressantes – eurent droit à l'envoi de quelques forestiers dans les îles de Muna (1908), Ambon (1913) ou Bornéo (1915).

Il faut aussi évoquer un autre programme amorcé en 1905 – celui de la Transmigration – qui visait à déplacer des populations de Java, très peuplée, vers les îles extérieures aux densités démographiques souvent inférieures à une dizaine d'habitants au km². Ce programme devait avoir de grandes conséquences sur la disparition des forêts au XXe siècle, mais son impact fut limité à l'époque coloniale du fait de sa mauvaise conception, puis de la Première Guerre mondiale qui mit un coup d'arrêt à de nombreuses activités.

III. Les blocages du Conseil du Peuple (1918-1942)

1. L'émergence d'un contre-pouvoir législatif local

Les troubles de la Première Guerre mondiale ont marqué un point de rupture dans les échanges entre la métropole et les Indes néerlandaises, faisant comprendre au gouvernement qu'il fallait accorder plus d'autonomie de fonctionnement à la colonie. C'est dans cet esprit qu'a été décidée en 1916 la création d'un « Conseil du Peuple » (*Volksraad*) à fonction consultative, avec pour particularité de comprendre 40 % de représentants des populations autochtones.

Cette proportion minoritaire et son rôle consultatif indiquent que les législateurs ne voulaient initialement mettre en place qu'une structure pour avaliser des décisions prises par les Européens. Cependant, dès sa première session en mai 1918, les représentants autochtones sont intervenus pour défendre les droits des populations locales. En matière forestière, ils ont notamment critiqué le prix élevé du bois de teck – qui empêchait les plus démunis d'en acheter – et les interdictions de prélèvement de bois et de produits non ligneux dans les espaces boisés renforcés par l'ordonnance forestière de 1913, qui privaient les villages de ressources dont ils avaient bénéficié de temps immémoriaux au nom des droits traditionnels (*adat*).

Deux grandes affaires ont par la suite créé des tensions au sein du Volksraad, jusqu'à remettre en question la légitimité même de la colonisation : la privatisation de l'exploitation du teck et le projet d'extension du « domaine public » aux îles dites extérieures. On s'attardera essentiellement ici sur la deuxième[6].

[6] Pour plus de détails sur ces deux affaires, voir Durand, Frédéric, 1994, p. 240-247.

L'ordonnance forestière de 1913 concernait uniquement les forêts de Java et de la petite île adjacente de Madura, même si dans les faits, les services forestiers avaient étendu leur influence sur les autres îles, allant jusqu'à prendre le contrôle d'environ quatre millions d'hectares au début des années 1920, principalement dans le centre de Sumatra et dans la province conquise d'Aceh, au nord de la même île. Les enjeux financiers étaient importants, d'autant que d'autres pays, et particulièrement le Japon, désiraient obtenir des concessions forestières en Insulinde.

Souhaitant combler le vide juridique, le gouvernement colonial néerlandais proposa en 1923 un premier projet de loi concernant les *panglong* de Sumatra, qui continuaient d'exporter du bois vers Singapour. Le Volksraad en accepta le principe, mais seulement à condition que les communautés locales reçoivent la majeure partie des bénéfices, ce qui n'allait pas dans la logique coloniale.

Le gouvernement lança donc en 1924 un projet d'ordonnance forestière visant à couvrir l'ensemble des « îles extérieures » selon une approche centralisée. Une nouvelle fois, le Volksraad s'y opposa tout en gagnant rapidement du pouvoir grâce à une réforme de son statut en 1925. Il devint en effet alors non plus un « organe consultatif », mais un « co-législateur », avec droit d'initiative, droit d'amendement et droit d'interpellation du gouverneur général. L'assentiment du Volksraad devenait donc nécessaire pour passer de nouvelles ordonnances.

2. Les forêts aux peuples ou à l'État ?

Face à l'échec du projet d'ordonnance forestière de 1924, le gouvernement colonial tenta de contourner l'obstacle en donnant le statut de « Domaine d'État » à l'ensemble des forêts des îles dites extérieures, c'est-à-dire hors de Java et de Madura déjà couvertes par l'ordonnance forestière de 1913. Le but affiché était de retirer les forêts jusqu'alors sous juridiction traditionnelle (*adat*) des communautés locales, afin de constituer des zones de « protection » et d'« exploitation », un double argument encore régulièrement avancé à l'époque contemporaine.

Une commission de huit membres fut ainsi formée en 1928 dans le but d'établir les fondements juridiques de ce nouveau statut. La commission comprenait des membres du Volksraad, des universitaires et des représentants du gouvernement. Les deux personnalités les plus influentes furent Cornelis van Vollenhoven, un professeur de droit de l'université de Leiden spécialisé dans les droits traditionnels de l'archipel – favorable à l'*adat* – et Justus Gonggrijp, le directeur du service des Forêts, défenseur d'un contrôle colonial.

Même parmi les Hollandais, les discussions amenèrent à des clivages difficilement conciliables. G.J. Nolst Trenité, professeur à l'université d'Utrecht considéra que van Vollenhoven accordait trop d'importance à la loi coutumière, tandis que J.H.A. Logemann, professeur de droit à Batavia, soutenait que l'usage des terres forestières était une réalité ancienne et non une création de l'Occident et qu'il fallait maintenir ce droit si l'on ne voulait pas mettre en danger la stabilité et l'existence même des communautés locales. Cela n'excluait toutefois pas la possibilité de limiter parfois ce droit en faveur de l'intérêt public.

La polémique prit aussi un tour passionné et teinté d'inquiétude. J.W. Gonggrijp, le directeur du service des Forêts, estima ainsi que ne pas étendre le « Domaine d'État » à toute la colonie donnerait aux populations le sentiment que le gouvernement les avait jusqu'alors privées de leurs droits, tandis que d'autres membres conservateurs prédisaient que cela allait entraver la colonisation, en empêchant l'octroi de concessions et en décourageant les investissements étrangers.

Après deux ans de travail, la commission rendit son rapport en 1930. Bien que n'ayant pas réussi à faire l'unanimité en son sein, elle se prononça finalement pour l'abolition du « Domaine d'État » et pour la restitution aux communautés locales du droit de disposer de leurs terres et de leurs forêts.

Étant donné le caractère particulièrement politique des débats, un comité fut mis en place pour essayer de limiter les problèmes en supprimant le statut de « propriété d'État » uniquement pour les terres revendiquées ou utilisées par les populations locales, ce qui aurait été possible en modifiant *a minima* les réglementations. De son côté, le gouvernement rédigea, en 1934, un nouveau projet d'ordonnance forestière où la notion de « Domaine d'État » était prudemment omise. Le gouvernement colonial tenta aussi des compromis, en proposant que les bénéfices de l'exploitation de la forêt soient partagés en moitiés égales entre le gouvernement central et les communautés locales. Cependant, le Volksraad y opposa une fin de non-recevoir, en affirmant que les forêts appartenaient aux populations locales et que l'ensemble des revenus devait leur revenir. Ces textes restèrent donc à l'étude devant le conseil du Peuple jusqu'à l'invasion japonaise de 1942, sans pouvoir aboutir.

Ces débats pourraient paraître vains car, pendant que le Conseil du Peuple opposait un refus catégorique à l'appropriation des forêts par le pouvoir central, le service des Forêts continuait d'appliquer le principe de « Domaine d'État ». Il étendait ses réserves et continuait à accorder des licences d'exploitation en se servant de décrets que le gouverneur général édictait sans passer par le Conseil, même si c'était en toute illégalité, puisque ces décrets étaient censés permettre l'application d'une législation qui n'existait pas.

Au début des années 1940, hors Java, le service des Forêts n'avait officiellement le contrôle que d'Aceh et Riau (Cf. carte 3, page 174), alors qu'il avait réservé plus de dix millions d'hectares sur l'ensemble de l'archipel – notamment dans d'autres régions de Sumatra et à Bornéo – sur lesquels il avait accordé des concessions à des entrepreneurs néerlandais, mais également japonais, anglais et nord-américains.

(Cf. carte n°3 : Les détenteurs de l'autorité sur la gestion des forêts aux Indes néerlandaises en 1941, page 174)

IV. Deux décennies d'indépendance reconnaissant l'*adat* (1945-1966)

1. La Constitution de 1945 : les forêts pour le peuple

Les périodes d'occupation japonaise (1942-1945) puis de guerre d'indépendance (1945-1949) furent particulièrement chaotiques, y compris au niveau de la gestion des forêts, mais il faut rectifier ici avant tout une grave erreur qui est encore régulièrement répétée par les chercheurs au XXIe siècle. Inspirée par les débats qui avaient animé le Conseil du Peuple à partir des années 1920, la Constitution indonésienne de 1945 ne donne pas la propriété des forêts à l'État.

En effet, l'article 33.3 de la Constitution stipule bien que : « La terre, l'eau et toutes les ressources contenues à l'intérieur sont contrôlées par l'État et utilisées le mieux possible pour la prospérité du peuple »[7]. L'expression « *yang terkandung di dalamnya* » montre bien qu'il s'agit des ressources « contenues à l'intérieur » de la terre et non en surface. Cette précision est d'une importance majeure, car son occultation a permis à de nombreux « experts » de prétendre que la Constitution de 1945 aurait donné la propriété des forêts indonésiennes à l'État. En fait, à l'époque, les communautés locales continuaient de contrôler les trois quarts des espaces forestiers de l'archipel.

Cela ne signifie par qu'il n'y a pas eu des tentations de contrôle par l'État. Par exemple, dès 1951, une commission a été mise en place pour tenter d'« unifier » les législations forestières du pays. Là encore, on retrouve la volonté d'éradiquer les particularismes locaux au nom d'une pseudo nécessité d'uniformisation, au lieu d'accepter la richesse de la multiplicité des pratiques des *adat* locaux.

Par ailleurs, dans le cadre de la radicalisation du pays en 1957, un décret plaça la gestion des forêts des communautés locales sous la responsabilité des provinces où elles se situaient. Cela n'eut toutefois guère d'impact concret, d'autant qu'une grande loi agraire était en préparation, qui allait confirmer la reconnaissance de l'*adat*.

2. Les ambiguïtés de la loi Agraria de 1960

Face aux immenses enjeux agricoles, fonciers et forestiers dans l'archipel, une grande loi a été promulguée le 24 septembre 1960, qui est connue sous le

---

[7] *Bumi dan air dan kekayaan alam yang terkandung di dalamnya dikuasai negara dan dipergunakan untuk sebesar-besarnya kemakmuran rakyat.*

sigle : UUPA n°5/1960 (*Undang-Undang Pokok Agraria*, ou « loi cadre pour les questions agraires »).

Cette loi s'efforçait de supprimer le dualisme juridique qui régnait depuis la période coloniale avec la coexistence de droits fonciers traditionnels et occidentaux. Dans ses principes de base, cette loi cadre se fondait sur le droit foncier traditionnel (*hak ulayat*), sans toutefois en identifier clairement la complexité, ni la diversité et tout en remettant potentiellement en question sa validité et sa légitimité. Ainsi, les droits fonciers traditionnels étaient reconnus « si tant est que dans les apparences ils existaient encore »[8]. Par ailleurs, il était prévu que ces droits ne soient appliqués que dans la mesure où ils n'interféraient pas avec l'intérêt national et qu'ils n'étaient pas en contradiction avec d'autres textes législatifs d'un niveau plus élevé[9].

La notion de « Domaine d'État » y était explicitement abolie, mais le texte de la loi *Agraria* reprenait celui de la Constitution de 1945, avec une certaine ambiguïté sur la notion de « contrôle » (*dikuasai*) de l'État, qui laissait à ce dernier la possibilité de décider du meilleur usage de la terre. À ce titre, on signalera que la loi Agraria de 1960 fait bien la distinction entre *bumi* (« terre » comme zones émergées) et *tanah* (« terre » comme couche de sol à la surface des zones émergées). L'ambiguïté n'en demeurait pas moins dans les faits, puisque le gouvernement continuait d'employer l'expression de *tanah negara* « terre de l'État », correspondant alors aux terres « officiellement » forestières, c'est-à-dire aux trois quarts du territoire national.

Autre ambiguïté, la loi Agraria ne distinguait pas assez clairement le caractère fréquemment communautaire de l'*adat* ni la gestion familiale ou clanique des biens. Elle reconnaissait avant tout les droits « individuels » qui plus est à durée généralement limitée, ce qui pouvait en outre prêter à malversation. Ainsi, au nom de la défense du peuple, et bien qu'influencée par la mouvance communiste, très présente dans les arcanes du pouvoir à l'époque, cette législation tendait à privilégier *in fine* un système de propriété privée individuelle « temporaire », au détriment des droits traditionnels des communautés.

On signalera aussi que ce n'est qu'en 1964 que fut créé le premier ministère en charge des forêts, ce qui est révélateur d'un déficit de conscience de l'importance qui leur était accordée auparavant. En cette période de montée du communisme, les slogans voulaient qu'il faille exploiter les ressources forestières des îles extérieures « avec l'aide du peuple », mais ces projets restèrent sans lendemain.

Au cours des années 1960, la promesse d'une réforme agraire irréaliste – supposée redistribuer les terres aux plus démunis au-delà de ce qui était

---

[8] *Apabila menurut kenyataan masih ada.*

[9] *Sesuai dengan kepentingan nasional dan negara (...) serta tidak boleh bertentangan dengan undang-undang dan peraturan-peraturan lain yang lebih tinggi.*

matériellement possible – plongea le pays dans une crise économique et politique sans précédent. Celle-ci aboutit en 1965 à la tentative de coup d'État militaire attribuée aux communistes et au bain de sang qui s'ensuivit, provoquant la mort de cinq cent mille à deux millions de personnes, sans qu'aucun bilan précis ne soit possible[10].

V. Le retour de la gestion étatique (1966-1998)

1. La dépossession forestière des communautés locales en 1967

En septembre 1965, le coup d'État manqué précipita la chute du président Soekarno, le proclamateur de l'indépendance. La répression permit au général Suharto de prendre le pouvoir et d'instaurer ce qui sera appelé : l'« Ordre Nouveau ». La première décision du régime en matière forestière a été de supprimer le ministère des Forêts et de replacer ses services sous la tutelle du ministère de l'Agriculture.

Dans la continuité de cette mesure, après s'être fait accorder la présidence par intérim par l'Assemblée du Peuple, le général Suharto signa le 24 mai 1967, un décret connu sous le nom de « Loi de base sur la forêt » (U.U. n°5/1967). Ce texte de vingt-deux articles envisageait à la fois la protection et l'exploitation de la forêt, tout en restant globalement évasif et en comprenant plusieurs passages ambigus.

Par exemple, dans l'article 2, l'expression « forêts d'État » (*Hutan negara*) était employée en opposition aux « forêts possédées par des ayants-droits » *(Hutan milik)*. Comme le reconnaissait d'ailleurs l'annexe de la loi, cette catégorie de *Hutan milik* aurait logiquement dû intégrer les forêts contrôlées par les communautés locales selon le droit traditionnel (*Hukum adat*). Cependant à travers un discours alambiqué les législateurs concluaient qu'il était préférable de les intégrer à la catégorie des « forêts d'État » et que les droits des communautés pouvaient s'exercer, mais seulement dans la mesure où ils n'interféraient pas avec la présente législation.

Comme en 1957, le débat de fond sur les droits des populations locales avait été écarté. Cependant, les conséquences de ce nouveau texte de 1967 se sont avérées nettement plus importantes. En effet, si la procédure amorcée dix ans plus tôt était restée relativement déclamatoire, la dépossession est devenue effective en 1967, ne serait-ce que par l'ampleur donnée à l'exploitation par les grandes compagnies étrangères peu soucieuses des situations locales. La dualité des législations s'est cependant maintenue encore quelques années.

Cette nationalisation abusive des forêts était soutenue par les experts forestiers internationaux, qui affirmaient d'ailleurs de manière erronée que cela s'inscrivait dans le respect de la Constitution de 1945. Devant

[10] Durand Frédéric, 2000, p. 120.

l'inexactitude de cette affirmation, le président Suharto lui-même fut obligé de promulguer un nouveau décret en 1970 pour contourner cette difficulté. Il y imposait la quasi-suppression des prérogatives provinciales et surtout, il « gelait » *(dibekukan)* les droits forestiers des communautés locales au nom de l'« intérêt général ».

Ce nouveau décret a permis l'accroissement très rapide des concessions. Alors qu'en 1967, neuf millions d'hectares avaient été alloués à des compagnies étrangères, sous forme de concessions de vingt ans, éventuellement renouvelables. La superficie proposée est passée à treize millions d'hectares en juillet 1970. Quatre ans plus tard, à la fin du premier plan quinquennal (1974), 60,7 millions d'hectares – soit l'équivalent du tiers de la superficie totale du pays – avaient fait l'objet de demandes de concessions, principalement à Kalimantan (Bornéo) et à Sumatra[11].

2. 1967-1998 : une gestion calamiteuse et malhonnête des forêts

L'ensemble de la période de l'Ordre Nouveau – jusqu'à la chute du président Suharto en 1998 – se caractérise par une exploitation prédatrice renforcée par la corruption locale, mais aussi par les mauvais conseils des forestiers internationaux qui laissèrent le gouvernement mettre en place des mesures aux conséquences particulièrement destructrices. Ainsi par exemple, alors que l'exploitation massive avait commencé en 1967, cinq ans furent nécessaires pour que les normes d'un système de coupe sélective soient établies en 1972 (TPI – *Tebang Pilih Indonesia*). En dépit des nombreuses critiques, notamment des botanistes, qui expliquaient son caractère totalement inadapté, il a encore fallu attendre dix-sept ans pour que le gouvernement reconnaisse enfin que le TPI n'était « ni pragmatique, ni réaliste » et instaure un nouveau système de coupe sélective avec replantation, le TPTI (*Tebang Pilih Tanam Indonesia*). Ces nouvelles normes de coupe avec reboisement ne furent guère plus appliquées que les précédentes et servirent surtout à obtenir des autorisations d'exploitation dans des forêts denses avec la promesse discutable d'un point de vue écologique – et en outre rarement tenue – d'y replanter des espèces à croissance rapide comme des Eucalyptus, des Acacia ou des Albizzia.

Dans les années 1970-1980, l'Indonésie tenta aussi d'augmenter la valeur ajoutée des productions forestières en favorisant l'émergence d'une industrie du contre-plaqué, notamment en taxant très fortement l'exportation de bois brut, mais ces tentatives ne permirent pas de freiner significativement la dégradation des forêts naturelles surexploitées par des sociétés cherchant à tirer un maximum de bénéfice à court terme des forêts. En outre, la fragilisation des forêts a entraîné de vastes incendies à partir du début des

[11] Departemen Kehutanan Republik Indonesia, 1986, vol. 3, p. 31.

années 1980, favorisés par le renforcement du phénomène El Niño dans un contexte de changement climatique.

Cette dégradation fut également accélérée par la reprise du programme de *Transmigration* de l'époque coloniale, qui visait à déplacer des populations des îles très peuplées de Java et Madura, vers les autres îles. Entre la fin des années 1960 et le milieu des années 1990, plus de six millions de personnes furent transférées vers des zones la plupart du temps gagnées sur des espaces boisés, sachant que ces déplacés officiels ont été accompagnés par des centaines de milliers d'autres migrants en quête de terres, qui ont souvent défriché les forêts des régions montagneuses.

L'incapacité à gérer l'exploitation du bois, la fragilisation des forêts et les défrichements agricoles ont entraîné un déclin inexorable des revenus forestiers, mais aussi la perte d'un patrimoine unique. Alors qu'à la fin des années 1960, les dirigeants du pays se vantaient de disposer de la deuxième forêt tropicale du monde après le Brésil – avec des ressources déclarées exploitables à l'infini – des forestiers de la FAO ont commencé à envisager au début des années 1990 que l'Indonésie pourrait être obligée d'importer du bois pour alimenter ses besoins domestiques et industriels. Ces errements dans le domaine forestier – qui sont à l'avenant de ce qui se passait dans la plupart des autres secteurs – permettent de comprendre pourquoi l'économie indonésienne s'est effondrée lors de la crise asiatique de 1997/98 qui obligea le président Suharto à démissionner.

VI. Vers un retour des droits locaux (1999-2020)

1. Les forêts face à la décentralisation et au palmier à huile

Lors de la démission du président Suharto en mai 1998, le pays s'est trouvé au bord de l'éclatement. En effet, outre la crise économique majeure qui a plongé les deux tiers de la population en dessous du seuil de pauvreté, la gestion autoritaire de l'archipel depuis l'île de Java – qui continuait d'abriter 60 % de la population nationale – avait suscité des envies de séparatisme dans plusieurs régions.

Afin d'éviter l'éclatement de l'Indonésie, le président Habibie décida de procéder à une grande décentralisation. Toutefois, craignant que cela ne favorise les forces centrifuges, il décida le transfert de la plupart des compétences vers le niveau du *kabupaten* (districts ou département), au lieu de la province qui avait été jusqu'alors le principal relais local de l'autorité centrale. Ce fut notamment le cas pour les compétences forestières, avec des effets souvent problématiques car les *kabupaten* disposaient rarement des personnels formés à ces questions. Par ailleurs, cela créa de nouveaux enjeux de pouvoir au niveau local, dans un contexte où l'agro-industrie et particulièrement le palmier à huile apparaissait comme une solution pour remplacer les espaces boisés de plus en plus dégradés et incapables de produire du bois.

De fait, la superficie en forêts denses a drastiquement diminué depuis le milieu du XXe siècle, sachant qu'une part importante de celles qui subsistent se situent dans des régions peu ou pas exploitables, comme les régions montagneuses (**tableau**).

Tableau : L'évolution des forêts denses en Indonésie 1930-2010

	1930	**1940**	**1966**	**1990**	**2010**
Forêts denses (millions ha)	123	121	119	78	46
% du pays en forêts denses	65 %	64 %	63 %	41 %	25 %

Sources : Durand F. (1994 et 2016) et Ministère indonésien des Forêts (2012).

Du point de vue de la législation forestière, le président Habibie a également promulgué une nouvelle loi en 1999 (U.U. n°41/1999) qui allait plus loin que les textes de l'époque Suharto dans la dépossession des populations locales. En effet, alors que la loi de 1967 et le décret de 1970 se contentaient de « geler » leurs droits, l'article 1f de l'U.U. n°41 stipulait que les « forêts des communautés locales traditionnelles » (*Hutan adat*) devenaient des forêts d'État (*Hutan negara*). Cette décision a toutefois été contestée devant les tribunaux et a fini par être annulée en mai 2013 par la Cour constitutionnelle indonésienne. Pour justifier cette décision, la Cour constitutionnelle s'est appuyée sur l'article 18b de la Constitution, qui garantit les droits des communautés locales.

2. Les forêts indonésiennes du local au global

La décision de mai 2013 de la Cour constitutionnelle prolonge les combats du *Volksraad* pour garantir les droits locaux dans les années 1920/1930, et l'esprit de la Constitution indonésienne de 1945. Elle a induit un revirement notable des politiques forestières indonésiennes permettant d'envisager un plus grand contrôle par les populations sur leurs territoires et leurs ressources. Elle s'inscrit aussi dans une logique de meilleure gestion car les forêts des pays des Suds qui ont favorisé les droits locaux par rapport à la nationalisation – notamment dans la région du Pacifique occidental – ont connu dans l'ensemble de moindres dégradations que leurs voisins d'Asie du Sud-Est.

Il faut signaler également que cette décision de restitution des forêts aux populations locales a été prise dans un contexte de prise de conscience de la forte dégradation des forêts nationales, après exploitation massive des forêts les plus rentables. Cette option est donc aussi pragmatique dans la mesure où l'exploitation de vastes superficies n'est plus intéressante ni pour l'État indonésien, ni pour les grandes sociétés privées.

Concrètement cela s'est traduit en 2013 par la mise en place d'une directive générale pour le développement des forêts des communautés rurales pour la conservation[12] et par la volonté de renforcer des projets jusqu'alors très marginaux de foresterie communautaire. Les résultats paraissent toutefois relativement mitigés. En effet, alors que le plan national de développement 2015-2019 (*Rencana Pembangunan Jangka Menengah Nasional* - RPJMN) prévoyait d'attribuer 12,7 millions d'hectares à de telles activités de foresterie sociale (*hutan rakyat*) – qui font un peu écho au *tumpangsari* de l'époque coloniale – seuls 3 millions d'hectares auraient été concernés à la fin de la période.

À côté de ces programmes à vocation sociale, des projets encore plus ambitieux de véritable restauration des pratiques coutumières sont en cours – souvent avec l'aide d'ONG étrangères – notamment à Sumatra et à Kalimantan. Ils se heurtent toutefois à la difficulté de reconstituer les droits anciens, alors que la mémoire en a parfois été partiellement perdue, que les usages de l'espace ont changé, et que les sociétés ont souvent beaucoup évolué. Ce dernier point sera certainement d'ailleurs un des plus grands défis, car la gestion traditionnelle des ressources se faisait autrefois dans une logique d'usages parcimonieux et raisonnés des disponibilités par l'ensemble de la communauté. Il risque de ne pas être facile de les adapter à des sociétés où l'individu tend à primer et où la recherche du profit extérieur à court terme tend à prendre le pas sur l'intérêt à long terme du groupe, a fortiori lorsque les mêmes zones sont convoitées par des sociétés agro-industrielles de palmiers à huile[13].

Un autre grand enjeu des forêts indonésiennes réside dans leur lien au réchauffement climatique. Il s'établit principalement via deux aspects : la capture du carbone atmosphérique et le risque de largage de grandes quantités de gaz à effet de serre en raison du déboisement, surtout des forêts sur tourbe, abondantes à Sumatra et à Kalimantan.

Un moratoire sur les défrichements de telles régions a été signé par le président Susilo Bambang Yudhoyono et est entré en vigueur en 2011 (P.I. n°10/2011). Il a été reconduit depuis, avec l'espoir de récupérer des financements compensatoires via les crédits-carbone au titre de la déforestation évitée, dans le cadre du Protocole de Kyoto de 1997, puis de l'Accord de Paris de 2015. Ce moratoire présente toutefois un double risque. Premièrement, le Fonds Vert de l'ONU destiné à financer ces crédits-carbone a des chances de ne jamais atteindre le niveau promis de cent milliards de dollars par an à partir de 2020, ce qui pourrait amener le gouvernement

---

[12] *Pedoman umum pengembangan perhutanan masyarakat pedesaan berbasis konservasi* (P.8/Menhut-II/2013).

[13] Durand Frédéric, 2019, p. 58-59.

indonésien à lever le moratoire, pour affecter les régions sur tourbes à des activités plus rémunératrices. Deuxièmement, la pratique de tels moratoires a tendance à renforcer la mainmise de l'État sur les forêts et donc à contredire la décision de la Cour constitutionnelle de 2013 garantissant les droits des communautés locales, dans le prolongement de ce qu'avait défendu le Conseil du Peuple (*Volksraad*) dès les années 1920.

Conclusion

Après quatre siècles de gestion chaotique et prédatrice, l'archipel insulindien a perdu la majeure partie de ses forêts denses. Les pertes en termes de ressources et de biodiversité sont considérables, sachant que la conservation de ce qui subsiste reste sujet à préoccupation. Les hésitations et tensions juridiques de ces quatre siècles – entre exploitation publique ou privée, et entre gestion étatique ou par les communautés locales – ont contribué à cette dégradation, souvent avec l'aval – voire en s'appuyant sur les conseils – d'experts internationaux.

En 2013, la décision par la Cour constitutionnelle indonésienne de restaurer les droits des communautés locales sur leurs forêts constitue indéniablement une mesure majeure. Elle risque toutefois de s'avérer difficile à appliquer car l'individualisme et la recherche des profits ont fortement augmenté, tandis que les enjeux forestiers indonésiens s'inscrivent désormais aussi dans des projets visant la déforestation évitée et la capture du carbone à l'échelle mondiale dans le cadre du réchauffement climatique planétaire.

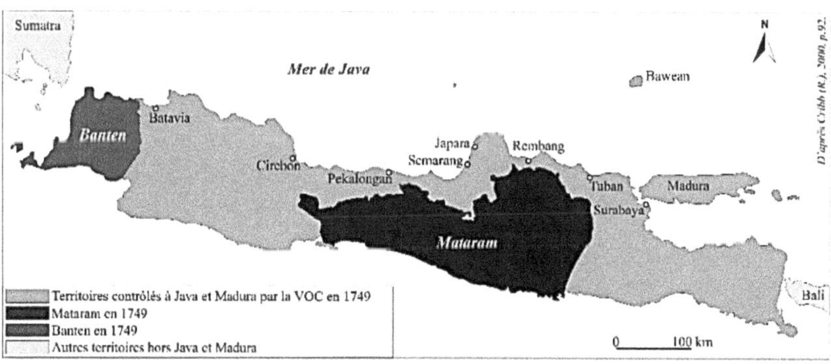

Carte 1 : Les territoires contrôlés par la VOC à Java et Madura en 1749

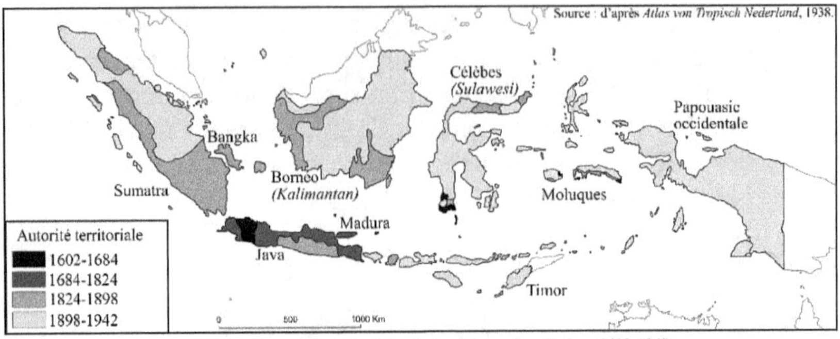

L'essor de l'autorité territoriale néerlandaise en Insulinde : 1602-1942

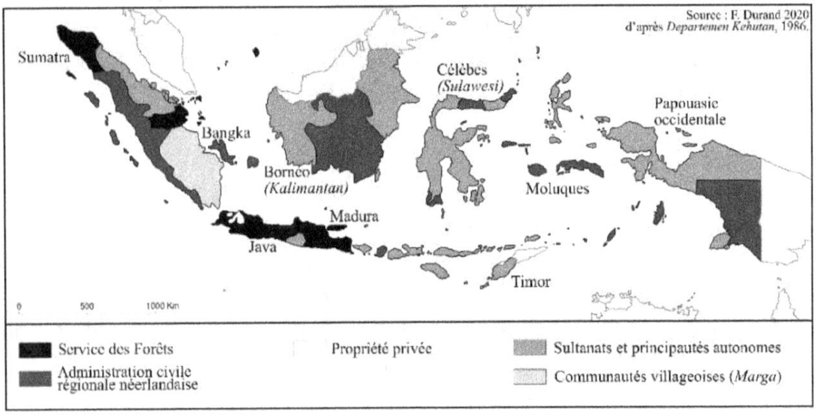

Les détenteurs de l'autorité sur la gestion des forêts aux Indes néerlandaises en 1941

Bibliographie

Boomgaard (Peter), « Forests and forestry in colonial Java: 1677-1942 » *in* Dargavel (J.) et al. (Eds.), *Changing tropical forests, historical perspectives in today's challenges in Asia, Australia and Oceania,* Canberra, ANU/CRES, 1988, p. 59-87

Cribb (Robert), *Historical Atlas of Indonesia*, Honolulu, University of Hawai'i Press, 2000, x-256 p.

Departemen Kehutanan Republik Indonesia (Ed.), *Sejarah kehutanan Indonesia*, 1986, vol. 1 (*periode* pra-sejarah tahun 1942), 229 p.

Departemen Kehutanan Republik Indonesia (Ed.), 1986, vol. 2 & 3, *Sejarah Kehutanan periode tahun 1942-1983*, Jakarta, 311 p.

Durand (Frédéric), « L'Indonésie face aux défis agricoles mondiaux », *in Revue Diplomatie*, Les Grands dossiers, n° 49, 2019, p. 58-59.

Durand (Frédéric), « Forêts et environnement en Indonésie, vers la prise de conscience de limites », *in* Madinier (R.) (Ed.), *Indonésie contemporaine*, Paris-Bangkok, éditions des Indes Savantes-IRASEC, 2016, p. 481-494.

Durand (Frédéric), « Accès à la terre et appropriation foncière en Indonésie (1945-1999), droits des populations et pratiques de l'État », *in* Cayrac-Blanchard (F.), Dovert (S.) et Durand (F.) (Eds), *Indonésie, un demi-siècle de construction nationale*, Paris, L'Harmattan, 2000, p. 107-144.

Durand (Frédéric), *Les forêts en Asie du Sud-Est, recul et exploitation : le cas de l'Indonésie,* Paris, Éditions de L'Harmattan, 1994, 411 p.

Lombard (D.), « La vision de la forêt à Java », *in Études rurales*, n° 53-54-55-56, 1974, p. 473-485.

Pudoc, *Indonesian forestry abstracts, Dutch literature until about 1960,* Wageningen, Centre for Agricultural Publishing and Documentation, 1982, xviii-658 p.

Sartono Kartodirdjo, *Pengantar sejarah Indonesia baru: 1500-1900, dari Emporium sampai Imperium*, Jakarta, PT Gramedia, 1988, xxv-406 p.

III

Les instruments juridiques de protection des forêts
Perspectives comparées

Sous la présidence de Pauline Abadie

Le cadre normatif de protection de la forêt amazonienne et effectivité du droit

Solange TELES *DA* SILVA
Professeur de Droit
Université Presbytérienne Mackenzie de São Paulo
Chercheur Boursier de Productivité en Recherche (PQ)
du Conseil national de développement scientifique et technologique (CNPq)

Introduction

Lorsqu'on analyse l'histoire de l'humanité, on constate la difficulté de parvenir à un équilibre entre la protection et l'exploitation des forêts, tant les exigences d'expansion économique l'emportent bien souvent sur leur protection. C'est exactement ce qui s'est produit pour le Brésil : les forêts couvrent aujourd'hui environ 5 millions de km^2 du territoire, dont 4,2 millions de km^2 appartiennent au biome amazonien, ce qui correspond respectivement à 59 % et 49,3% du territoire national. Dans ce contexte, on a pu observer une considérable régression arborée de la forêt amazonienne ces dernières années[1]. Ceci nous conduit à nous interroger sur la contribution du droit brésilien pour assurer (ou non) la protection de la forêt amazonienne ; un débat émerge donc sur l'(in)effectivité de ce droit. Le recours à la notion d'effectivité sera utilisé ici en tant que « caractère d'une règle de droit qui produit l'effet voulu, qui est appliquée réellement »[2].

Notre objectif dans cet article est de dresser le cadre normatif de la protection des forêts au Brésil et, en particulier, de la forêt amazonienne et de la mise en œuvre de ces normes par les pouvoirs publics dans lesespaces territoriaux spécialement protégés. À partir des textes juridiques de protection des forêts – normes constitutionnelles ou infra-constitutionnelles, principe ou règle – nous avons réalisé une étude de l'application de ces textes par l'Administration publique fédérale et par les juges, à l'aide de quelques exemples. Dans un premier temps, nous analyserons les normes de la constitution de 1988, en mettant l'accent sur leurs effets symboliques ou réels, puis nous nous intéresserons aux normes infra-constitutionnelles et à leur application par l'Administration publique fédérale et les tribunaux supérieurs

---

[1] Selon le rapport *La situation des forêts du monde 2020 - Forêts, biodiversité et activité humaine,* la « régression de couvert arboré la plus importante a été observée dans la forêt pluviale tropicale, qui couvre une grande partie de l'Afrique centrale, le bassin de l'Amazone, l'Indonésie et la Papouasie-Nouvelle-Guinée ». FAO et PNUE. 2020.
La situation des forêts du monde 2020. Forêts, biodiversité et activité humaine. Rome, p. 23. https://doi.org/10.4060/ca8642fr

[2] G. Comu *et al.,* 1987, Vocabulaire juridique, P.U.F. v. << effectivité >.

au Brésil – en particulier, la Cour Suprême Fédérale (*Superior Tribunal Fédéral* - STF), la plus haute cour brésilienne, et le Tribunal Supérieur de Justice (STJ), instance suprême du pouvoir judiciaire dans le domaine de la justice commune. Les décisions des juges, qui se réfèrent expressément à la protection de la forêt amazonienne, peuvent ainsi mettre en évidence le rôle de ces deux instances supérieures du pouvoir judiciaire brésilien dans la protection des forêts[3].

I. Les normes constitutionnelles de la protection des forêts au Brésil, une œuvre inachevée

La Constitution brésilienne consacre le droit de tous à un environnement écologiquement équilibré, affirmant qu'il incombe aux Pouvoirs Publics et à la collectivité le devoir de le défendre et de le préserver pour les générations présentes et futures (art. 225). Le paragraphe 1er (I, II, III et VII) de l'article 225 de la Constitution brésilienne de 1988 établit les devoirs des Pouvoirs Publics, à savoir préserver et restaurer les processus écologiques essentiels, préserver la diversité et l'intégrité du patrimoine génétique, établir des espaces territoriaux et leurs éléments constitutifs devant être spécialement protégés, protéger la flore. On constate donc que le texte constitutionnel a intégré la protection et la conservation des forêts comme des devoirs relevant des Pouvoirs Publics, car elles assurent des processus biologiques et écologiques, ainsi que la préservation du patrimoine génétique, la conservation de la biodiversité et la connectivité. De plus, le texte constitutionnel a élevé la forêt amazonienne brésilienne au rang de patrimoine national (**A**) et il a également érigé la fonction sociale de la propriété comme principe constitutionnel (**B**).

A. Forêt amazonienne, patrimoine national en danger

La forêt amazonienne brésilienne ainsi que d'autres biomes[4] font partie du patrimoine national et, selon la Constitution, leur exploitation ainsi que l'usage des ressources naturelles (art. 225, § 4, CF/88) doivent être faits dans le respect de la loi, dans des conditions qui garantissent la préservation de l'environnement.

L'expression « patrimoine national » fait référence, selon un arrêt de 2009 du STJ, à « la proclamation de la défense des intérêts du Brésil face à

---

[3] Lors d'une recherche sur le site du STF et STJ avec le mot-clé « floresta amazônica » (forêt amazonienne) nous avons obtenu les résultats suivants : 8 arrêts du STF et 16 arrêts du STJ.

[4] D'autres biomes ont également été élevés au rang de patrimoine national tels que la forêt littorale atlantique, le Pantanal du Mato Grosso (zone marécageuse) et la Serra do Mar (zone littorale montagneuse boisée du sud du pays).

d'éventuelles ingérences étrangères »[5]. Mais il faudrait dépasser ce discours fondé sur la crainte d'une ingérence étrangère et étudier les réponses que peut apporter le droit international[6] pour une coopération renforcée afin de protéger un patrimoine qui pourrait être irrémédiablement détruit, le « *tipping point* »[7] et dont la préservation concerne toute la communauté internationale.

La notion de patrimoine doit surtout faire prendre conscience de la fragilité de la forêt amazonienne, un héritage à préserver pour le transmettre aux générations futures. C'est ainsi que les forêts doivent être protégées, sur le long terme, tout en tenant compte des communautés traditionnelles.

Pour les Pouvoirs Publics, qui ont des compétences administratives et législatives concernant les forêts, c'est un défi à relever. L'Union, les États fédérés et le District fédéral ainsi que les Municipalités, ont une compétence administrative commune pour la préservation des forêts, de la faune et de la flore (art. 23, VII CF/88). Ce qui signifie que ces entités politico-administratives ont un « pouvoir-devoir »[8] d'agir pour préserver la forêt amazonienne, patrimoine national.

La protection de la forêt amazonienne doit être réalisée selon la loi, ce qui nous conduit à constater la complexité du partage des compétences législatives au sein d'un même État fédéral. Selon l'article 24, VI, les trois entités politico-administratives que sont l'Union, les États fédérés ainsi que le District fédéral peuvent légiférer sur les forêts. Dans ce domaine, l'Union a établi des normes générales qui doivent traduire les principes et les directives de la protection et de l'exploitation des forêts applicables à l'ensemble du territoire national. Il faut encore signaler que la compétence de l'Union pour légiférer sur les normes générales n'exclut pas la compétence supplétive des États fédérés[9]. L'Assemblée plénière de la Cour Suprême Fédérale a par

---

[5] STJ, CONFLITO DE COMPETÊNCIA N° 99.294 - RO (2008/0220610-5) Rel. Min. Maria Thereza de Assis Moura, J. 12/08/2009 – Dje 21/08/2009 [En ligne] https://scon.stj.jus.br/SCON/GetInteiroTeorDoAcordao?num_registro=200802206105&dt_publicacao=21/08/2009 [consulté le 29 janvier 2021].

[6] Dupuy, Pierre-Marie (2019), « Amazonie : le droit international en vigueur apporte des réponses substantielles », *Revista de Direito Internacional*, Brasília, v. 16, n° 2, p. 2-6, 2019, doi: 10.5102/rdi.v16i2.6266.

[7] Lovejoy, Thomas E., Nobre, Carlos (2018), "Amazon Tipping Point", *Science Advances,* 21 Feb. 2018, vol. 4, n° 2, eaat2340 DOI: 10.1126/sciadv.aat2340.

[8] Le STF affirme qu'il y en a un pouvoir-devoir des entités politico-administratives pour protéger les forêts, la faune et la flore et il affirme la compétence de la Justice Fédérale dans les crimes environnementaux (criminalité transnationale environnementale). STF, RECURSO EXTRAORDINÁRIO 835.558 SÃO PAULO, Rel. Min. Luiz Fux, J. 09/02/2017, DJe 08/08/2017
En ligne : redir.stf.jus.br/paginadorpub/paginador.jsp?docTP=TP&docID=13307968
Consulté le 29 janvier 2021.

[9] Les États fédérés peuvent exercer la pleine compétence législative, en l'absence d'une loi fédérale sur les normes générales. Mais lorsque paraît une loi nationale contenant des normes générales, elle suspend l'effet de la loi élaborée par l'État fédéré pour les dispositions qui lui sont contraires. Et, s'il existe déjà une norme générale, les États, en suppléant la norme générale,

exemple déclaré inconstitutionnelle une norme de la constitution de l'État de Santa Catarina, qui dispensait de réaliser des études d'impact sur l'environnement des activités économiques de boisement ou de reboisement. Or, la Constitution prévoit justement l'obligation de réaliser une étude préalable d'impact sur l'environnement pour les activités pouvant entraîner une dégradation significative de l'environnement (article 225, IV) et « l'activité de boisement ou de reboisement peut être éventuellement nuisible à l'environnement, par exemple, causer la rupture de l'équilibre et de la diversité de la flore locale »[10].

De plus, l'Union a la compétence législative privative dans certains domaines d'intérêt général comme le droit pénal. Ainsi, la loi fédérale n° 9.605 du 12 février 1998 précise-t-elle les sanctions pénales et administratives en matière environnementale. Parmi les types d'infractions pénales établies par cette loi, l'incendie criminel des forêts est passible d'une peine de prison de deux à quatre ans et d'une amende (art. 41). Or, « L'abattage d'espèces indigènes de la forêt amazonienne représente une violation des intérêts de l'Union et du patrimoine national et de l'humanité, ce qui, en elle-même, justifierait la mesure préventive de suspension des activités agricoles ou d'élevage »[11] développées par celui qui fait appel d'une décision de justice.

Toutefois, malgré l'existence d'un cadre normatif de protection des forêts, la destruction de la forêt amazonienne, patrimoine national, progresse, en raison d'une politique du droit de l'environnement plus flexible et d'un moindre contrôle de la déforestation[12].

---

ne peuvent qu'adopter des paramètres plus restrictifs en matière environnementale. Ceci n'est pas seulement une discussion théorique, car dans la pratique il faut comprendre que les États Fédérés peuvent subir une pression plus forte pour l'adoption de normes plus flexibles, ce qui met en lumière le rôle des juges. Une action directe d'inconstitutionnalité a été déclenchée auprès du STF, qui relevait l'inconstitutionnalité du Code de l'Environnement de l'État de Santa Catarina, car il avait adopté des normes moins restrictives que le Code Forestier de 1965, en restreignant la protection des forêts. *Cf.* STF, ADI 4252 [En ligne] http://portal.stf.jus.br/processos/detalhe.asp?incidente=2684447 [consulté le 29 janv. 2021].

[10] STF, Action directe en inconstitutionnalité 1086. Date de la décision 7 juin 2001[En ligne] http://www.stf.jus.br/portal/jurisprudenciaTraduzida/verJurisprudenciaTraduzida.asp?tpLingua=41&id=254 [consulté le 29 janv. 2021].

[11] TRF da 1ª Região: AG n. 0030003-16.2013.4.01.0000/MT - Relator Desembargador Federal Jirair Aram Meguerian - e-DJF1 de 18.12.2015.

[12] Observatório do Clima. «Passando a boiada» O segundo ano de desmonte ambiental sob Jair Bolsonaro. Janeiro 2021. En ligne :
https://www.oc.eco.br/wp-content/uploads/2021/01/Passando-a-boiada-1.pdf
Consulté le 14 mars 2021.

B. La protection de la forêt amazonienne et le principe de la protection sociale de la propriété, mythe ou réalité

Le principe de la fonction sociale de la propriété détermine la structure et le régime juridique du droit de propriété lui-même (art. 5-XXIII et art. 170-III et VI de la constitution de 1988). Dans ce sens, le principe de la fonction sociale détermine le contenu du droit de propriété qui ne peut plus être considéré comme un droit absolu. *Usus, fructus* et *abusus* doivent prendre en compte le bien-être de la collectivité. La fonction sociale ou socio-environnementale de la propriété figure désormais comme « le fondement de la gestion de l'environnement, dépassant la distinction stricte entre propriété privée et propriété publique »[13]. Et le Code Civil brésilien de 2002 établit que « Les droits de propriété s'exercent dans le respect de leurs finalités économiques et sociales et dans le respect de ceux-ci, conformément aux dispositions de la loi spéciale, sur la flore, la faune, la beauté naturelle, l'équilibre écologique et le patrimoine, ainsi que dans le sens d'éviter la pollution de l'air et de l'eau » (paragraphe 1er de l'article 1228).

Ainsi, le propriétaire forestier ne peut par exemple pas librement déboiser sa terre et selon la jurisprudence de la Cour Supérieure de Justice (STJ) « l'utilisation du feu dans les pratiques agropastorales ou forestières dépend nécessairement de l'autorisation du gouvernement »[14]. Récemment, en 2019, le gouvernement fédéral avait fixé la suspension de la permission de l'emploi du feu durant 60 jours en Amazonie, sauf dans les cas de pratiques agricoles effectuées par des populations traditionnelles, afin de prévenir et combattre les feux ainsi que les problèmes phytosanitaires[15]. Cette mesure a été étendue à l'ensemble du territoire national pour la période de juillet à décembre 2020. Toutefois, cela n'a pas été suffisant pour freiner la déforestation. Il y a eu au contraire une augmentation de la déforestation en Amazonie : 34% en 2019 et 9,5% en 2020[16], accompagnée d'une diminution de 40% des amendes émises par l'agence environnementale fédérale – IBAMA[17] pour les crimes contre la flore[18].

---

[13] Machado, P. A. L. (2004), « L'environnement et la Constitution brésilienne », Cahiers du Conseil Constitutionnel, n° 15, janv. 2004 [En ligne] https://www.conseil-constitutionnel.fr/nouveaux-cahiers-du-conseil-constitutionnel/l-environnement-et-la-constitution-bresilienne [consulté le 15 mars 2021].

[14] STJ (2015) Jurisprudência em teses. [En ligne] https://www.stj.jus.br/internet_docs/jurisprudencia/jurisprudenciaemteses/Jurisprud%C3%AAncia%20em%20teses%2030%20-%20direito%20ambiental.pdf [consulté le 15 mars 2021].

[15] BRASIL, Décret fédéral n° 9.992, du 28 août 2019.

[16] Observatório do Clima. « Passando... », *op. cit.*

[17] Institut brésilien de l'environnement et des ressources naturelles renouvelables.

[18] Agência Publica São Paulo. Chiffre du jour. Amazonie : moins d'amendes pour les crimes contre l'environnement, plus de déforestation. *Courrier international* 02/09/2020. [En ligne] https://www.courrierinternational.com/article/chiffre-du-jour-amazonie-moins-damendes-pour-crimes-contre-lenvironnement-plus-de [consulté le 15 mars 2021].

II. Les normes infra-constitutionnelles de la protection des forêts au Brésil et les défis de sa mise en œuvre

Le droit brésilien reconnaît les forêts comme des ressources environnementales[19] et le Nouveau Code Forestier de 2012, tout comme ceux de 1934[20] et de 1965[21], affirme qu'elles constituent des biens d'intérêt commun à tous les habitants du pays[22]. L'intervention de l'État, en imposant des limites à l'exercice du droit de propriété, doit donc assurer la protection et la conservation des forêts. Mais l'État brésilien n'a pas toujours eu comme *leitmotiv* la conservation et la préservation des forêts en Amazonie. La logique de la conquête territoriale, de la colonisation officielle et de la sécurité nationale a profondément marqué la région. Et la forêt a été et continue à être défrichée comme un « réservoir de terres libres »[23] afin de développer l'activité économique agricole et l'élevage du bétail.

Certes, dans les années 90, lorsque le Brésil a subi de fortes pressions internationales face à la dégradation de l'Amazonie, le gouvernement a adopté des programmes tels que (i) le « Programa Nossa Natureza » (Programme Notre Nature), qui établit les conditions pour l'utilisation et la préservation de l'environnement et des ressources naturelles renouvelables dans l'Amazonie Légale[24], associé à une politique de mise en place d'aires protégées (unités de conservation et réserves indigènes) et (ii) le Programme Pilote pour la conservation de la forêt amazonienne (souvent abrégé en PPG7), axé sur la conservation des forêts et la coopération internationale et associant les pays du G7, l'Union européenne, la Banque Mondiale et le gouvernement brésilien[25]. Cela a permis d'accroître les espaces territoriaux spécialement protégés d'environ 15 % en Amazonie[26].

---

[19] La loi sur la Politique Nationale de l'Environnement – Loi n° 6.938/81 – définit parmi les ressources environnementales la flore. Or, la flore comprend l'ensemble des espèces végétales dans un espace ou un écosystème, tels que des regroupements de plantes en formation végétale ou les forêts. Ainsi, on peut affirmer que les forêts constituent également des ressources environnementales.

[20] Le Code Forestier de 1934 (Décret 23.793/34) affirmait que les forêts du territoire national, considérées dans leur ensemble, sont des biens d'intérêt commun à tous les habitants du pays (art. 1°).

[21] Le Code Forestier de 1965 (Loi 4.771/65) avait établi que les forêts dans le territoire national sont des biens d'intérêt commun de tous les habitants du pays (art. 1°).

[22] Art. 2° de la loi 12.651/2012 – Nouveau Code Forestier.

[23] Aubertin, C. (2019), *Au Brésil : grandes incertitudes sur la protection de la forêt amazonienne,* FRB, févr. 2019, [En ligne] https://www.fondationbiodiversite.fr/au-bresil-grandes-incertitudes-sur-la-protection-de-la-foret-amazonienne/ [consulté le 15 mars 2021].

[24] Décret fédéral n° 96.944, du 12 oct. 1988 (révoqué).

[25] Mello, Neli Aparecida de, Thery, Hervé (2003), « L'État brésilien et l'environnement en Amazonie : évolutions, contradictions et conflits », *Espace géographique* 2003/1 (tome 32), p. 3-20.

[26] Mello, Neli Aparecida de (2006), *Políticas territoriais na Amazônia*, São Paulo: Annablume, p. 49.

Dans ce contexte, les espaces territoriaux spécialement protégés, prévus dans la législation infra-constitutionnelle, ont une vocation à protéger les forêts *in situ*. Parmi ces espaces, on peut identifier ceux du Code Forestier – aires de protection permanente et aires de réserve légale (**A**), ainsi que ceux du Système National d'Unités de Conservation – unités de conservation de protection intégrale et unités de conservation d'usage durable (**B**)[27].

A. La protection de la forêt amazonienne et le Code Forestier de 2012

La genèse de la législation forestière au Brésil est fortement liée aux préoccupations des menaces de la dégradation des forêts et cela fut le cas lors de l'adoption du Code Forestier de 1934 ainsi que de celui de 1965. La nouvelle loi adoptée en 2012, la loi fédérale n° 12.651, a apporté une flexibilisation du régime juridique de la protection des forêts, réduisant les espaces protégés du Code Forestier de 1965 – « aires de préservation permanente » et « réserves forestières légales » – et elle a également assuré des amnisties aux déboisements auparavant interdites, ce qui a évidemment des conséquences sur la protection de la forêt amazonienne[28].

Les « aires de protection permanente » (APPs) sont des espaces territoriaux dont la fonction environnementale est de préserver les forêts et d'autres types de végétation qui assurent la protection des ressources en eau, du paysage et des sols, ainsi que la stabilité géologique des terrains, la préservation de la biodiversité et le bien-être des populations. Ces aires, qu'elles soient recouvertes ou non de végétation native, possèdent ainsi des fonctions environnementales et il appartient au propriétaire du terrain d'effectuer le reboisement éventuel de cette végétation. La localisation de ces forêts et des autres formes de végétation est à la base même de la création de ces espaces qui se trouvent dans les zones urbaines et rurales.

Le Code Forestier de 2012, comme la législation précédente, prévoit deux catégories d'aires de protection permanente : (i) celles établies par la loi (art.

---

[27] Il faut souligner qu'il existe au Brésil d'autres espaces spécialement protégés qui peuvent également contribuer à la conservation des forêts, tels que les "réserves indigènes", qui occupent environ 12,5 % du territoire national et sont réparties en 503 territoires démarqués. Dans l'Amazonie légale, les réserves indigènes correspondent à 21 % du territoire, ce qui représente environ 43 % de la forêt. *Cf.* Teles da Silva, S., *Le droit à l'environnement et les aires protégées au Brésil. Pour un droit commun de l'environnement - Mélanges en honneur de Michel Prieur*, Paris, Dalloz, 2007, p. 379-391 ; Le Tourneau, François-Michel, « Enjeux et conflits autour des territoires amérindiens en Amazonie brésilienne » *in* Problèmes d'Amérique Latine, n° 60/2006, p. 71-94.

[28] Le STF a été saisi afin de constater l'inconstitutionnalité de plusieurs articles du Code Forestier (actions directes d'inconstitutionnalité - ADIs 4901, 4902, 4903 et 4937 – et une action déclaratoire de constitutionnalité - ADC 42). Dans sa décision, le STF a considéré que la plupart des articles n'étaient pas inconstitutionnels, parmi lesquels on peut citer l'amnistie des amendes et des sanctions pour ceux qui avaient déboisé et provoqué des dommages environnementaux avant le 22 juillet 2008.

4°), en raison de leur fonction environnementale, comme par exemple les aires se situant tout le long des cours d'eau (corridor écologique « naturel »)[29] ; (ii) celles qui peuvent faire l'objet d'une déclaration d'intérêt social des Pouvoirs Publics (art. 6°), en raison de leurs fonctions socio-environnementales ou de la sécurité des citoyens[30]. Ce nouveau code a modifié le critère qui déterminait le point à partir duquel on calculait la surface de la bande devant être protégée le long des cours d'eau, ce qui a entraîné une réduction de ces aires, particulièrement dans les plaines amazoniennes.

La « réserve forestière légale » correspond à l'aire qui se situe à l'intérieur d'une propriété rurale (ou d'une possession rurale) et qui a pour fonction d'assurer l'usage économique durable des ressources naturelles, la conservation et la réhabilitation des processus écologiques et la promotion de la conservation de la biodiversité. La réserve légale a désormais une nouvelle fonction qu'elle n'avait pas explicitement auparavant : la fonction économique[31].

Le Nouveau Code Forestier a maintenu un pourcentage minimum d'aires contenant de la végétation native qui, selon la localisation de la propriété rurale, ne peut être supprimée. Il s'agit ainsi de : a) celles se trouvant dans les aires de la forêt de l'Amazonie Légale[32], dont la végétation intacte doit représenter au minimum 80 % de la superficie de leur propriété ; b) celles se situant dans les aires du « cerrado » (savanes) de l'Amazonie Légale, dont la végétation intacte doit représenter au moins 35 % de la superficie de leur propriété ; c) dans les autres régions du pays, ce minimum de la « réserve forestière légale » est de 20 % (art. 12). Le Nouveau Code Forestier a apporté une modification dans le calcul des aires de réserve légale : l'« aire de préservation permanente », auparavant exclue du calcul du pourcentage de l'aire de réserve légale, peut désormais être admise dans ce calcul[33], ce qui pourrait entraîner une réduction des espaces protégés.

---

[29] Les forêts et les autres formes de végétation qui se trouvent dans la bande de 30 mètres constituent l'aire de préservation permanente lorsque le cours d'eau a moins de 10 mètres de largeur ; et respectivement 50 mètres pour les cours d'eau ayant de 10 mètres à 50 mètres de largeur ; 100 mètres pour ceux qui ont entre 50 à 200 mètres de largeur ; 200 mètres pour ceux qui ont entre 200 à 600 mètres de largeur ; 500 mètres pour ceux qui ont une largeur supérieure à 600 mètres.

[30] Il s'agit de créer des aires de préservation permanente pour protéger les bandes de protection tout le long des routes et du chemin de fer ou encore pour participer à la défense du territoire national (art. 6 ° de la loi 12.651/2012).

[31] Certes, la réserve légale pouvait être utilisée selon les règles de gestion forestière durable, c'est-à-dire les règles d'aménagement durable des forêts, mais la fonction économique de la réserve légale n'était pas prévue explicitement par le Code Forestier de 1965.

[32] L'Amazonie Légale s'étend des États-membres du Acre, Para, Amazonas, Roraima, Rondônia, Amapa e Mato Grosso jusqu'aux régions du nord dans les États du Tocantins et de Goiás et à l'ouest de l'État du Maranhão (art. 3°, I de la loi 12.651/12).

[33] Art. 15 de la loi 12.651/2012.

De plus, le zonage écologique économique peut envisager de réduire ou d'augmenter des aires de réserve légale. Si, d'une part, il est possible d'augmenter le pourcentage des aires de réserve légale jusqu'à 50 % pour accomplir les objectifs nationaux de protection de la biodiversité ou de la réduction d'émissions de gaz à effet de serre et si d'autre part, la réduction de ce pourcentage pour les aires de forêts dans l'Amazonie Légale – de 80 % à 50 % – est possible lorsque plus de 65 % du territoire d'une municipalité sont occupés par des espaces protégés (terres indigènes et unités de conservation de domanialité publique). Certes, la végétation de la réserve légale ne peut être totalement supprimée, mais elle peut faire l'objet d'une gestion forestière durable selon les principes et les critères techniques et scientifiques.

L'aire de la réserve légale doit être enregistrée par l'organisme environnemental compétent et elle doit également être enregistrée dans le Cadastre Environnemental Rural, une base de données permettant la régularisation environnementale, le contrôle et la lutte contre la déforestation. Ce cadastre volontaire intègre ainsi les informations des propriétés rurales sur les zones déboisées, la réserve légale, les aires de préservation permanente, l'usage dit consolidé, les zones à usage restreint et celles qui doivent être reboisées.

De plus, la fonction économique des aires de réserve légale que cette loi introduit explicitement permet au propriétaire, ou à celui qui possède cette aire, de recevoir une compensation financière pour la conservation des forêts – le paiement pour les services écosystémiques[34]. Récemment, en 2021, a été adoptée la politique nationale de payement pour les services environnementaux (PSE) qui incorpore la compensation pour la réduction des émissions pour déforestation et dégradation (REDD). Toutefois, le veto présidentiel à la création d'un organe chargé du contrôle des investissements des ressources financières obtenues avec cette politique, ainsi que des articles qui ont établi des exemptions fiscales pour les projets de PSE peuvent avoir une incidence sur l'effectivité de cette politique.

B. Le Système National d'Unités de Conservation et l'Amazonie Légale

Les Unités de Conservation, dont le but est la conservation de la nature, correspondent à un espace territorial comprenant des ressources environnementales, défini par les pouvoirs publics en raison de ses caractéristiques naturelles exceptionnelles[35]. Au Brésil, les trois niveaux politico-administratifs ont la possibilité de créer des unités de conservation.

---

[34] *Cf. infra.*

[35] Certes, la loi fédérale n° 6.513, du 20 décembre 1977 établit des aires spéciales et des locaux d'intérêt touristique en tant qu'espaces protégés. Mais ces espaces sont préservés en fonction de leur intérêt touristique. Il s'agit d'aires possédant des biens de valeur culturelle et naturelle.

Néanmoins, seule une coopération de l'Union, des États fédérés et des Municipalités avec les populations locales, peut rendre possible ce travail de protection de ces espaces[36].

La Loi fédérale n° 9.985 du 18 juillet 2000 a créé le Système National des Unités de Conservation de la Nature, établissant deux catégories d'unités de conservation : (i) celles de protection intégrale, ayant pour objectif de préserver la nature, les usages indirects des ressources naturelles étant seulement admis, c'est-à-dire ceux qui n'englobent ni la consommation, ni la collecte ni la destruction de ces ressources. Elles comportent les stations écologiques, les réserves biologiques, les parcs nationaux, les monuments naturels ainsi que les refuges de la vie sauvage ; (ii) celles d'usage durable, dont l'objectif est de rendre compatible la conservation de la nature avec l'usage durable d'une partie de leurs ressources naturelles ; ainsi peuvent être pratiqués la collecte et l'usage commercial ou non de ces ressources. À savoir : les aires de protection environnementale, les aires présentant un intérêt écologique, les forêts nationales, les réserves extractivistes, les réserves de la faune, les réserves du développement durable ainsi que les réserves privées du patrimoine naturel. Aujourd'hui, le pays totalise 334 unités de conservation fédérales.

Un plan de gestion de chaque unité de conservation doit être établi, fixant les objectifs généraux, établissant le zonage et les normes qui doivent guider l'usage et la gestion des ressources naturelles, y compris la mise en place de l'infrastructure physique. Il existe également des objectifs spécifiques à chaque type d'unité de conservation, par exemple, l'exploitation forestière dans les forêts nationales (FLONA), les réserves de développement durable (RDS) et les réserves extractivistes (RESEX). Mais il est nécessaire que cette exploitation soit prévue dans le plan de gestion de ces unités de conservation et le plan d'aménagement forestier doit être approuvé par l'IBAMA. Signalons également que la réserve de développement durable doit définir les zones de protection intégrale, d'usage durable, ainsi que les zones de transition et les couloirs écologiques.

Récemment, en 2021, le gouvernement fédéral a adopté un programme afin de « sous-traiter » la protection de l'Amazonie au secteur privé. Il s'agit du

---

[36] La procédure de création des unités de conservation fédérale a presque toujours été marquée par l'autoritarisme. On peut citer, par exemple le Parque National Montanhas do Tumucumaque, qui s'étend sur environ 26 % du territoire de l'État de l'Amapá et lors de sa création ni l'État de l'Amapá, ni la population locale n'ont été consultés. Sur ce sujet, Ligia T. L. Simoniam fait référence à la procédure autoritaire de création du Parque National Monte Roraima, de la Réserve Biologique du Guaporé et de la Forêt Nationale du Tapajós. Ligia T. L. Simonian : "Políticas Públicas, Desenvolvimento Sustentável e Recursos Naturais em Áreas de Reserva na Amazônia Brasileira". *In* Coelho, Maria Célia ; Simonian, Lígia ; Fenzi, Norbert (orgs.) *Estado e Políticas Públicas na Amazônia : Gestão de Recursos Naturais*. Belém: Cejup: UFPA-NAEA, 2000, p. 27.

programme *Adoptez un Parc*[37] qui a mis en offre 15 % de la forêt amazonienne afin que les personnes physiques ou morales puissent payer pour l'entretien des unités de conservation. Une liste de 132 unités de conservation fédérale en Amazonie a été choisie pour cette première étape. Toutefois, ne soyons pas naïfs : le décret n'est pas clair en ce qui concerne l'application de ce programme et le risque de *greenwahsing* subsiste.

Afin de pouvoir protéger les espaces territoriaux protégés, il est indispensable d'élaborer des stratégies afin de trouver un juste équilibre entre la protection de la biodiversité forestière et l'utilisation durable des forêts, tout en prenant en compte les communautés traditionnelles et les peuples indigènes. C'est pour cela que le texte constitutionnel brésilien ne doit pas rester lettre morte. Dans le contexte actuel de démantèlement des politiques environnementales et d'augmentation de la déforestation, les tribunaux supérieurs brésiliens doivent assumer leur rôle de gardiens de la protection des forêts, essentielles à l'équilibre écologique et à une saine qualité de vie.

[37] BRASIL, Décret n° 10.623, 9 févr. 2021.

Le droit forestier américain à l'épreuve du développement durable

Louis DE REDON
Maître de conférences à AgroParisTech
École Nationale du Génie Rural, des Eaux et des Forêts
Chercheur à l'IRJS
Avocat au barreau de New York

« The immensity of the subject of the Americans and their forests owes much to the central role the forest plays in American geography, economy and culture. It is large and complex a subject as the nation itself. »[1]

I. Éléments historiques

A. Les ressources forestières comme outil de colonisation et de croissance

Dans un pays immense et neuf, constitué de près de 10 millions de km^2, 45 % de la surface était couverte de forêts jusqu'au début du XIXe ; siècle à partir duquel le processus de colonisation et de déforestation a joué un rôle central dans le développement de l'économie et de la culture américaines. En effet, à l'arrivée des Européens au XVIe siècle, le bois était une ressource abondante sur le « *nouveau* » continent et la quasi-totalité de l'est américain était couvert de forêts primaires. Durant la rapide colonisation du continent, le bois fut utilisé comme première source d'énergie et comme principal matériau de construction. Il était exploité et les zones défrichées étaient libérées pour l'agriculture. Mais jusqu'en 1850, la plupart des forêts étaient encore dans un bon état de conservation. C'est l'accélération de l'industrialisation du pays après la guerre de sécession qui porta un coup presque fatal aux forêts du *« Nouveau Monde »* : entre 1870 et 1920, la surface forestière américaine fut divisée par trois ! Et durant ces mêmes 50 années, la part des forêts primaires fut ramenée à 40 % du couvert forestier total ; les 60 % de forêts restantes étant constitués de jeunes plantations composées d'espèces d'arbres sélectionnées en vue d'une exploitation rapide.

Ainsi, l'industrie du bois devint rapidement le deuxième pilier économique de la jeune nation américaine derrière la production de blé. En 1910, elle était encore le troisième juste derrière la viande et l'acier.

---

[1] M. Williams, 1992, *Americans and their forests: A historical geography (Studies in Environment and History)*, Cambridge Univ. Press.

B. La création d'une administration forestière fédérale américaine

Face à cette première tragédie écologique et économique de la disparition accélérée des surfaces boisées américaines, le législateur états-unien s'est saisi du sujet de la protection des forêts et de leur régénération. L'*Organic Administration Act* créa en 1897 les « *forêts nationales* » (*'National forests'*). Cette législation fédérale fut une première avancée du Congrès américain en ce qui concerne la gouvernance, la gestion, et la protection des forêts. Contrairement aux *Parcs Nationaux*, établis pour préserver la beauté naturelle de certains sites d'exception, les *forêts nationales* ont été créées originellement pour remplir deux objectifs : sécuriser l'approvisionnement en eau et fournir de manière continue assez de bois pour les usages et les nécessités des citoyens des États-Unis *('securing favorable conditions of water flows, and to furnish a continuous supply of timber for the use and necessities of citizens of the United States'*). Dès la fin du XIXe siècle, les États-Unis ont donc commencé à disposer de réserves forestières nationales et de moyens administratifs et financiers pour les protéger et les exploiter.

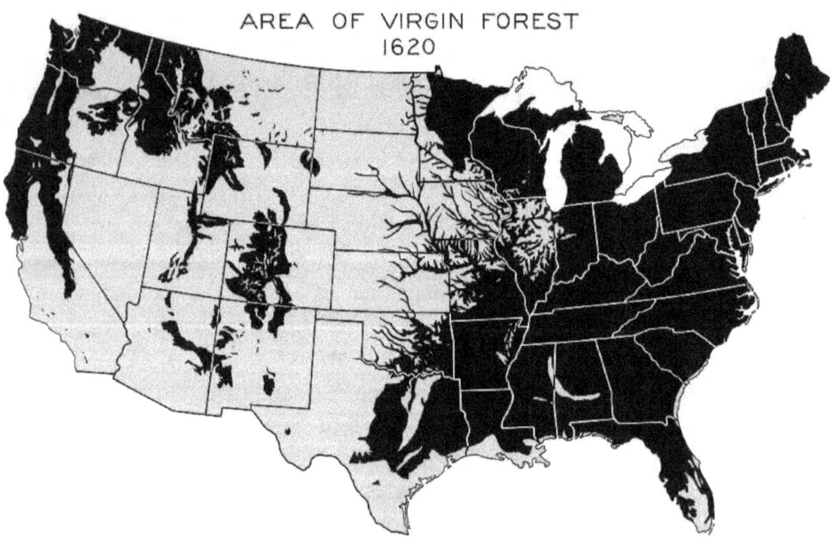

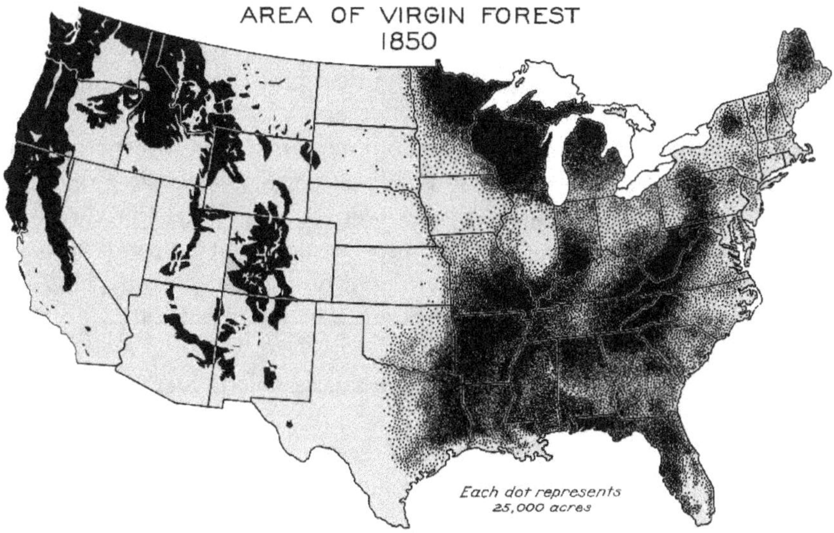

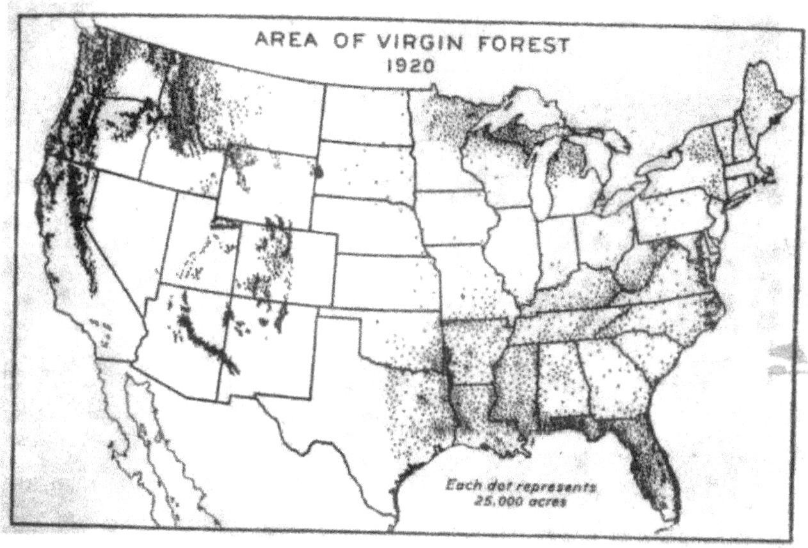

En 1911, le *Weeks Act* proposé par le député du Massachussets, John W. Weeks, et adopté par le 62e Congrès américain, permit au Ministre de l'agriculture ('*US Secretary of Agriculture*') d'évaluer, de localiser puis d'acheter les terres situées qui peuvent être considérées comme nécessaires à la régulation des flux hydriques sur les bassins versants alimentant les voies navigables. Ainsi, l'État fédéral pouvait désormais acheter des propriétés privées aux fins de leur intégration dans le patrimoine public avec pour objectif de protéger les rivières et les bassins versants. Cependant, la loi permettait aussi, de manière accessoire – *mais pas tant que cela* –, de classer ces terres achetées comme *forêts nationales* si elles étaient boisées ou devaient l'être. Ainsi, de nombreuses forêts furent protégées et/ou restaurées grâce au *Weeks Act*. Aujourd'hui, la quasi-totalité des forêts nationales situées dans l'est américain ont été acquises ou ont été créées grâce à cet outil juridique[2].

Jusqu'à la Seconde Guerre Mondiale, l'administration forestière fédérale (*'U.S. Forest Service'*) s'est essentiellement focalisée sur ses missions de protection des approvisionnements en eau, de rétablissement du couvert forestier et de la prévention des incendies. L'exploitation des *forêts nationales* était quasi-inexistante alors que l'approvisionnement en bois était essentiellement assuré par un secteur privé en pleine expansion.

C. La prise en compte des nouveaux usages de la forêt

Cependant, à partir de 1945, l'essor économique et les besoins de la reconstruction ont attiré l'attention de l'industrie sur les forêts nationales qui sont devenues un nouveau gisement de matières premières. Afin de préserver celles-ci de la surexploitation, de nouvelles lois ont été adoptées par le Congrès durant les années soixante et soixante-dix. Elles consacrent la notion d'usages multiples des forêts (*'multiple uses'*) : production de bois, régulation de la ressource en eau, et conservation de la biodiversité[3].

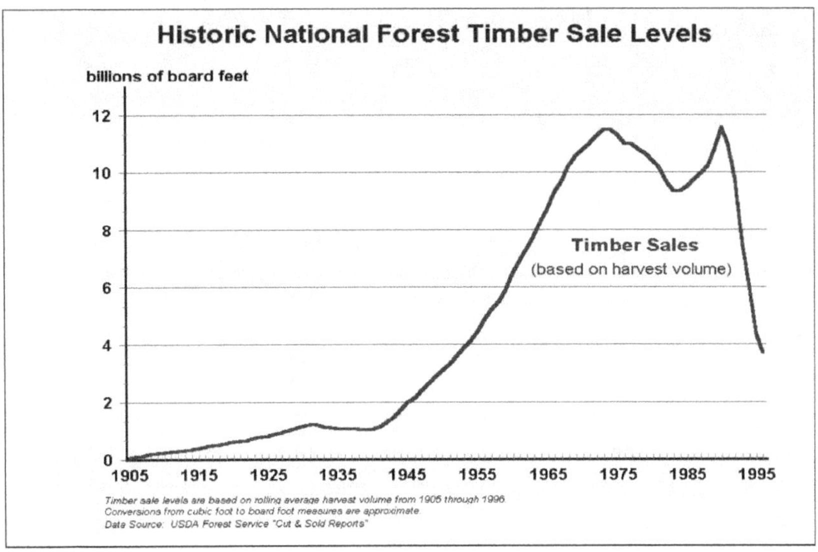

[2] M. Williams, 2009, *Forests, in Natural Resource Law: A place-based book of problems and cases*, 2nd Ed, p. 283-284.
[3] USDA, Forest service, *A historical perspective*, source: www.fs.fed.us/forestmanagement/aboutus/histperspective.shtml

Ainsi, en 2010, un siècle après les premières mesures de protection, la forêt américaine a été partiellement restaurée : la surface boisée est désormais d'environ 1,8 millions de km^2 ; soit 18,3% du territoire américain représentant un peu plus de la moitié (52,9 %) des 3,4 millions de km^2 originellement occupés par la forêt durant l'ère précolombienne.

56,5 % de cette surface forestière américaine – *soit 1,02 millions de km^2* – sont détenus par 11 millions de personnes privées (95 % de personnes physiques et 5% de personnes morales), et 43,5 % – *soit 0,78 millions de km^2* – par la puissance publique (Gouvernement fédéral, les états et les administrations locales). Un quart de la forêt publique est classée en *National forests* (0,2 millions de km^2) ; forêts placées sous la protection de l'État fédéral. Par ailleurs, on observe une zonation importante de la propriété des forêts américaines : essentiellement privées à l'ouest et publiques à l'est[4].

Évidemment, les forêts *« restaurées »* ne sont en aucun cas comparables avec les forêts primaires originelles. Elles sont le fruit d'investissements réalisés essentiellement par l'industrie du bois ; celle-ci considérant pendant des décennies que les forêts étaient de simples plantations d'arbres destinées à être récoltées le moment venu pour permettre la rentabilité financière desdits investissements. Ce fut la seconde tragédie écologique et économique de la forêt américaine.

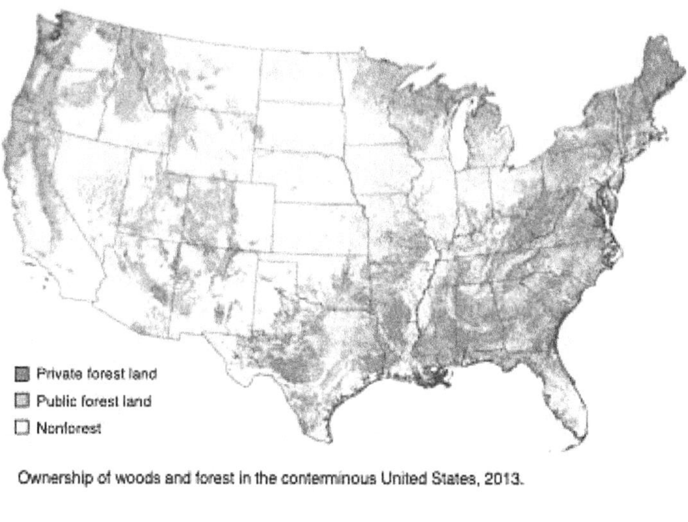

Ownership of woods and forest in the conterminous United States, 2013.

Pour remédier à celle-ci, les nouvelles lois relatives à une gestion durable des écosystèmes forestiers se saisissent désormais de la forêt, non comme une simple addition d'arbres, mais comme de véritables biotopes complexes à préserver dans leurs diversités afin de protéger des équilibres écologiques, parfois fragiles, tout en intégrant des attendus économiques et financiers

[4] USDA, 2015, Forest service, NRS-INF-31-15.

incontournables. Il s'agit ici d'étudier ces nouvelles pratiques de management essentiellement dévolues aux forêts publiques fédérales (environ 10,5 % de la forêt américaine en 2020).

II. Le Congrès pour une gestion durable des forêts

A. La naissance du droit forestier américain

Depuis le début du XIXe siècle, la question de l'approvisionnement en bois a été un sujet de fortes controverses aux États-Unis. Les premiers colons américains se sont vite affranchis des lois britanniques qui protégeaient la ressource forestière afin de fournir sa marine en bois de qualité et en quantités suffisantes. Les néo-Américains se servaient tout simplement sur les terres appartenant à la Couronne ; pratique qui a empiré après l'indépendance alors que les réserves forestières passaient sous contrôle de l'Union. Si le 15e Congrès vota une loi en 1817 qui permettait à la jeune fédération de préempter les terres dont le boisement représentait un intérêt pour la construction navale, le patriotisme américain est loin d'avoir été un motif suffisant pour inspirer un quelconque respect de la législation par les colons qui l'ont bien volontiers ignorée en défrichant les premières réserves nationales de manière illégale.

Ainsi en 1831, le 22e Congrès américain vota une nouvelle loi disposant de premières sanctions pénales pour ceux qui se servaient de bois sur les terres publiques, et 2. de récompenses pour les informateurs. Malgré cela, des millions d'arbres furent encore abattus, et la création d'une police des forêts (*'timber agents'*) n'y changea rien ; l'immensité du continent et la faible densité de population rendant très difficile l'appréhension des contrevenants.

En 1871, le 42e Congrès vota le *Timber Culture Act* qui avait pour objet la plantation d'arbres. Les nouveaux colons pouvaient bénéficier de 160 acres supplémentaires (environ 65 ha) lors de leur installation s'ils s'engageaient à consacrer au moins 40 d'entre eux à la plantation d'arbres (environ 16 ha). En 1878, l'adoption du *Timber and Stone Act* permit finalement aux colons et aux sociétés d'acheter des terres fédérales pour les exploiter : plutôt que de se faire voler son bois, et à défaut de pourvoir l'empêcher, le Gouvernement préféra le vendre…

En 1880, l'administration des forêts (*'forestry investigation'*) fut intégrée au Ministère de l'agriculture, dont elle dépend toujours. L'*Organic Administration Act* permit rapidement de protéger près de 20 millions d'hectares de forêts au changement de siècle. Glifford Pinchot, un forestier américain et talentueux bureaucrate, fit à cette période un voyage d'étude en France à la demande du Président. Il se rendit à l'École Nationale du Génie Rural, des Eaux et des Forêts à Nancy pour comprendre les modes de gestion des forêts européennes et ensuite conseiller Theodore Roosevelt sur les réformes à réaliser aux États-Unis. Si le fonctionnaire américain fut impressionné par sa visite de la forêt de Vandœuvre et par l'organisation administrative française, il conclut que le mode de gestion à la fois collectif et autoritaire, qu'il avait observé comme néanmoins efficace, était totalement intransposable de l'autre côté de l'Atlantique. Cela tenait à deux paramètres essentiellement : à la culture américaine (*'way of life'* des colons) et à la nature des forêts états-uniennes constituées essentiellement de grands ensembles de pins établis dans un grand ouest désert, sauvage et sec. Pour lui, il ne s'agissait pas tant de superviser la colonisation des nouveaux territoires et d'administrer l'exploitation des forêts, comme les Français pouvaient le faire, que d'éviter simplement les abus et de prévenir les dommages des spéculateurs.

Finalement, la Présidence Roosevelt s'acheva en 1909 avec 78,5 millions d'hectares de *« forêts nationales »* protégées ; surface qui évoluera peu par la suite (perte de 2,4 millions d'hectares de *national forests* – *i.e. 3 %* – entre 1910 et 2010).

B. La consécration des usages multiples de la forêt

Le *Multiple use-sustained yield Act* (MUSYA) de 1960 marque un tournant dans la gestion des forêts fédérales américaines. En effet, depuis sa création, les services fédéraux ne s'intéressaient qu'à la protection des forêts en vue de préserver les réserves en matières premières : eau et bois. Mais petit à petit, avec une réelle accélération du phénomène post-Seconde Guerre Mondiale, les forêts sont aussi devenues des espaces de récréation pour les citoyens américains. Les enjeux environnementaux se sont aussi faits de plus en plus pressants ; notamment en ce qui concerne la protection d'une biodiversité soumise à rude épreuve depuis le début de la conquête de l'Ouest par la chasse, la surexploitation et le défrichement intensif des forêts par les colons.

Ainsi, MUSYA ajouta aux compétences de l'*US Forest service* des missions d'organisation des activités récréatives d'extérieur, de circulation en forêt, de pêche de loisir et de protection de la nature sauvage. En résumé, 1960 marque la prise de conscience par le Congrès américain que les forêts représentent bien davantage pour les citoyens que de simples groupements d'arbres espacés d'un peu d'herbe.

Ambitieux, le texte dispose notamment que l'usage des forêts doit être le plus judicieux possible (*'judicious use'*), que l'administration doit être dotée des capacités d'ajustement nécessaire à une évolution conforme de sa gestion en fonction des besoins et des attentes, et que cet ensemble doit enfin permettre une gestion harmonieuse et coordonnée des différentes ressources forestières. Il précise aussi la notion de « *rendement durable* » (*'sustainable yield'*) comme « *l'exploitation et le maintien de manière perpétuelle, sur une base annuelle ou périodique, de l'ensemble des ressources variées et renouvelables produites par les forêts nationales sans que cela porte préjudice à la productivité des terres* »[5].

Si le Ministre de l'agriculture est désormais en charge de cette gestion multiple des forêts fédérales, il a aussi désormais la possibilité de créer au sein de celles-ci des réserves de biodiversité ('*areas of wilderness*'). Il peut aussi mettre en place une coopération en matière de gestion forestière entre l'État fédéral, les états membres et les collectivités ('*local governments*')[6]. Incontestablement le MUSYA marque une étape importante dans l'histoire de la protection des forêts américaines alors, qu'à l'époque, les *National forests – protégées par le droit fédéral* – représentaient près de 15 % de la forêt américaine.

C. L'affirmation des enjeux de protection de l'environnement

C'est en 1976 que le *National Forest Management Act* (NFMA) pose un double-principe désormais structurant du droit forestier américain : la nécessité d'un plan de gestion pluriannuel pour chaque forêt et la participation du public, aux côtés de l'administration fédérale, à l'élaboration de ce plan.

Ainsi, le NFMA ordonne la mise en place d'un programme global de gestion des forêts nationales, avec révision périodique, sous la responsabilité du Ministre de l'agriculture. Ce programme doit être bâti sur une approche interdisciplinaire afin d'obtenir un document intégratif des enjeux physiques, biologiques et économiques, liés à une gestion durable des forêts. Des délais sont fixés : le Ministre de l'agriculture doit lancer l'élaboration du programme dès l'automne 1976 et toutes les forêts nationales doivent être intégrées au programme le 30 septembre 1985 au plus tard ; soient dix années pour doter les *National forests* d'un programme de gestion global et y intégrer toutes les forêts fédérales grâce à des plans de gestion locaux.

Le public doit être consulté dans l'élaboration de ces documents comme pour leurs révisions. La participation est organisée au plus proche des forêts nationales : affichage et réunions publiques dans les territoires disposant de ces forêts. Un plan de gestion de chaque « *unité* » de forêt nationale ('*National forest unit*') est ainsi élaboré dans la concertation. Une fois adopté, il est mis à disposition du public qui doit avoir accès à l'ensemble des documents de gestion mais aussi à une carte, à la liste des actions réalisées par l'administration forestière, au prévisionnel d'exploitation du bois (notamment les quantités qui seront vendues) et aux perspectives de nouvelles plantations (nombre, espèces, dates, etc.) Toute évolution du plan ne peut se faire après concertation du public.

---

[5] MUSYA 16 U.S.C. § 531: *« 'Sustained yield' means: the achievement and maintenance in perpetuity of a high-level annual or regular periodic output of the various renewable resources of the national forests without impairment of the productivity of the land ».*
[6] MUSYA 16 U.S.C., § 528-530.

Le NFMA pose aussi des conditions strictes à l'exploitation des forêts qui est fondée sur un système de permis. Pour autoriser une coupe de bois, l'administration doit s'assurer que les sols, la pente, et le système hydrique, ne seront pas endommagés de manière « *irréversible* ». Elle doit aussi évaluer la capacité de régénération de la forêt : celle-ci doit être de moins de cinq ans. Des mesures de prévention doivent être mises en place pour éviter les effets graves sur les eaux et les habitats des poissons. La coupe décidée ne doit pas se faire avec pour recherche un gain financier ('*greatest dollar return*') ou une extraction de bois maximisés mais avec le souci permanent d'une régénération rapide et d'impacts les plus faibles sur la vie sauvage.

III. L'apport des juridictions à la protection des forêts

Les apports de la jurisprudence ont toujours été structurants dans la construction du droit de l'environnement. L'action des associations contre les entreprises de destruction de la nature portées par l'initiative privée comme publique a été déterminante dans le saisissement juridique du juge. Cela est assez étonnant, mais vrai, dans des pays civilistes comme la France. C'est encore plus vrai dans des pays de Common Law comme les États-Unis où le juge dispose de prérogatives bien plus étendues ; notamment en matière de création du droit ('*judge made Law*'), ce qui est moins étonnant.

La législation concernant les *National forests* étant fédérale, ce sont les juridictions fédérales qui sont compétentes à trancher les litiges relatifs à leur gestion. Elles sont organisées selon 11 circuits regroupant de 3 à 7 états. En dernier ressort, c'est la Cour Suprême située à Washington D.C. qui est bien évidemment compétente.

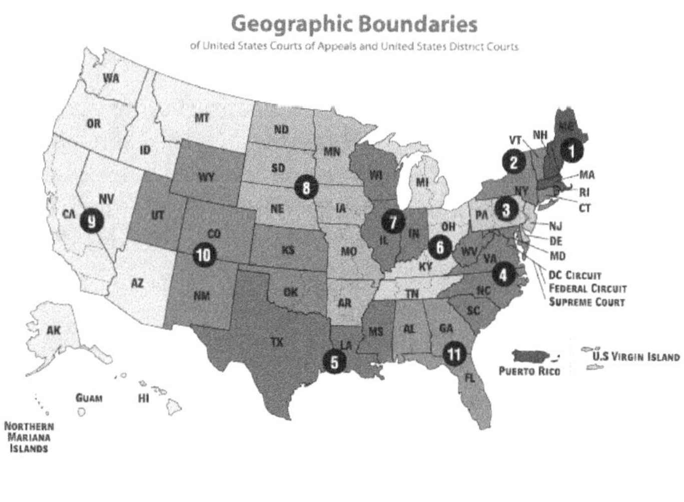

Ainsi beaucoup d'évolutions majeures en matière de gestion forestière Outre-Atlantique se sont réalisées au gré d'actions en justice portées par des *'plaintiffs'* ou des associations comme le *Sierra Club* fondé en 1892 ; une *'NGO'* particulièrement active sur le front judiciaire en ce qui concerne la protection des forêts. Par exemple, on notera quelques jurisprudences – *sans entrer ici dans les détails des faits ayant poussé au contentieux* – qui ont marqué l'histoire du droit forestier américain en posant des obligations concrètes à l'administration fédérale pour une gestion durable effective et efficace des forêts :

A. L'interdiction des coupes à blanc et à l'aveugle

Izaak Walton League v. Butz, 4th Circuit 1975

Cette jurisprudence, connue comme le *Monogahela Case*, établit ainsi que pour satisfaire à « *l'objectif de préserver une forêt vivante et croissante, et assurer la protection des jeunes plantations dans les forêts nationales, le Ministre de l'agriculture doit désigner autant d'arbres morts, matures ou de circonférence importante qu'il est possible d'en trouver pour satisfaire au besoin des volumes de vente* » : « *ces arbres, avant d'être vendus, doivent être marqués et identifiés avant d'être coupés sous la responsabilité d'une personne nommée par le Ministre de l'agriculture afin de superviser leur coupe* ». Ainsi, les coupes à blanc et à l'aveugle, c'est-à-dire non distinctives des arbres matures de ceux qui ne le sont pas, sont devenues quasiment impossibles à ordonner par l'administration.

B. La protection des forêts comme habitat d'espèces animales

Sierra Club v. US Forest Service, 10th Circuit 2001

Cette décision importante des juges fédéraux a sanctionné un plan de coupe autorisé par l'administration forestière qui, de manière générale, donnait des garanties de protection de la biodiversité. Or, à la demande du *Sierra Club*, les juges ont estimé qu'une approche globale était insuffisante ; le plan de coupe devant non seulement préserver la biodiversité dans son ensemble mais l'administration devant aussi démontrer que le gibier et les oiseaux seraient préservés des impacts de la coupe de manière spécifique. Ainsi, les magistrats ont posé une obligation de protection stricte des populations d'animaux lors de coupes organisées par l'administration.

C. L'expertise des services forestiers en matière de gestion durable

Sierra Club v. ESPY, 5th Circuit 1994

Dans ce dossier, le *Sierra Club* reprochait à l'administration une gestion trop homogène des forêts : âges et essences des arbres. Les juges conclurent que si le NFMA impose une gestion compatible avec des usages multiples des forêts respectant les habitats et la diversité des plantes et des animaux, les choix en termes de diversité sont de la compétence du *US Forest service* et que rien dans la loi ne lui interdit de gérer l'âge et les essences des arbres selon l'expertise qu'il en a ; la notion de « *diversité* » étant une notion sujette à de nombreux débats. En conséquence, les choix sont du domaine de compétence de l'administration qui n'est pas obligée de respecter, dans chaque '*forest unit*', une diversité extensive dans le choix des arbres qu'elle plante ou qu'elle coupe. Elle garde une marge d'appréciation qui est du ressort de son expertise.

D. L'obligation d'étude d'impact avant un changement de gestion ou d'exploitation

Sierra Club v. Peterson, 5th Circuit 1983

Le Ministère de l'agriculture avait autorisé l'exploitation de gisements de pétrole au sein de forêts nationales. Le *Sierra Club* contestait ce choix dans la mesure où aucune étude d'impact ('EIA' : *Environmental Impact Assessment*) démontrait que cette exploitation se faisait dans le respect des usages multiples de la forêt. L'administration répondit que l'étude serait réalisée *a posteriori* et que toutes les mesures compensatoires seraient prises. Les juges donnèrent raison à l'association : l'évaluation des actions menées dans les *National forests* ne peut être réalisée qu'en amont de leur réalisation. Le Ministère ne peut donc autoriser dans les forêts nationales de quelconques évolutions en matière de gestion ou d'exploitation sans réaliser au préalable une étude d'impacts en accord avec les obligations du NEPA (*National Environmental Policy Act* de 1970) qui se cumulent à celles posées par le NFMA.

IV. Éléménts conclusifs

Le droit forestier américain est multiple. Droit fédéral et droit des états fédérés. Forêt publique et forêt privée. Mais la place que tiennent les *National forests* est tout à fait intéressante. Propriété du peuple américain et gérées par une administration fédérale spécifique, les forêts nationales représentent tout de même plus de 10 % du couvert forestier américain et recouvrent près 2 % de la surface du territoire national.

Établies à la bascule entre les XIXe et XXe siècles, leur histoire s'est construite petit à petit au gré des avancées législatives et jurisprudentielles. De réserves de matières premières dédiées à la colonisation du continent, les *usages multiples* de la forêt se sont peu à peu affirmés : de la protection des forêts au maintien d'espaces récréatifs en passant par la conservation de la biodiversité.

Incontestablement, comme dans beaucoup d'autres pays, le juge s'est posé en véritable défenseur de la nature grâce aux actions citoyennes menées dans le cadre de contentieux associatifs. Aujourd'hui, les forêts nationales américaines sont gérées avec des critères de durabilité par une administration fédérale de plus en plus au fait de ses nouvelles missions. Elles constituent aujourd'hui un trésor américain de biodiversité qui, grâce à un droit forestier qui a su se renouveler et s'adapter, aura certainement de nouvelles missions à remplir dans les années à venir ; notamment et probablement en ce qui concerne la lutte contre le changement climatique.

V. Remerciements

Cet article s'appuie très largement sur la présentation du Pr. Jason J. Czarnezki de la Faculté de Droit Elizabeth Haub de l'Université de Pace à New York ; présentation réalisée lors d'un colloque intitulé « *la protection juridique des forêts : perspectives nationales et internationales* » organisé les 24, 25 et 26 septembre 2019 par l'Université Paris-Saclay. Il est aussi basé sur les ressources bibliographiques américaines qu'il a fournies à l'auteur. Qu'il en soit ici remercié.

Les forêts du Bassin du Congo sont-elles bien protégées ?

Samuel NGUIFFO
Avocat
Directeur du Centre pour l'environnement et le développement de Yaoundé

Le Bassin du Congo est le second massif forestier le plus important du monde après l'Amazonie. Cette tache verte sur la carte du continent, située au centre de l'Afrique, recouvre plus de pays que ceux exportateurs de bois d'œuvre qu'on associe généralement au Bassin du Congo[1]. Les forêts d'Afrique centrale se caractérisent par l'extraordinaire richesse de leur biodiversité[2], et par les multiples fonctions et services écosystémiques qu'elles remplissent[3]. L'actualité brûlante des feux récurrents en Amazonie nous rappelle l'urgente nécessité de la protection des forêts dans le monde. Même si on en parle moins, les forêts du Bassin du Congo sont, elles aussi, exposées à des menaces multiformes, qui en réduisent d'année en année la superficie et le contenu. La particularité contemporaine est, de ce point de vue, l'importance croissante des menaces, notamment celles liées au développement d'activités non forestières dans la forêt[4].

Les États forestiers du Bassin du Congo ont-ils réussi à mettre en place des mécanismes, règles et outils susceptibles de conduire à une protection efficace de ce patrimoine inestimable, qui symbolise le défi environnemental de notre temps, en cristallisant, dans une unité de destin, les villes et les campagnes, les pays du Sud et ceux du Nord, les générations présentes et celles futures ? À l'analyse on constate que la crise de la gestion des forêts est le reflet d'une législation inadaptée à la nature et à l'ampleur des défis auxquels cet écosystème est confronté, et à l'environnement de gouvernance générale des pays qui l'abritent.

---

[1] On évoque souvent le Cameroun, le Gabon, la Guinée Équatoriale, la République Centrafricaine, la République du Congo, La République Démocratique du Congo. À ces pays, la Commission des Forêts d'Afrique Centrale (COMIFAC) ajoute le Burundi, le Rwanda, Saõ Tomé-et-Principe, et le Tchad.

[2] Voir Alain Billand, *Biodiversité dans les forêts d'Afrique centrale : panorama des connaissances, principaux enjeux et mesures de conservation,* État des forêts d'Afrique centrale 2010, COMIFAC, 2011, p. 63 et s.

[3] Voir par exemple Julie Morin-Rivat, « Of trees and men: new insights into man-environment relationships in the moist forests of central Africa during the late Holocene », *Afrique: Archéologie & Arts*, 13 2017, 124-125.

[4] Voir James Mayers, Samuel Nguiffo and Samuel Assembe, *China in Cameroon's forest*, IIED, London, 2019.

I. Une législation forestière inappropriée

La législation et la politique forestières des pays du Bassin du Congo prévoient trois finalités principales à la gestion des espaces et ressources forestiers : l'exploitation commerciale des produits de la forêt et de la faune, la conservation de la biodiversité et les usages communautaires, sous forme de droits d'usage ou de droits de nature commerciale[5]. Les deux principaux outils de gestion destinés à garantir la durabilité de l'exploitation forestière et la pérennité de la forêt sont le zonage et l'aménagement des forêts. Tous deux présentent cependant des lacunes qui ont considérablement réduit leur efficacité.

A. Le zonage forestier, un outil limité

Le zonage forestier est « une composante importante de la planification territoriale dans le monde entier [...] et fait référence à la désignation d'utilisations permises ou, au contraire, interdites, de certaines terres en se basant sur des zones cartographiées qui séparent un ensemble d'utilisations territoriales d'un autre »[6]. Il établit une répartition géographique du territoire forestier, suivant la nomenclature déterminée par la législation, et permet de distinguer entre les forêts permanentes (constituées des forêts domaniales, sur lesquelles l'État fait le pari de garantir la pérennité du couvert forestier sur le long, voire le très long terme) et celles non permanentes, destinées à des usages multiples et susceptibles, à terme, d'être converties en terres non forestières. Le zonage forestier est assurément un outil de rationalisation de la gestion des ressources, qui permet de planifier dans l'espace la mise en œuvre optimale des différentes catégories d'opérations forestières prévues par la législation. Le zonage forestier a prévu des forêts domaniales, dans lesquelles sont prohibées (ou très strictement réglementées) toutes activités susceptibles de conduire à des défrichements. Pourtant, les États n'ont pas été en mesure de respecter la lettre et l'esprit des législations nationales, et ont cédé à la pression des demandes d'affectation de terres forestières à des usages non forestiers[7], y compris dans le domaine permanent. Des forêts ont ainsi été défrichées pour la construction de grandes infrastructures, l'agro-industrie, ou

---

[5] Dans le cadre des forêts communautaires et des zones d'intérêt cynégétique à gestion communautaire.

[6] Voir John G. Sidle, *Expérience du zonage forestier en Afrique centrale. Introduction au zonage forestier et à la planification de l'affectation des terres*, État des forêts 2010, p. 207 et s. https://www.observatoire-comifac.net/docs/edf2010/FR/EDF_2010_FR_11.pdf Consulté le 26 janv. 2020.

[7] Voir James Mayers, Samuel Nguiffo and Samuel Assembe, *China in Cameroon's forests*, IIED, 2019.

l'exploitation minière[8]. Cette absence de cohérence entre les différentes administrations est préjudiciable pour la forêt, en ce qu'elle hypothèque toute possibilité de maintien de blocs forestiers en l'état, et encourage la fragmentation des écosystèmes. À titre d'illustration, en 2012 au Cameroun, tous les titres d'exploitation forestière faisaient l'objet d'une superposition avec un projet d'infrastructure, un titre minier ou une concession forestière pour l'agro-industrie[9].

Si le zonage forestier concerne l'ensemble des forêts d'un État, l'aménagement forestier s'applique à une échelle plus réduite, sur laquelle il tente d'assurer la réalisation des objectifs assignés par le zonage. Réputé plus précis et plus rigoureux, il semble toutefois ne pas toujours avoir fonctionné dans le Bassin du Congo.

B. L'aménagement forestier reste un leurre dans le Bassin du Congo

L'aménagement forestier peut être entendu comme « le processus de planification et mise en œuvre de pratiques de gestion et d'utilisation des forêts et autres terres boisées visant à atteindre des objectifs environnementaux, économiques, sociaux et/ou culturels donnés »[10]. Il est prévu dans au moins deux cas de figure dans le Bassin du Congo : (**1**) dans le cadre de la gestion des aires protégées, l'aménagement prévu met un accent sur la gestion de la faune, le bois d'œuvre n'étant dans ce cas prélevé ni par l'opérateur, ni par des tiers ; (**2**) dans les concessions forestières de grande taille, prévues pour une exploitation de longue durée, l'aménagement forestier est censé permettre une récolte rationnelle, garantissant le renouvellement de la ressource. On constate toutefois que de nombreuses opérations d'exploitation du bois d'œuvre ne sont pas soumises à la préparation et au respect d'un plan d'aménagement. Il s'agit notamment de l'exploitation des superficies de taille réduite par rapport aux permis de grande taille[11].

---

[8] Brendan Schwartz, David Hoyle et Samuel Nguiffo, *Tendances émergentes dans les conflits liés à l'utilisation des terres au Cameroun. Chevauchements des permis de ressources naturelles et menaces sur les aires protégées et les investissements directs étrangers*, Yaoundé, 2012 : http://d2ouvy59p0dg6k.cloudfront.net/downloads/cameroonminingfrench.pdf. Consulté le 29 janv. 2020.
L'étude montrait également que toutes les aires protégées étaient recouvertes, sur une partie de leur superficie, par au moins un permis minier.

[9] Voir Samuel Nguiffo, « Une autre facette de la malédiction des ressources ? Chevauchements entre usages différents de l'espace et conflits au Cameroun », *Politique africaine*, 2013/3 (N° 131), p. 143-162. DOI: 10.3917/polaf.131.0143. URL: https://www.cairn.info/revue-politique-africaine-2013-3-page-143.htm Nguiffo, Politique Africaine.

[10] Voir FAO, *Mise à jour de l'évaluation des ressources forestières mondiales*, Rome, 2004, p. 28.

[11] Les dénominations varient : ventes de coupe, permis forestier associé, permis de coupe, autorisation d'exploitation, etc. Ces opérations se déroulent dans des forêts à vocation multiple, soumises à des règles moins strictes de gestion que les forêts domaniales. La biodiversité dans

L'aménagement forestier soulève cependant quelques problèmes dans le contexte des pays du Bassin du Congo. Les connaissances scientifiques relatives à la forêt et susceptibles d'informer l'action des aménagistes restent limitées, notamment en ce qui concerne le contenu d'une forêt tropicale, la nature et l'ampleur des interactions entre différents éléments des écosystèmes forestiers. En l'absence de données fiables sur ces questions, il est difficile d'évaluer efficacement la nature et l'ampleur des impacts sur la forêt. Les études d'impact sur l'environnement, conduites dans quelques-uns des pays du Bassin du Congo, sont donc faussées dès l'origine, l'État ayant, dès le plan de zonage, décidé d'ouvrir des portions entières de la forêt à l'exploitation forestière : les études d'impact ne peuvent dès lors plus examiner la question de l'opportunité de l'exploitation forestière, mais plutôt déterminer les mesures d'atténuation pour réduire les impacts des opérations d'exploitation du bois sur l'écosystème forestier. De plus, la rotation prévue est trop courte pour permettre une régénération des essences exploitées, et le caractère particulièrement sélectif de l'exploitation n'est pas durable. Comme le relève Alain Karsenty, « la profitabilité de l'exploitation des forêts naturelles repose, jusqu'à maintenant, sur le prélèvement d'une poignée d'espèces bien connues des consommateurs de bois »[12]. Les statistiques indiquent ainsi que dans tous les pays d'Afrique centrale, un maximum de cinq essences (sur la trentaine qui font l'objet d'une exploitation commerciale, et sur environ trois cent essences connues dans le Bassin du Congo) représente au moins 60 % des exportations.

Enfin, de sérieux doutes pèsent sur la crédibilité de nombreux plans d'aménagement forestier, accusés d'exagérer les possibilités de la forêt, dans le but de faire passer du bois exploité illégalement ailleurs que dans la concession comme étant du bois sorti du titre légalement attribué.

II. Un déficit de gouvernance préjudiciable à la forêt

Les outils de gestion des forêts, notamment ceux relatifs à l'exploitation forestière, sont finalement très peu adaptés à la nature et à l'ampleur des défis rencontrés par les pays du Bassin du Congo, surtout lorsqu'ils s'inscrivent dans un contexte de gouvernance relativement faible, n'autorisant qu'un contrôle des plus limités de l'action gouvernementale. Deux éléments seront examinés ici : la fonction néo-patrimoniale du secteur forestier, qui ne permet pas d'optimiser la contribution de la forêt au développement local et national, et la contribution limitée du secteur au développement.

---

certains de ces espaces est pourtant au moins aussi riche que dans les forêts domaniales dont elles sont voisines.

[12] Voir Alain Karsenty, *La crise de la filière européenne du bois tropical en Afrique centrale*, Willagri, 2018: https://www.willagri.com/2018/06/28/la-crise-de-la-filiere-europeenne-du-bois-tropical-en-afrique-centrale/ Consulté le 29 janv. 2020.

A. La fonction néo-patrimoniale du secteur forestier

Les États du Bassin du Congo remplissent tous les caractéristiques de l'État néo-patrimonial et de l'État-rentier. Dans ces pays, le pouvoir permet d'accéder aux ressources qui, à leur tour, contribuent au renforcement du pouvoir. Ce cycle vicieux fonctionne pour toutes les ressources, et à tous les niveaux de l'appareil étatique. On constate une prolifération des activités criminelles impunies, depuis plus de deux décennies, suivant une tendance semblable à celle qu'ont connue les forêts d'Asie du Sud-Est.

1. La prédominance des activités illégales dans le secteur forestier

Les États producteurs de bois d'Afrique centrale s'illustrent par le développement, sur leur territoire, d'une diversité d'activités illégales dans le secteur forestier. Celles-ci sont parfois conduites avec l'implication active ou l'approbation tacite de l'administration, à différents niveaux. On retrouve ainsi des attributions de titres effectuées en violation de la législation, et de nombreuses opérations illégales d'exploitation forestière documentées par des observateurs indépendants ou par des organisations de la société civile, sans que des sanctions soient prises par les services compétents de l'État.

La négociation des Accords de Partenariat Volontaires (APV) avec l'Union européenne prévoient que les États producteurs s'engagent à assurer le respect de la légalité pour tous les bois exportés vers le marché européen. Cette mesure qui vise à réduire le poids du bois illégal dans la production et les exportations ne prévoit pas, dans l'immédiat, de modification de la législation pour la rapprocher des objectifs de durabilité. Sa mise en œuvre reste en outre particulièrement lente dans le Bassin du Congo.

Si le recours à des mécanismes internationaux a paru nécessaire pour tenter de garantir le respect de la loi dans les pays du Bassin du Congo, c'est également parce que la justice ne peut jouer pleinement son rôle dans la sanction des nombreuses infractions constatées.

2. Le régime des sanctions des opérations d'exploitation forestière illégale n'est pas dissuasif

À l'analyse, on constate que toutes les obligations prévues par la législation à l'endroit de l'État ou des investisseurs ne sont pas assorties de sanctions. C'est le cas par exemple du non-respect des spécifications des plans d'aménagement : une compagnie qui ne les respecte pas dans ses opérations d'exploitation ne peut être sanctionnée dans certains pays d'Afrique centrale, en raison du silence de la législation sur la sanction à appliquer. De plus, les sanctions prévues pour les autres infractions ne sont pas toujours dissuasives. Ainsi, les amendes prévues pour certaines opérations illégales sont inférieures au gain qui pourrait être tiré de ces activités criminelles. Enfin, le régime des infractions et des sanctions dans le secteur forestier constitue un régime d'exception, dont les failles ont été utilisées par le « système » pour garantir l'impunité des contrevenants. Le contentieux forestier accorde en effet un rôle prépondérant à l'administration forestière, qui a la responsabilité principale dans la constatation des infractions et leur sanction. Suivant la législation, c'est à l'exploitant forestier que revient le choix de la procédure : soit la voie de la transaction, qui exclut le ministère public, soit le refus de la transaction, qui ouvre l'éventualité d'une saisine du procureur par le ministre en charge des forêts. En conséquence, de nombreuses infractions à la législation ne seront jamais connues des tribunaux et les peines privatives de liberté pourtant prévues par les textes ne seront jamais ni prononcées ni appliquées. Ce dispositif est particulièrement avantageux pour le contrevenant, qui garde la procédure sous son contrôle. La transaction n'étant pas encadrée, l'opacité qui l'entoure est susceptible d'alimenter le système néo-patrimonial. On a ainsi de nombreux paiements disproportionnés par rapport à la valeur des impressions, sans qu'aucune explication ne soit fournie par l'administration des forêts. L'environnement de gouvernance, particulièrement préjudiciable au couvert forestier, ne permet pas aux États d'Afrique centrale de profiter pleinement de la présence de la forêt sur leur territoire.

B. La contribution limitée du secteur au développement

Malgré les discours des États du Bassin du Congo sur la promotion du développement économique, on constate un gaspillage de la ressource forestière, qui accroît la pression sur cet écosystème.

1. La rhétorique du développement

Les décideurs politiques des pays du Bassin du Congo justifient généralement l'exploitation forestière par la nécessité de mettre la forêt à contribution dans la quête de leur développement. Les modalités d'exploitation sont loin d'être efficaces et l'incidence sur le développement dans les pays de production reste finalement des plus limitées. Le risque est que la destruction de la forêt ne se traduise pas par des bénéfices pour le développement du pays, en raison à la fois d'une mauvaise gestion de la ressource et des revenus.

2. Le gaspillage de la ressource

Dans l'exploitation forestière, le temps semble s'être figé depuis l'époque coloniale : les techniques d'exploitation sont toujours aussi destructrices de la forêt, et l'exploitation peine encore à favoriser le développement d'une véritable filière de transformation et de création de valeur ajoutée dans les pays producteurs, limitant ainsi la contribution de ces secteurs au développement de la sous-région. Les pays forestiers d'Afrique tirent chacun environ 100 millions de dollars par an de l'exploitation du bois d'œuvre. Le bois exporté l'est bien souvent sous forme de bois en grumes, ou de bois débité ; les produits finis représentent une faible proportion des exportations. À ce jour, seul le Gabon a formellement prohibé l'exportation du bois en grumes. Le bois exporté en grumes ou sous forme de bois débité est expédié prioritairement vers des pays caractérisés par l'existence d'une main d'œuvre qualifiée et bon marché, susceptible de transformer, à moindre coût, les bois tropicaux en produits finis pour leurs marchés ou pour l'exportation vers des destinations plus solvables d'Europe de l'ouest ou du nord, ou d'Amérique du nord[13]. La valeur ajoutée des bois du Bassin du Congo est donc réalisée dans les pays de destination des exportations. On peut donc parler d'une subvention du Bassin du Congo à la création d'emplois dans les pays d'Asie du Sud-Est[14].

La rentabilité de ces exportations pour l'État est sujette à caution : comment fixe-t-on le prix du bois tropical ? De toute évidence, il ne tient pas compte de la valeur de l'écosystème affecté par les récoltes. Il est considéré comme une rente par les pays producteurs, qui semblent bien s'accommoder d'un prix relativement bas, ne représentant qu'une faible proportion de ce que l'on pourrait considérer comme la valeur de la forêt compromise par l'exploitation du bois. On observe également une forte tendance au gaspillage de la ressource avec, pour chaque mètre cube produit, trois mètres cubes de « déchets » restant dans les chantiers. L'application de règles d'exploitation plus rigoureuses conduirait à réduire le volume de ces déchets. Ainsi, la récupération d'un tiers seulement du bois abandonné dans les chantiers doublerait la production nationale de bois en volume, et ferait plus que la doubler en valeur, la récupération des déchets de cette nature ne pouvant se faire que sous la forme de bois débités, dans des dimensions prêtes à l'usage par l'industrie de la transformation[15]. Augmenter la valeur sans augmenter les volumes garantirait une meilleure protection du couvert forestier, et changerait la perception des décideurs politiques et de l'ensemble des citoyens sur cette ressource.

---

[13] Les grumes d'Afrique centrale sont exportées en grande partie dans les pays d'Asie (Chine, Vietnam, Hong Kong, etc.) ou d'Europe (Portugal, Espagne, Italie, Turquie).

[14] À titre d'illustration, et sur la base des exportations de grumes du Cameroun pour l'année 2018 (850 000 mètres cubes), on a pu estimer à 30 000 le nombre d'emplois directs nécessaire à la transformation de ces grumes en bois débités. Le secteur forestier dans son ensemble représente au Cameroun environ 22 000 emplois directs. Voir Achille Wankeu et Samuel Nguiffo, *Analyse statistique du secteur forestier au Cameroun*, Yaoundé, CED, 2019.

[15] On a estimé ainsi à environ 48 000 emplois directs la main-d'œuvre nécessaire à la récupération d'un tiers du bois abandonné en 2018 dans les chantiers forestiers au Cameroun (soit plus du double du nombre d'emplois directs de l'ensemble du secteur forestier dans ce pays). Voir Achille Wankeu et Samuel Nguiffo, *op. cit.*

Conclusion

À l'évidence, la législation forestière n'a pas réussi à imposer, dans son contenu, des dispositions tendant imposant la durabilité de la gestion des espaces et des ressources. Les piliers sur lesquels repose ce pari, et au premier rang desquels se trouve l'aménagement forestier, et les mécanismes de certification (est-il possible de clarifier cette dernière phrase ?). Ajoutée aux défaillances de la législation, la faiblesse de la mise en œuvre des textes en vigueur apparaît comme un facteur crucial de la crise forestière que connaît la sous-région. Car c'est bien à une crise de la gestion des forêts dans le Bassin du Congo que l'on assiste. Elle a été accentuée par l'avènement de l'ajustement structurel, et les différences de vision entre les acteurs du secteur forestier dans les différents pays, et dans la sous-région. Cette crise se caractérise par l'inaptitude des acteurs à traduire dans les faits la rhétorique de la durabilité. L'importance et le potentiel de la forêt, sur divers plans, sont inversement proportionnels à l'efficacité de sa protection. Comment gérer efficacement une ressource d'importance mondiale mais soumise, du fait de sa localisation, sur le territoire d'États éprouvant de grandes difficultés à assumer leurs obligations à l'égard de leurs peuples, de l'Humanité et des générations futures ? Mais sont-ils les seuls responsables ? Le régime international des forêts reste embryonnaire, et surtout des plus lacunaires. Et cette faiblesse contribue à la perpétuation et à l'accentuation de la crise de la gestion des forêts, en Afrique mais aussi en Amazonie et en Asie du Sud-Est. Les principaux États importateurs semblent également plus se soucier de la disponibilité de produits en bois de qualité à des prix accessibles, même s'il est avéré qu'ils résultent de la destruction d'un patrimoine naturel. Est-il possible de considérer le bois illégal ou provenant de sources non durables comme une marchandise illicite, au même titre que la drogue ou les armes, ce qui permettrait d'en rendre illicite le commerce et de sanctionner les acteurs de cette filière particulièrement rentable ? La législation forestière dans les pays du Bassin du Congo ne peut garantir la durabilité. On est pourtant loin de l'application de cette législation, avec ses défaillances et ses lacunes. Faut-il réformer, comme le suggèrent certains, en évoquant des ajustements mineurs à des textes présentés comme globalement bons ? Ou faut-il repenser totalement la gestion des forêts, en en changeant radicalement les modes de gestion, par exemple par un recours plus marqué au principe de précaution, et une plus grande prise en compte des fonctions et usages non commerciaux de la forêt. C'est à ce prix que l'on pourrait commencer à envisager une inversion de la tendance à la destruction de la forêt en Afrique centrale.

Droit forestier allemand
La responsabilité spéciale de la forêt d'État pour l'intérêt public et la protection de la nature

Eckard REHBINDER
Professeur de droit économique et environnemental émérite
Membre du Centre de recherche sur le droit de l'environnement
Faculté de droit de l'Université Goethe
Francfort

1. Introduction

La forêt, qui recouvre environ 32% du territoire allemand, est un espace quasi-naturel de haute importance pour la protection de la nature, et notamment de la biodiversité. Elle a également une action bénéfique sur le climat. Cependant, étant donné la structure des forêts et leur gestion, il est fort probable que le droit forestier allemand n'agit pas suffisamment pour la protection de la nature.

Dans ce contexte, il convient d'étudier le rôle des propriétaires forestiers. Selon la Loi fédérale sur les forêts, il existe trois formes de propriété forestière. Ce sont la forêt d'État[1], qui recouvre 34 % de la superficie boisée totale, la forêt communale recouvrant 20 % et la forêt privée avec 46 %. Ces chiffres se réfèrent à toute la superficie boisée d'Allemagne. Dans le détail, on distingue de nombreuses différences entre les régions[2]. Le régime forestier établi par la Loi fédérale sur les forêts ainsi que par les lois forestières des régions (en allemand : *Länder*) s'applique en principe à toutes formes de propriété forestière. Il existe néanmoins dans les Länder des règles relatives à la protection de la nature dans les forêts, qui font une distinction entre les diverses formes de propriété forestière.

C'est surtout la forêt d'État qui joue un rôle particulier en faveur de la protection de la nature.

2. Le concept de multifonctionnalité et ses limites

L'article 1 de la loi fédérale fait une distinction entre trois fonctions de la forêt : la fonction économique (l'exploitation ou la production de bois), la fonction protectrice (pour la nature, les ressources en eau et le sol – fonction

---

[1] Comme l'institution de domaine public n'est pas reconnue par le droit allemand, ces forêts sont la propriété privée de l'État.
[2] V. Bundesministerium für Ernährung und Landwirtschaft, Bundeswaldinventur 2012; Schutzgemeinschaft Deutscher Wald, Waldwissen – Wald in Deutschland, 2019.

écologique) et la fonction sociale (ou récréative)[3]. L'article 11 de la loi fédérale oblige tout propriétaire forestier à gérer la forêt d'une manière appropriée, cohérente et durable. Les lois forestières des Länder ont transposé ces règles en y ajoutant des dispositions ou les ont mises en application.

La gestion appropriée et durable est la conception-clé du droit forestier allemand[4]. Elle se réfère à la production de bois ainsi qu'aux fonctions écologique et sociale des forêts et requiert une gestion qui garantit la régénération de la forêt pour les générations futures. Selon la conception de multifonctionnalité traditionnelle, les trois fonctions sont en principe équivalentes et considérées comme étant en harmonie sur la même superficie boisée. Cette conception de gestion intégrative repose sur la prémisse qu'une bonne gestion économique durable crée et garantit également les conditions structurelles pour la protection de la nature, et notamment de la biodiversité, ainsi que pour les loisirs. Il est cependant irréaliste d'espérer optimiser simultanément toutes les fonctions de la forêt sur toutes les surfaces boisées[5]. Par conséquent, force est de constater que les autorités doivent souvent attribuer concrètement la priorité à l'une des trois fonctions (par exemple, semis, réserve naturelle ou une autre catégorie de protection intégrale, forêt de récréation). Dans la pratique, la fonction économique prédomine toujours. Le niveau de protection de la nature qui résulte du concept de multifonctionnalité est en réalité assez bas et ne fournit qu'une protection de base, surtout spatiale. Il n'existe pas d'obligations de protection de la nature plus ambitieuses. Ce concept ne prescrit ni une structure (composition) des forêts, plus proche de leur état naturel, comme le reboisement des forêts avec des feuillus typiques locaux, ni la conversion des forêts mono-espèces (à présent surtout composées de pins ou sapins) en forêts d'espèces mixtes, ni la régénération naturelle[6]. De plus, la multifonctionnalité ne garantit pas non plus la protection des biotopes et espèces forestiers.

Depuis peu, la législation forestière régionale tend à renforcer la fonction écologique de la forêt, et ce pour toutes les catégories de propriété forestière. Ce sont surtout les contraintes de bonne pratique de la gestion forestière qui ont été enrichies, pour une gestion raisonnable et plus proche de la nature. Dans quelques Länder, on interdit également l'abattage de jeunes arbres ou des défrichements majeurs. Cependant, comme il est difficile et en même

---

[3] Endres, E., Bundeswaldgesetz, 2014, § 1, annotations 9 et s.; Klose, F. et Orf, S., Forstrecht, 2e éd. 1998, § 11, annotation 36; Sachverständigenrat für Umweltfragen (SRU), Umweltgutachten 2000 – Schritte ins nächste Jahrtausend, 2000, n° 1191.

[4] Endres, *op. cit.*, § 1, annotation 3, § 11, annotations 8 et s.

[5] Endres, *op. cit.*, § 1 annotation 10; Klose et Orf, *op. cit.*, § 1, annotations 13, 46.

[6] V. Cour d'appel administrative Munster, 21.1.1988, Neue Zeitschrift für Verwaltungsrecht – Rechtsprechungsreport (NVwZ-RR 1989), p. 67; Klose et Orf, *op. cit.*, § 11, annotations 27, 61; Endres, *op. cit.*, § 11, annotation 18. Sur les exigences d'une sylviculture proche à l'état naturel v. Spellmann, H., Nachhaltige Waldbewirtschaftung auf ökologischer Grundlage, *in* Depenheuer, O. et Möhring, B. (éds.), Waldeigentum, 2010, p. 99 et s.

temps juridiquement problématique de vouloir contraindre les propriétaires forestiers privés à prendre des mesures de gestion qui peuvent mener à des pertes de revenus considérables, on leur laisse une assez grande liberté et on s'en remet à leur auto-responsabilité. On s'en tient, avec plus ou moins de succès, à des avis, des consultations, des concertations et une aide financière. Cela signifie que la forêt d'État, et à un degré moindre la forêt communale, doivent jouer un rôle initial dans le développement et la mise en place d'une politique forestière répondant aux exigences de la protection de la nature, notamment de la biodiversité. L'élément de référence de cet objectif est la responsabilité spéciale de la forêt d'État pour l'intérêt public.

3. La responsabilité spéciale de la forêt d'État pour l'intérêt public relatif à la protection de la nature : généralités

La Loi fédérale sur les forêts ne contient pas de dispositions spéciales pour la forêt d'État. Cependant, toutes les lois des Länder prévoient que la forêt d'État soit soumise à une responsabilité spéciale pour l'intérêt public (ou le bien commun)[7]. Les entités responsables concernées sont l'État, les établissements publics forestiers ou les entreprises forestières d'État, en qualité de propriétaire ou de gérant de la forêt d'État. Ces règles sont motivées par l'idée que la tâche de l'État et de ses subdivisions, comme propriétaires de la forêt, n'est pas seulement de générer des bénéfices par l'exercice d'une activité économique mais également de promouvoir le bien public en général et que quelques pertes de revenus sont par conséquent acceptables. Concernant la forêt fédérale, et même si quelques Länder la traitent comme une forêt privée, la majorité l'inclut dans la portée d'application de leur loi forestière, ce qui est autorisé, à condition que l'utilisation pour les objectifs spécifiques de l'État fédéral (par exemple, des exercices militaires) reste prioritaire.

En vertu de la responsabilité spéciale pour l'intérêt public, de nombreuses lois forestières régionales imposent à la forêt d'État une sylviculture proche de l'état naturel. En ce sens, on peut décrire le contenu de la responsabilité spéciale pour l'intérêt public comme une parité des fonctions de la forêt avec des restrictions écologiques[8]. De plus, dans une certaine mesure, les lois pertinentes prévoient une protection spéciale des biotopes et de la biodiversité dans la forêt, normalement intégrée dans la gestion, mais qui peut aussi

[7] Pour une analyse plus détaillée v. Rehbinder, E., *Gemeinwohlverpflichtung im Staatswald und Naturschutz*, *in* Winkel, G. et Spellenberg, H. (éds.) Naturschutz im Staatswald, 2019, p. 38, 57 et s.; aussi Rehbinder, E., *Naturschutz im Staatswald – zur Rollenverteilung zwischen Naturschutzrecht und Waldrecht*, Natur und Recht (NuR) 2018, p. 2, 5 et s.

[8] SRU, *op. cit.*, n° 1101; L. Rosenkranz, L, et Steintsch, B., Opportunitätskostenbasierte Analyse des umweltschutzorientierten Waldbehandlungskonzepts „Neue Multifunktionalität", Landbauforschung 2015, p. 145, 146-47.

consister à établir des zones réservées à la protection de la nature. On reconnaît depuis peu, outre la nécessité de gérer la forêt selon des standards écologiques de base, le besoin de créer au sein des forêts d'État davantage de zones dédiées à la protection de la nature, voire des zones sans exploitation.

En d'autres termes, on veut associer à la gestion multifonctionnelle de la forêt, qui implique des restrictions écologiques, l'idée de laisser de plus en plus de surfaces forestières en libre évolution[9].

Dans les forêts d'État, il est bien entendu difficile de concilier l'utilisation de la forêt pour l'exploitation et la vente du bois et la protection de la nature. Les réformes administratives de la première décennie de ce siècle, avec la création des établissements de droit public ou des entreprises d'État pour la gestion des forêts d'État, étaient motivées par le désir d'augmenter la rentabilité de la foresterie de l'État. Cependant, les exigences écologiques pour la gestion de la forêt d'État peuvent mener à une réduction considérable de la production de bois. La diminution des ventes de bois causera des pertes de revenu et augmentera les coûts de gestion, qui pèseront lourd sur le budget des établissements de droit public et des entreprises de l'État forestier, et finalement de l'État lui-même. Et, conséquence indirecte, elle peut aussi affaiblir le développement économique de l'espace rural, qui dépend fortement de l'économie forestière.

4. Les lois forestières des Länder : gestion proche de l'état naturel et protection spéciale de terrains boisés écologiquement valables ou sensibles

a. Critères de classification des lois forestières des Länder relative aux exigences de la gestion des forêts

Comme nous l'avons vu, les lois forestières des Länder prévoient toutes une responsabilité spéciale de l'État pour l'intérêt public qui, à l'exception de deux Länder, se réfèrent explicitement à la protection de la nature.

On distingue cependant diverses spécifications de cette responsabilité et nous analyserons et envisagerons les dispositions pertinentes sous différents angles.

Le principal critère concerne les différences graduelles relatives aux aspects écologiques de la fonction protectrice, c'est-à-dire la proximité de la sylviculture à l'état naturel et la protection de la biodiversité. En comparant les Länder, on peut distinguer trois niveaux de responsabilité spéciale pour la protection de la nature : « forte », « modérée » ou « faible »[10]. Du point de vue du droit de la protection de la nature, la sylviculture proche de l'état naturel

---

[9] Bundesministerium für Umwelt, Naturschutz und Reaktorsicherheit (BMU), Strategie zur biologischen Vielfalt, 2007, p. 45; SRU, *op. cit.*, n° 1105-06.

[10] Rehbinder E., *in* Winkel et Spellenberg, *op. cit.*, p. 61 et s.

contribue aux objectifs de la Loi fédérale sur la protection de la nature et du paysage dans le sens d'un « bon état écologique ». En outre, les lois forestières contribuent de façon plus ciblée à la protection de la biodiversité, des espèces et des biotopes dans les forêts.

Pour classifier les lois régionales, on peut également noter l'exemplarité de la gestion de la forêt d'État. Elle est moins importante mais de nombreux ouvrages sont consacrés à ce sujet.

b. Différences entre les Länder relatives aux exigences de gestion de la forêt d'État

Il existe deux lois forestières régionales qui ne donnent pas la même importance à toutes les fonctions de la forêt mais privilégient la fonction écologique (ainsi que la fonction récréative) sur la fonction économique, ou bien prescrivent des dispositions de pondération. Ainsi, dans les Länder de Brandebourg et de Schleswig-Holstein, la forêt d'État doit être gérée « en surveillant en priorité » la fonction protectrice (écologique), ou « en prenant en considération spéciale » cette fonction. Dans la Loi forestière de Sarre, on ne trouve pas de dispositions concernant la place de la fonction écologique. Cependant, la loi régionale contient des prescriptions écologiques précises concernant la gestion des forêts d'État qui privilégient la fonction écologique, par exemple l'obligation de la coupe des arbres sélective et une gestion des forêts durable proche de leur état naturel.

En revanche, la plupart des lois forestières régionales appliquent en principe l'équivalence de toutes les fonctions de la forêt par rapport à la forêt d'État. Cependant, lorsqu'il existe une divergence particulière entre les différentes fonctions de la forêt, les lois pertinentes prévoient un juste équilibre entre les fonctions qui peut, en définitive, privilégier la fonction écologique. On peut parler d'une équivalence relative des trois fonctions avec des conditions écologiques. Certains Länder complètent cette règle de base en y ajoutant des spécifications concernant les objectifs de gestion de la forêt. On peut mentionner la gestion proche de l'état naturel, l'observation des exigences écologiques, la sauvegarde de l'équilibre de la nature, la création de forêts stables ou adaptées au site (« restructuration de la forêt ») et la régénération naturelle. En Rhénanie du Nord-Westphalie, les loisirs sont prioritaires sur les espaces boisés les plus adaptés. Dans la littérature de droit forestier, cette conception d'équivalence relative est partagée, mais sans que le rôle de ces spécifications écologiques pour la qualification des lois pertinentes soit discuté[11]. L'idée devrait s'imposer que ces spécifications pourraient être qualifiées dans leur champ d'application comme des prescriptions d'équilibre en faveur de la fonction écologique.

---

[11] V. les sources citées *in* Rehbinder, *in* NuR, 2018, *op. cit.*, p. 9, note 62.

Enfin, il existe deux lois forestières régionales (dans les Länder de Hesse et de Thuringe) qui ne mentionnent même pas la responsabilité spéciale de la forêt d'État pour l'intérêt public. Cette lacune est cependant compensée dans les règles administratives de ces Länder par des contraintes écologiques relativement ambitieuses.

c. Protection spéciale de la nature dans les forêts d'État

Les lois forestières des Länder accordent également une large place à la protection spéciale de la nature au sein des forêts, qui va même au-delà des obligations de la loi fédérale, notamment en ce qui concerne la protection de la biodiversité ou des biotopes et la création de zones de protection spéciales. Selon quelques lois forestières régionales, la responsabilité spéciale pour l'intérêt public encadre la protection de la biodiversité ou des biotopes. Il existe par exemple des catégories spéciales de zones protégées, comme des zones de protection de biotopes ou des réserves de forêt naturelle, qui favorisent la protection des processus naturels et ne sont par conséquent pas exploitées. Même si de telles contraintes sont généralement formulées de manière plutôt vague, on dénombre tout de même quelques obligations. La Loi forestière du Land de Schleswig-Holstein interdit par exemple l'exploitation de 10 % des terres boisées de l'État et des communes. Dans la Hesse, il existe une obligation comparable, mais limitée seulement à la forêt d'État. Enfin, cette année, un amendement de la Loi forestière de Bavière a également introduit l'obligation de convertir 10 % de la superficie boisée de l'État en forêts naturelles.

5. Les règles administratives des Länder et la responsabilité spéciale pour l'intérêt public

La responsabilité spéciale pour l'intérêt public, relative à la protection de la nature prévue par les lois forestières des Länder est complétée par un grand nombre de règles administratives[12]. S'ils contribuent à appliquer la Loi fédérale sur la protection de la nature dans les forêts d'État, les textes adaptés orientent aussi l'interprétation des dispositions des lois forestières, qui sont souvent assez vagues et/ou ils les précisent pour la gestion dans les forêts d'État. Leur champ d'application et leur nature légale varient et il convient de souligner qu'elles ne contiennent d'ordinaire pas de règles au sens strict mais plutôt des objectifs, des principes et des propositions de mesures.

---

[12] Pour une analyse plus détaillée v. Rehbinder, *in* Winkel et Spellenberg, *op. cit.*, p. 72 et s., 97 et s.; Rehbinder, *in* NuR 2018, *op. cit.*, p. 7 et s.; Petereit, Meyer et Spellenberg, Naturschutz in den Konzepten der deutschen Landesforstbetriebe: Status quo und Entwicklung, *in* Winkel et Spellenberg, *op. cit*, p. 117 et s.

Les règles administratives concernent en majorité la spécification de la sylviculture proche de l'état naturel, mais on trouve également des règles administratives concernant la protection de la nature forestière spéciale. Ainsi peut-on mentionner la protection des écosystèmes et d'autres habitats, comme la sauvegarde des sociétés sylvestres encore proches de leur état naturel, la sauvegarde de biotopes forestiers légers et la protection et la renaturation de forêts aux sites humides. Il existe également des dispositions pour la sauvegarde des arbres biotope ou du bois mort, sur l'augmentation de la proportion des espèces d'arbres particulières (« restructuration de la forêt ») et l'enlèvement durable de terrains boisés de l'exploitation (zones de protection de processus naturels, réserves de forêt naturelle).

Même lorsque les prescriptions établies par les textes sont quantifiées, ce qui est assez rare, il ne s'agit pas de règles au sens strict mais d'objectifs de mesures qui laissent une marge de souplesse relativement grande aux forestiers et ne déterminent la pratique de la gestion dans les secteurs forestiers qu'à un degré limité.

6. Défis nouveaux

Le réchauffement climatique représente pour toutes les forêts allemandes un nouveau défi, car il entraînera une diminution des pluies et provoquera des épisodes de canicule dans de nombreuses zones de climat modéré.

On peut dès à présent en constater les premières conséquences, dramatiques, et il est à craindre qu'elles ne soient pas un épisode isolé. Depuis l'année dernière, l'Allemagne a déjà perdu une surface boisée comparable à la surface du Lac de Constance, après des épisodes de sécheresse et de chaleur. Si bien que l'on peut parler d'un nouveau « dépérissement » des forêts, similaire à celui observé dans les années 1980.

Aujourd'hui, trois types de mesures se dégagent pour faire face à ces nouveaux défis.

L'Agence de protection de la nature fédérale et le mouvement environnementaliste estiment que deux types de mesures fortes doivent être envisagées pour les forêts afin de lutter efficacement contre le réchauffement climatique : d'une part, une sylviculture proche de l'état naturel avec des forêts d'espèces mixtes et adaptées à la location et d'autre part, la création et la protection de plus de réserves naturelles hors de toute exploitation dans les forêts. C'est en premier lieu dans la forêt d'État que de telles mesures pourraient évidemment être réalisées.

Cependant, il faudrait peut-être également envisager de restructurer des forêts avec des espèces d'arbres indigènes ou même étrangères selon leur besoin en eau, leur sensibilité à la chaleur et aux parasites en cas de sécheresse ou de chaleur et la réserve locale en eau. On pourrait aussi cultiver des variétés d'espèces d'arbres nouvelles par le biais de la technologie génétique, par l'édition de génomes par exemple.

Une troisième alternative, d'ailleurs préférable du point de vue environnemental, serait de laisser les forêts endommagées entièrement livrées à la régénération naturelle et donc à la sélection des espèces d'arbres les plus résilientes. Mais ce serait économiquement moins avantageux car cela signifierait une réduction du rendement du bois

7. Conclusion

En Allemagne, la sylviculture dans les forêts d'État est sur le point de passer de forêt de quasi-monoculture à une gestion et une structure plus proche de l'état naturel. Les forêts d'État contribuent en outre à la protection de la biodiversité. Cette approche influe également sur la gestion des forêts communales, qui sont elles aussi soumises à une responsabilité spéciale pour l'intérêt public mais appliquée avec plus de souplesse. Cependant, en raison du caractère à long terme de la sylviculture et des besoins d'exploitation pour générer des revenus pour le budget de l'État, on ne peut espérer de rapides succès.

D'autre part, le réchauffement climatique, qui a déjà entraîné de dramatiques pertes de surfaces boisées, représente un nouveau défi. C'est la thématique d'un nouveau discours sur la politique forestière, en particulier pour les forêts d'État, qui, en l'absence de recul suffisant, n'a pas encore donné de résultat définitif et qui nous intéressera pour les années à venir.

Une exploitation soutenable des forêts naturelles tropicales est-elle possible ?

Frédéric DURAND
Professeur de géographie
Université de Toulouse II Jean Jaurès
Chercheur au laboratoire CNRS LISST – UMR 5193

Pour tenter de répondre à la question : « *Une exploitation soutenable des forêts naturelles tropicales est-elle possible ?* », je vais mobiliser une tribune co-signée avec Francis Hallé et Nicolas Hulot en 2003.

La plupart du temps, face à une telle question lors de conférences ou de colloques, les intervenants présentent les nombreuses raisons tendant à empêcher que la chose puisse se réaliser, avant de montrer qu'il y a quand même une solution et de répondre par l'affirmative. Ici, au risque de déflorer la fin, je préfère d'emblée annoncer que ma réponse va être « non » et qu'à mon avis, une exploitation soutenable des forêts naturelles tropicales n'est pas possible, du moins avec une dimension « commerciale » ou autrement que pour des besoins exclusivement locaux.

Reste maintenant à justifier pourquoi la réponse est « non », en montrant notamment les limites des projets ou démarches se revendiquant de l'éco-certification ou d'une exploitation « légale » et « durable », particulièrement au regard de la conservation de la biodiversité et de la fragilité des forêts tropicales dans le contexte du réchauffement climatique.

Une tribune avec Francis Hallé et Nicolas Hulot

La soutenabilité de l'exploitation forestière tropicale est interrogée ici en s'appuyant sur une tribune, cosignée avec le botaniste Francis Hallé et l'écologiste Nicolas Hulot et qui est parue le 11 novembre 2003 en première page du quotidien *Le Monde* sous le titre : « Forêts tropicales : c'est fichu ».

Plus que Francis Hallé – alors au sommet de sa carrière – ou que Nicolas Hulot – déjà catalogué comme militant – cette tribune (reproduite à la fin de ce texte) m'a valu de nombreuses attaques, souvent biaisées voire malhonnêtes, notamment des lobbies de l'exploitation du bois, mais aussi de membres de la section de géographie du Conseil National des Universités, qui ont tenté de bloquer ma carrière de jeune maître de Conférences, ce qui montre à quel point la malhonnêteté peut se cacher aux plus hauts niveaux de l'université. Mais c'est un autre problème.

La plupart des attaques dont cette tribune a été l'objet se sont focalisées sur le titre (qui de fait n'est pas bon), en criant au « catastrophisme » et en éludant l'analyse qui reste pourtant pertinente plus de quinze ans plus tard. Une seule erreur s'était glissée dans notre raisonnement, à propos de la capacité de stockage du CO_2 par les forêts tropicales denses. La littérature scientifique considérait alors qu'elle était faible, ce qui s'est par la suite avéré erroné. Cela ne remet toutefois pas en cause l'analyse elle-même, bien au contraire, elle ne s'en trouve que renforcée.

Avant cela, il est intéressant de revenir sur l'histoire de l'élaboration de cette tribune, car elle permet d'éclairer ses motivations et son actualité près de vingt ans plus tard.

De la recherche fondamentale à la volonté de montrer au public la gravité des problèmes

Un travail de thèse de doctorat entrepris de 1990 à 1993 sur les forêts en Asie du Sud-Est et particulièrement en Indonésie, m'avait permis de constater à quel point l'exploitation forestière pour le bois pouvait s'avérer destructrice[1]. Ce constat peut paraître évident au grand public, mais à l'époque et même encore d'une certaine manière en 2020, lorsqu'elle est « légale », l'exploitation du bois n'est quasiment jamais considérée comme destructrice par les grandes instances internationales, à commencer par la FAO, l'organisation de l'ONU en charge de l'agriculture et des forêts.

Après la thèse et surtout après mon recrutement comme maître de Conférences par l'université Toulouse II en 1996, j'avais prolongé ces recherches par de nombreux articles publiés à la fois dans des supports scientifiques et dans des revues de vulgarisation[2]. Dans ce contexte, j'avais été contacté par les éditions de l'Atalante qui souhaitaient créer une collection de livres écrits par des universitaires capables de présenter leurs travaux et conclusions à travers du vécu et du ressenti sur le terrain, afin de donner à ces témoignages un caractère plus « humain » que des publications scientifiques classiques. Le projet m'avait paru un bon moyen de sensibiliser différemment un public non spécialiste à la complexité des enjeux écologiques et financiers. C'est ainsi que j'entrepris la rédaction d'un livre présentant mes voyages, découvertes et déboires à travers l'ensemble de l'archipel indonésien à la rencontre des forêts et des populations à leur contact[3].

---

[1] Parue dans une version remaniée : Durand F., *Les forêts en Asie du Sud-Est, recul et exploitation. Le cas de l'Indonésie*, Paris, éditions de l'Harmattan, 1994, 411 p.

[2] Notamment « L'exportation du bois brut peut-elle aider à préserver les forêts tropicales ? Le cas de l'Indonésie et des Philippines », *Revue Tiers-Monde*, n° 152, 1997 ; « Incendies de forêts en Indonésie », *Géo*, n°225, 1997 ; « Les forêts indonésiennes à l'orée de l'an 2000, un capital en péril », *Hérodote*, n°88, 1998 ; « Exploitation et dégradation des forêts indonésiennes : la "dérive orientale" », *Les Cahiers d'Outre-Mer*, n° 204, 1998 ; « La gestion des forêts en Indonésie, trois décennies d'expérimentation hasardeuse (1967-1998) », *Bois et Forêts des Tropiques*, n° 262, 1999.

[3] Durand F., *La jungle, la nation et le marché, chronique indonésienne*, Nantes, Éditions de l'Atalante, 2001, 284 p.

La sortie de ce récit m'avait valu plusieurs invitations dans les médias, y compris une en 2003 par la journaliste Ruth Stégassy pour son émission « Terre à Terre » sur *France Culture*. En écoutant à la radio mon constat pour le moins pessimiste quant à l'avenir des forêts tropicales, le botaniste Francis Hallé – de plus de vingt ans mon aîné – m'avait contacté pour me dire à quel point il partageait mes inquiétudes et pour me demander si je voyais des moyens d'essayer de lutter.

« Il est aujourd'hui devenu impossible d'empêcher la destruction généralisée des forêts primaires tropicales »

Conscients de notre faible capacité à agir en tant qu'universitaires, nous avions néanmoins décidé d'écrire une tribune et de tenter de la faire publier dans la presse. C'est ainsi que naquit un texte intitulé : « *Il est aujourd'hui devenu impossible d'empêcher la destruction généralisée des forêts primaires tropicales* ».

Cet énoncé avait une visée contre-performative, c'est-à-dire que nous espérions que le fait de le prononcer amènerait l'inverse de ce qu'il disait en créant un choc salutaire. Francis Hallé espérait d'autant plus parvenir à le faire publier qu'il devait partir en Amazonie dans le cadre du projet « radeau des cimes », où il allait être rejoint par Nicolas Hulot, alors présentateur de l'émission de télévision *Ushuaïa Nature* sur *TFI*. Nicolas Hulot était aussi connu à l'époque comme un proche du Président de la République, Jacques Chirac, à qui il avait inspiré la fameuse phrase de la conférence de l'ONU sur l'environnement à Johannesburg en 2002 : « Notre maison brûle et nous regardons ailleurs ».

Nicolas Hulot approuva notre projet de tribune, et accepta de la proposer en notre nom collectif au quotidien *Le Monde*. Toutefois, conseillé par un membre de sa fondation[4], il insista pour ce que le titre soit changé, afin de le rendre plus « percutant ». C'est ainsi que dans la tribune publiée en novembre 2003, le titre initial fondé sur un constat d'impossibilité d'empêcher la destruction des forêts tropicales est devenu : « *Forêts tropicales : c'est fichu* ».

Ce changement était une erreur. En effet, nos détracteurs se sont gardés de discuter sur le fond. S'engouffrant dans la brèche, ils ont concentré leurs critiques sur le titre en prétendant que nous n'étions que des « catastrophistes » qui auraient ignoré tout ce qui était supposé permettre une « bonne exploitation » des forêts tropicales. Pourtant, nous nous étions au contraire efforcés de démontrer pourquoi une telle « bonne gestion » soutenable n'était pas possible dans les conditions de 2003.

[4] Fondation Nicolas-Hulot pour la nature et l'homme.

Certains de nos attaquants étaient peut-être seulement naïfs, mais beaucoup qui trouvaient leur gagne-pain dans l'exploitation des forêts naturelles avaient intérêt à perpétuer la croyance illusoire qu'elle pouvait être « soutenable » et à chercher à étouffer nos critiques. Voilà quels en étaient nos principaux arguments.

Une impossibilité d'éviter la destruction « aujourd'hui »

Les mots du titre initial avaient été bien pesés : « *Il est aujourd'hui devenu impossible d'empêcher la destruction généralisée des forêts primaires tropicales* ».

La finalité n'était pas « catastrophiste » et le titre n'impliquait pas que la situation ne pouvait pas changer. Nous le disions d'ailleurs explicitement à la fin. « *Aujourd'hui* » signifiait : « en l'état actuel des paramètres et des blocages structurels de 2003 ». Cette nuance disparaissait malheureusement totalement avec le titre proposé par le conseiller de Nicolas Hulot. Par ailleurs, bien que méritant d'être discutée, la notion de « *forêts primaires tropicales* » indiquait qu'il ne s'agissait pas de « toutes les forêts » mais des forêts denses riches d'une extraordinaire biodiversité, qui n'intéresse guère les forestiers.

Un autre argument que soulignait la tribune était :

« Les lobbies, les contraintes économiques et les représentations ou conceptions de la majorité des administrateurs ou techniciens des grandes institutions concourent à accélérer leur dégradation à un rythme seulement égalé dans l'histoire par les grandes catastrophes d'échelle géologique. »

Alors qu'à l'époque, les forestiers accusaient les agriculteurs itinérants de causer la majorité de la destruction des forêts tropicales, notre tribune indiquait que les véritables responsables étaient les experts et les décideurs se trouvant dans les institutions prétendant l'exploiter durablement voire la protéger. Nous insistions également sur la rapidité du phénomène d'une manière qui fait écho à la notion d'Anthropocène. C'est presque devenu un cliché désormais, mais cela nous avait valu un tollé de la part de ces lobbies.

La tribune soulignait ensuite l'importance de notre ignorance quant à l'ampleur de la biodiversité. Moins de 2 millions d'espèces étaient identifiées sur l'ensemble de la Terre, pour une part importante dans les forêts tropicales (c'est toujours le cas), alors qu'au début des années 2000, les études les plus sérieuses envisageaient jusqu'à plus de 100 millions d'espèces sur la planète. Au début des années 2020, si l'on prend en compte les bactéries et les virus, il est probable que cette biodiversité se chiffre en fait en centaines de milliards d'espèces.

Concrètement, cela signifie que l'on ne connaît que quelques pourcents – voire quelques millionièmes – de la richesse biologique de la planète. Cependant, cette richesse extraordinaire n'intéressait pas à l'époque (et toujours guère en 2020) les forestiers qui voient avant tout des mètres cubes de bois. Cela transparaît notamment dans la définition inadaptée de la FAO pour les forêts tropicales : « un système écologique couvrant au moins 10 % du sol avec des arbres d'au moins cinq mètres de haut, mais n'étant soumis à aucune pratique agricole » (voir le schéma).

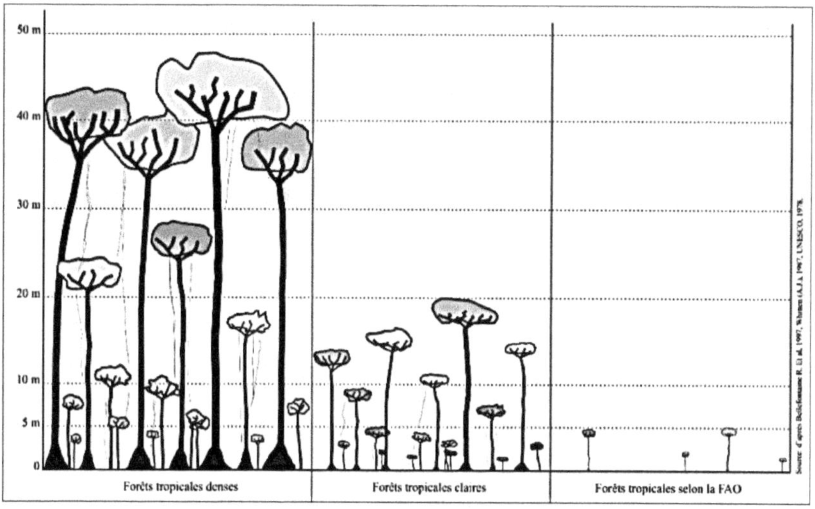

Différentes approches des formations forestières tropicales

Par-delà l'idée floue de « système écologique », cette définition, surtout centrée sur des arbres de cinq mètres de haut, masque totalement la complexité mais aussi la fragilité des forêts tropicales. En effet, cette définition occulte la richesse biologique et nie la valeur des pratiques agroforestières anciennes. Sous couvert de protéger les forêts, elle incite implicitement à chasser les populations locales, pour confier ces espaces aux tronçonneuses qui laissent la plupart du temps de petits arbres non commercialisables de cinq mètres de haut, couvrant 10 % du sol, même si la biodiversité a été saccagée et que la forêt peut se trouver incapable de se régénérer. Ce risque est d'autant plus grand avec le réchauffement climatique. Des études ont en effet montré que, même dans les périodes de très grande sécheresse par exemple liées au phénomènes El Niño, les forêts denses non perturbées d'Asie du Sud-Est n'étaient brûlées qu'à 10 ou 20 % car l'humidité limitait la progression des feux. En revanche, dans les forêts exploitées, le niveau de destruction dépassait souvent 80 % en raison des trouées et du bois mort laissé lors des coupes[5]. Dans un contexte de réchauffement global de la planète, exploiter commercialement une forêt dense revient donc à la détruire à terme, car les

[5] Bertault, Jean-Guy, « Quand la forêt tropicale s'enflamme, près de trois millions d'hectares détruits à Kalimantan », *Bois et Forêts des Tropiques*, n° 230, 1991, p. 5-14.

incendies ne font que se multiplier, comme en témoignent ceux d'ampleur planétaire de la fin des années 2010.

Écocertification de l'exploitation, puits de carbone et reboisement : des moyens pour éviter la remise en question de la coupe des forêts naturelles

De son côté, au début des années 2000, l'éco-certification de l'exploitation du bois se révélait avant tout comme un moyen d'essayer de faire taire les critiques, en prétendant qu'il était possible de mettre au point des systèmes non destructeurs. Le phénomène se vérifie encore en 2020, même si les forestiers honnêtes reconnaissent depuis longtemps entre eux que l'éco-certification est illusoire, tout en continuant à la promouvoir, faute d'autre chose, pour ne pas compromettre leurs activités[6].

Les discours sur l'exploitation « illégale », que nous dénoncions en 2003, relèvent d'une volonté similaire. Après des décennies de constats patents, ne pouvant plus nier complètement que l'exploitation pouvait détruire, les experts forestiers avaient fini par reconnaître qu'elle se révélait dommageable mais seulement lorsqu'elle était « illégale ». Certes, l'exploitation « illégale » prive les États de revenus, mais la légaliser ne change rien à son caractère destructeur car l'attribution d'une autorisation ne modifie pas les pratiques négligentes ou frauduleuses sur le terrain.

L'hypocrisie est d'autant plus patente qu'elle se fait – comme le disait notre tribune – au nom d'*« une course aveugle vers un mode de « développement » à l'occidentale, dont on peut douter qu'il soit généralisable à l'ensemble de la planète »*.

De fait, c'est en promettant que les pays des Suds pourront se « développer » que les experts incitent leurs dirigeants et populations à accepter de voir leur environnement saccagé pour produire du bois. Échapper à cette logique supposerait de reconnaître qu'un « développement » vers la société de consommation de masse à l'occidentale n'est pas généralisable.

Une remise à plat des modèles de pensée mondiaux serait donc nécessaire pour éviter la destruction des forêts tropicales, mais il n'en est rien car, par-delà les nombreuses critiques qui lui ont été faites, le « développement », surtout prétendu « durable », s'est imposé comme « la solution » et non comme une source des problèmes.

Les discours n'ont pas changé en 2020 par rapport au début des années 2000, sauf que depuis que les forêts denses d'Asie du Sud-Est ont été largement détruites, ils sont désormais tenus par les responsables des pays d'Afrique, dont les espaces naturels disparaissent à leur tour.

La tribune de 2003 continuait enfin sur l'instrumentalisation de la lutte contre le réchauffement climatique pour maintenir l'exploitation des forêts

---

[6] Leslie Alf, 2001, « L'exploitation à faible impact et ses problèmes », *in Actualité des Forêts Tropicales*, OIBT, vol. 9, n° 2, p. 27-32.

naturelles. Cette manipulation, est encore utilisée, même si comme on l'a évoqué plus haut, des études plus récentes ont montré que – de manière relativement contre intuitive – les forêts tropicales denses stockaient autant voire plus de carbone à maturité que dans leur phase de croissance initiale[7]. Là encore, par-delà le but affiché de planter des espèces à croissance rapide pour la pâte à papier ou pour stocker le CO_2, le véritable but des lobbies était de continuer d'obtenir des autorisations de coupe dans les forêts denses, afin de maximiser les bénéfices, sachant que le reboisement n'avait souvent jamais lieu, ou dans des conditions telles qu'il aboutissait à des fiascos. C'est toujours vrai en 2020. Le pire était que cela se faisait à l'époque au nom du Protocole de Kyoto signé en 1997, qui était totalement sous-dimensionné et qui a fait perdre près de vingt ans à la lutte contre le réchauffement climatique, avant la signature de l'Accord de Paris en 2015[8].

La tribune du *Monde* vue de 2020

À la fin de la tribune de 2003 nous écrivions :
« Aucune solution technicienne ou technocratique n'est sérieusement envisageable. Seule une formidable volonté populaire et politique mondiale pourrait renverser ces tendances, mais la majorité des « experts », comme la logique financière contemporaine, sont à contre-courant de cet esprit et nous ne voyons vraiment pas d'où pourrait venir une telle volonté ».

Ce constat justifiait le sentiment de l'impossibilité d'empêcher la destruction généralisée des forêts primaires tropicales, mais il n'était pas complètement négatif puisqu'il considérait qu'une « *formidable volonté populaire et politique mondiale pourrait renverser ces tendances* ». Cette volonté est apparue dans les mouvements de contestation par la jeunesse à la fin des années 2010, mais elle ne fait pas encore le poids face à la pression des « experts en exploitation » et des logiques financières contemporaines cherchant toujours plus de croissance.

Étions-nous pessimistes voire « catastrophistes » en 2003 ? Au contraire. Nous envisagions par exemple la disparition des forêts denses de l'Amazonie à l'horizon du début du XXIIe siècle. Les recherches de 2020 craignent désormais qu'elles ne soient majoritairement détruites d'ici le début des années 2080[9].

Quelle réponse alors à la question initiale : « Une exploitation soutenable des forêts naturelles tropicales est-elle possible ? »

---

[7] Stephenson N. L. *et al.*,
« Tree growth never slows », *Nature*, 2014, doi:10.1038/nature.2014.14536

[8] Durand F., « Au royaume des aveugles l'effet de serre est roi », *Le Monde Diplomatique*, n° 585, déc. 2002, p. 18-19.

[9] Cooper G.S. *et al.*, « Regime shifts occur disproportionately faster in larger ecosystems », *Nature Communications* n° 11, 1175 (2020). https://doi.org/10.1038/s41467-020-15029-x

Indéniablement, comme annoncé au début, la réponse est « non », en tout cas, à une échelle « commerciale ». Que des populations coupent des arbres de forêts denses pour leurs besoins « locaux » en bois est bien sûr envisageable, car les perturbations sont limitées. En revanche, toute exploitation de plus grande ampleur amènera à les détruire directement ou indirectement, notamment via des défrichements ultérieurs ou des incendies. « Au mieux », cela les transformera en « plantations d'arbres », ce qui signifie que ce ne seront plus des écosystèmes riches en biodiversité.

Les « plantations d'arbres » ont leur utilité, mais il ne faut pas prétendre que ce sont des « forêts ». D'ailleurs, par un étonnant concours de circonstances, alors que j'achève en août 2020 la mise en forme de cette communication présentée en 2019 au colloque « La protection juridique des forêts perspectives nationales et internationales », paraît dans *Le Monde* une tribune signée par Francis Hallé : « Ne prenons plus les plantations d'arbres pour des forêts ». Il y critique comme en 2003 les dérives de la FAO, des forestiers, et de l'instrumentalisation de l'exploitation ou de la conversion en plantations monospécifiques dans le contexte du réchauffement climatique[10].

Cette nouvelle tribune de Francis Hallé – désormais âgé de plus de 80 ans – montre que les personnes qui se préoccupent vraiment de l'avenir des forêts tropicales ne renoncent pas à dénoncer les abus et les manipulations des lobbies, même s'il est à craindre que ce ne soit pas suffisant et que, face à ces forces si puissantes et manipulatrices, il soit encore aujourd'hui – comme en 2003 – *« impossible d'empêcher la destruction généralisée des forêts primaires tropicales »*.

---

[10] Hallé Francis, « Ne prenons plus les plantations d'arbres pour des forêts », *Le Monde*, 15 août 2020.

Texte original de la tribune : « Il est aujourd'hui devenu impossible d'empêcher la destruction généralisée des forêts primaires tropicales »

Tribune parue dans le journal *Le Monde*, le 10 novembre 2003 sous le titre « Forêts tropicales : c'est fichu ! »

Frédéric DURAND
Géographe
Maître de conférences à l'université Toulouse-II
Francis HALLE
Botaniste
Spécialiste des forêts tropicales
Nicolas HULOT
Président de la fondation Nicolas Hulot pour la nature et l'homme

Dans un monde dont la complexité ne cesse de croître, la société civile est de plus en plus amenée à s'en remettre à l'analyse d'« experts », à la fois pour le diagnostic des problèmes et pour la proposition de solutions.

En tant que spécialistes du monde tropical et des questions environnementales, il apparaît aujourd'hui de notre devoir de dire clairement qu'« il est devenu impossible d'empêcher la destruction généralisée des forêts primaires tropicales ».

Prétendre le contraire serait laisser l'opinion publique dans l'illusion qu'il existerait au sein des instances mondiales une volonté réelle et sérieuse de préserver ces écosystèmes. Quant aux décideurs, ils savent que la recherche de véritables moyens conceptuels et financiers pour mettre en œuvre de telles politiques fait défaut. En réalité, les lobbies, les contraintes économiques et même les représentations ou conceptions de la majorité des administrateurs ou techniciens des grandes institutions, concourent à accélérer leur dégradation à un rythme seulement égalé dans l'histoire de la Terre par les grandes catastrophes d'échelle géologique.

Commençons par prendre la mesure de notre ignorance. De la bactérie à la baleine, les chercheurs ont actuellement identifié 1,7 million d'espèces animales et végétales vivantes. Mais, il y en aurait en tout 50 à 100 millions. Ainsi, bien que nous ayons parfois l'impression d'avoir « tout découvert », nous ne connaissons en réalité que 2 à 3 % des formes de vie de notre planète. Au moins la moitié de ces espèces vivent dans les forêts tropicales et en sont une partie intégrante. Or, au niveau de destruction actuel, 50 000 à 100 000 espèces sont vraisemblablement détruites chaque année. Si l'on suit mathématiquement ce rythme, avec l'espérance de vie d'un Européen (75 ans), les enfants qui naissent aujourd'hui devraient assister à la disparition de l'essentiel des forêts primaires d'Afrique occidentale, d'Amérique centrale et d'Asie du Sud-Est. A l'exception de rares espaces difficilement accessibles, les forêts tropicales d'Amérique du sud et d'Afrique centrale devraient suivre d'ici le début du prochain siècle. Il est maintenant avéré avec les exemples du Gabon, de la Côte d'Ivoire, du Liberia, de l'Indonésie, du Chili, etc., que les réserves intégrales et les parcs nationaux sont des solutions fugaces, même s'ils permettront in fine de préserver quelques lambeaux d'une destruction totale.

Ce patrimoine mondial s'évanouit sans jamais avoir été étudié, avec toute la richesse de sa biodiversité. C'est un peu comme si l'on alimentait un feu de cheminée avec des manuscrits uniques dont le contenu a une valeur inestimée.

Mais pourquoi ces forêts sont-elles détruites ?

Deux grandes causes peuvent être identifiées : l'extension d'une agriculture permanente et l'exploitation forestière.

La première peut être d'origine locale, réalisée dans le cadre de programmes gouvernementaux de « colonisation » agricole ou financés par l'industrie agroalimentaire. Une part de ces défrichements est sans doute utile, mais beaucoup de projets sont irréalistes et économiquement comme écologiquement discutables, dans la mesure où la pauvreté des sols oblige souvent à abandonner la terre après quelques années de culture intensive.

La deuxième cause, l'exploitation forestière, est plus controversée, car la FAO, l'institution de l'ONU en charge de l'agriculture et des forêts, considère qu'elle n'est jamais destructrice (sauf quand elle est illégale...). Cette affirmation, pour le moins contestable, repose sur la définition même des forêts, donnée par les « experts » forestiers : « un système écologique couvrant au moins 10 % du sol avec des arbres d'au moins cinq mètres de haut, mais n'étant soumis à aucune pratique agricole ».

Avec une telle définition, il suffit qu'il reste quelques arbres à l'hectare pour continuer à prétendre qu'il n'y a pas eu déforestation, même si les écosystèmes sont perturbés au point de ne plus pouvoir se régénérer, ou sont tellement fragilisés que des centaines de milliers d'hectares partent en fumée à chaque sécheresse marquée, comme en Indonésie tous les quatre ou cinq ans, depuis l'essor de l'exploitation industrielle du bois dans les années 1970.

Espérer une meilleure gestion est largement illusoire, dans la mesure où ces forêts primaires sont exploitées justement parce que leur bois n'est pas cher et permet de fabriquer des coffrages à béton ou des meubles bon marché. Si le bois tropical devenait plus coûteux, il serait délaissé pour d'autres matériaux moins onéreux. Les projets d'éco-certification de l'exploitation restent marginaux. Leur efficacité est discutable et ils servent le plus souvent d'alibi pour ne pas remettre en question les pratiques non-durables seulement intéressées par le bois. Or les forêts ne sont pas des sommes d'arbres ou de mètres cubes de produits ligneux, ce sont des milieux vivants, nécessaires à la préservation de l'environnement, de l'eau, des sols, de la vie sauvage, ainsi qu'à l'existence de populations en symbiose avec elle.

À ce titre, il faut souligner l'injustice faite aux populations forestières qui, par-delà les discours paternalistes, continuent d'être accusées de la majeure partie des destructions par les instances internationales. Pourtant, sans idéaliser leur mode de vie, lorsque l'on regarde certains pays comme la Thaïlande, l'Indonésie ou le Cambodge, les seules régions où subsistent des espaces significatifs en forêts denses sont justement celles où vivent les populations forestières.

Mais, presque paradoxalement, pour extrêmement graves que soient ces dégradations forestières, souvent induites par une course aveugle vers un mode de « développement » à l'occidentale, dont on peut douter qu'il soit généralisable à l'ensemble de la planète, notre inquiétude est aujourd'hui renforcée par les projets censés réduire le phénomène.

En effet, alors que pendant des décennies, de nombreux « experts » forestiers ont conseillé aux dirigeants des pays tropicaux d'aménager au minimum, de couper les arbres et de laisser les forêts « se régénérer toutes seules », on constate aujourd'hui que cette régénération est loin d'être automatique et que l'on ne sait toujours pas reconstituer un écosystème forestier tropical complexe. De ce fait, les projets de « reforestation » se limitent la plupart du temps à des plantations d'espèces à croissance rapide du type eucalyptus, acacias ou albizzia, parfois reproduits à partir d'un seul spécimen, afin d'essayer de maximiser les rendements, mais avec des risques accrus en cas de maladies ou de parasites. La biodiversité laisse alors place à un productivisme qui, au vu du nombre d'échecs, est même loin d'être à la hauteur des simples espérances financières.

Mais de l'argent est disponible au niveau international pour de tels projets, et cela devrait s'accélérer. En effet, avec le protocole de Kyoto, censé lutter contre l'effet de serre par la réduction du carbone atmosphérique, des sommes considérables vont être allouées à des activités de « reboisement » pour constituer des « puits de carbone ». Loin de nous réjouir, cela renforce notre méfiance et appelle trois commentaires :

Premièrement, même si la question du réchauffement climatique est l'une des plus graves du XXIe siècle, qui promet d'avoir des conséquences dramatiques à l'échelle de l'Humanité, le protocole de Kyoto ne sert virtuellement à rien, puisqu'il correspond à 3 % de l'effort de réduction nécessaire pour limiter significativement le réchauffement. Devant les difficultés quasi insurmontables rencontrées par les économies des pays industrialisés pour réaliser dans les décennies à venir ces seuls 3 %, on voit mal, même en faisant massivement appel au nucléaire (ce qui pose d'autres questions), comment on peut espérer atteindre les 97 % restants.

Deuxièmement, l'ensemble des calculs réalisés montre que, même avec des plantations massives et les politiques les plus volontaristes, le reboisement en forêts tropicales ne pourrait contribuer qu'à une douzaine de pour-cents des besoins de ce protocole. Il ne faut donc pas se leurrer sur les possibilités de cette activité. Cela implique que des mesures sérieuses soient prises en amont, dans la réduction de la production de carbone.

Troisièmement, les forêts tropicales sont de mauvais « puits de carbone », lorsque ces écosystèmes sont à maturité. On peut donc s'attendre (même si leurs promoteurs s'en défendent) que, comme c'est déjà le cas dans nombre de plantations, une part importante des projets soit réalisée dans des forêts primaires, ce qui est financièrement plus intéressant car cela permet d'en exploiter le bois avant de planter. Sous la pression des nouveaux marchés boursiers des « droits à polluer », ces écosystèmes forestiers naturels seront donc rasés pour laisser place à des arbres qui fixent plus rapidement le carbone.

Ainsi, au nom d'un protocole illusoire et inefficace, la déforestation, déjà importante et non maîtrisée, devrait s'accélérer dans les années à venir avec l'approbation et le soutien moral et financier de la majorité des grandes institutions internationales et sans doute de nombres de personnes sensibles aux questions environnementales, mais qui ne prennent pas conscience de ces enjeux ou ne voient pas ce qu'ils peuvent faire face aux lobbies économiques.

Aucune solution technicienne ou technocratique n'est sérieusement envisageable. Seule une formidable volonté populaire et politique mondiale pourrait renverser ces tendances, mais la majorité des « experts », comme la logique financière contemporaine, sont à contre-courant de cet esprit et nous ne voyons vraiment pas d'où pourrait venir une telle volonté.

Dans ce contexte, nous regrettons donc de devoir réaffirmer, après mûre réflexion, que nous avons dû nous rendre au constat que le phénomène est devenu irréversible et qu'il est devenu impossible d'empêcher la destruction généralisée des forêts primaires tropicales.

IV

Les instruments juridiques de protection des forêts
Exemples français

Sous la présidence de Laurent Fonbaustier

L'usage complexe de la domanialité en matière de protection des forêts

Solène GRANDJEAN
Doctorante en droit de l'environnement
Université Paris I Panthéon-Sorbonne

Dès les premières règlementations concernant les forêts[1], le législateur s'est préoccupé de protéger la forêt afin de la conserver en bon état pour pouvoir l'exploiter. Au Moyen-Âge, cette obligation de conservation n'était pas mise en place pour des considérations écologiques, mais plutôt pour s'assurer que l'exploitation puisse continuer sur le long terme et ne pas faire disparaître la ressource première par une surexploitation. Le bois constituait une source de revenus importante pour le Trésor royal et fournissait des matériaux nécessaires en cas de guerres. Au fur et à mesure que la fonction environnementale de la forêt s'est affirmée, sa protection a rejoint un objectif plus général de protection de la nature. La forêt représente ainsi l'ambivalence entre protection et exploitation, que l'on retrouve dans une certaine mesure dans les éléments du domaine public qui doivent être valorisés et protégés. Les forêts occupent aujourd'hui 16,9 millions d'hectares du territoire français dont les trois quarts appartiennent à des propriétaires privés. La domanialité publique représente un enjeu pour la minorité de forêts qui appartient à l'État, à des collectivités locales ou d'autres établissements et personnes publiques.

Le classement des forêts dans le domaine privé des personnes publiques résulte d'une jurisprudence ancienne[2], qui a été réaffirmée à de nombreuses reprises, notamment dans l'arrêt *Abamonte* de 1975 du Conseil d'État[3]. Depuis 2006, cette solution est inscrite dans le Code général de la propriété des personnes publiques à l'article L. 2212-1. Alors même que le juge et le législateur rappellent cette solution de manière constante une partie de la doctrine remet régulièrement en cause son bien-fondé. Ce mouvement s'est d'autant plus accru que les obligations environnementales se sont imposées de plus en plus nombreuses. Pour certains auteurs, l'importance croissante de l'écologie dans la société et dans le droit rend la conception patrimoniale traditionnelle de la forêt obsolète. Ils reprochent au juge et au législateur de ne pas accompagner ce changement[4].

---

[1] Par ex. l'ordonnance de Brunoy de 1346 puis les ordonnances de Colbert de 1669.
[2] Par ex. arrêt CE, 4 avr. 1884, *Sieur Barthès*, recueil Lebon, p.279.
[3] CE Section, 28 nov. 1975, *Abamonte contre ONF*, n° 90772, publié au recueil Lebon.
[4] Voy. not. A.-S. Mescheriakoff, Pour un service public de l'accueil des promeneurs en forêt, *Revue Juridique de l'Environnement*, n° 2, 1976. pp. 29-50 ; M. Chouquet, *Le domaine privé des personnes publiques*, Université de Bordeaux, LGDJ, Bibl. de droit public, 2017, p. 108.

Le Code général de la propriété des personnes publiques définit, à l'article L. 2111-1, le domaine public d'une personne publique comme l'ensemble « *des biens lui appartenant qui sont soit affectés à l'usage direct du public, soit affectés à un service public pourvu qu'en ce cas ils fassent l'objet d'un aménagement indispensable à l'exécution des missions de ce service public* ». Or, la multifonctionnalité des forêts a été reconnue[5] tout comme l'existence d'un service public de protection des forêts[6] et la plupart d'entre elles sont aménagées pour accueillir le public. Aussi, au regard de la définition du domaine public, les forêts devraient en faire partie. À l'époque où la question ne faisait pas encore débat, Léon Duguit, précurseur, considérait dans son *Traité de droit constitutionnel* en 1930 que le classement des forêts dans le domaine privé se faisait « *à tort. Elles sont objet d'un service public* »[7]. Si une partie de la doctrine vante les mérites de l'incorporation des forêts dans le domaine public dans l'optique d'une meilleure protection de la forêt (**I**), il n'est pourtant pas certain que la domanialité soit le régime le plus adapté à la réalité de l'exploitation forestière (**II**).

I. L'usage potentiel de la domanialité pour une meilleure protection des forêts

Une grande partie de la doctrine s'accorde à dire que la domanialité publique pourrait être mieux utilisée pour protéger l'environnement, particulièrement la forêt (**A**) et que l'activité de service public qui s'y déroule la fait entrer dans la définition du domaine public (**B**).

A. Les avantages de la domanialité publique

Historiquement, la domanialité publique n'a pas vraiment été utilisée pour protéger l'environnement en tant que tel. Certains commentateurs[8] de la loi de 1995 sur la protection de l'environnement[9] notaient cependant que certaines dispositions du Code forestier permettent à l'État de s'approprier des massifs forestiers trop exposés aux incendies ou ceux constitutifs de forêts de protection. L'appropriation publique a été ainsi rendue possible pour protéger

---

[5] L'article L. 121-1 du Code forestier dispose que « *La politique forestière prend en compte les fonctions économiques, environnementales et sociales des forêts* »

[6] CE, *Courrières*, req. n° 85544, note F. Moderne, *RD rur*. 1976. 30 ; TC, 2007, *Doucedame*. n° 3625, Lebon 607.

[7] L. Duguit, *Traité de droit constitutionnel*, 3e éd. 1930, T.III, p. 358.

[8] V. Inserguet-Brisset, « Le renforcement de la protection de l'environnement par l'appropriation publique, les dispositions de la loi 95-101 du 2 février 1995 », *Les Petites Affiches*, n° 45, 1995, p. 9-14.

[9] Loi n° 95-101 du 2 février 1995 relative au renforcement de la protection de l'environnement., comm. R. Hostiou, « Loi Barnier : protection de l'environnement et droit de l'expropriation pour cause d'utilité publique », *RJE*, n°2, 1995. p. 235-245.

certains espaces contre des catastrophes naturelles ou protéger des espaces particulièrement fragiles.

En intégrant la protection de l'environnement dans le but d'intérêt général visé par la personne publique, la domanialité peut présenter des avantages que le droit de propriété des personnes privées n'implique pas nécessairement. Parmi eux, on trouve notamment l'obligation d'entretien. Il s'agit d'un entretien tel que défini dans le Code de l'environnement donc compatible avec l'état ou le potentiel écologique de la dépendance. Les parcelles ne peuvent pas non plus être utilisées à des fins contraires à leur protection : il y a une obligation d'utiliser le bien conformément à son affectation à l'utilité publique[10]. La forêt pourrait également être mieux protégée par des sanctions pénales administratives notamment avec les contraventions de grande voirie[11].

Intégrée dans le domaine public, la forêt bénéficierait des deux principes fondamentaux de la domanialité publique : l'inaliénabilité et l'imprescriptibilité. L'inaliénabilité, quand elle est pleinement mise en œuvre, interdit la vente des biens du domaine public et l'impossibilité de les exproprier. Or, le juge a consacré explicitement une inaliénabilité relative du domaine forestier[12] et a considéré que l'aliénation des forêts était possible dans le cadre d'une cession amiable pour réaliser une opération d'utilité publique[13]. Le principe d'imprescriptibilité interdit d'acquérir un bien du domaine public par prescription[14]. Elle permet d'empêcher notamment que des particuliers profitent de la négligence de l'administration pour occuper puis acquérir une partie du domaine public[15]. Or, les forêts des personnes publiques sont prescriptibles[16]. Et la seule soumission d'une forêt au régime forestier ne fait pas obstacle à la prescription acquisitive[17]. Il existe une exception pour les forêts appartenant au département de la Réunion et de Mayotte qui restent inaliénables et imprescriptibles[18] comme les forêts de l'État situées en Guadeloupe et Martinique.

Ainsi apparaît la possibilité de « verdir » un bon nombre d'outils juridiques inhérents à la domanialité publique pour tendre vers une meilleure protection de l'environnement. Mais au-delà de la considération de ces avantages, la doctrine s'est surtout mobilisée sur cette question, car elle considère que le

---

[10] Art. L. 2121-2 CG3P.
[11] Art. L. 2132-2 CG3P.
[12] CA Bordeaux, 6e Ch., 7 juill. 1987, *Dartialh c/ ONF*, n° 735.84RG.
[13] CE section, 9 nov. 1979, *Ministère de l'Agriculture c/ association de défense de l'environnement en Vendée*, req n° 04428 04548, publié au recueil Lebon.
[14] C'est-à-dire par possession prolongée.
[15] Cette occupation peut se faire parfois de bonne foi, si les délimitations du domaine public ne sont pas clairement établies (J. Morand-Deviller, *Droit administratif des biens*, LGDJ, coll. Cours, 9e éd. 2016, p.184).
[16] Cass, civ, 27 juin 1854.
[17] Cass, 3e civ, 28 janv. 1987, n° 85-13.712.
[18] Art. L. 274-1 et art. L.275-2 du Code forestier.

juge refuse de reconnaître que la forêt entre dans la définition du domaine public, ce qui l'empêche de bénéficier de la protection qui lui est liée.

B. La forêt : support d'une activité de service public administratif

Dans l'arrêt *Abamonte* de 1975, le Conseil d'État relève la présence des critères de la domanialité publique sans en tirer les conséquences sur l'appartenance de la forêt au domaine public. Il dispose que « *l'ouverture au public par des aménagements spéciaux ne constitue pas une activité administrative de nature à la classer dans le domaine public* ». Or, les forêts peuvent être considérées comme étant affectées à l'usage du public puisqu'elles accueillent un nombre très important de visiteurs et sont aménagées pour les accueillir. Cependant le juge distingue l'affectation à un service public d'accueil du public et la simple ouverture de la forêt au public[19].

Traditionnellement, il ne peut y avoir de service public sur les éléments du domaine privé des personnes publiques puisqu'elles doivent se comporter comme n'importe quel propriétaire soumis au droit commun[20]. Pourtant, l'existence d'un service public administratif dans les missions de protection, de surveillance, d'exploitation et d'entretien des forêts a été reconnue par le juge[21]. Constituent également des activités de service public administratif les activités de protection, de conservation et de surveillance de la forêt dont l'Office national des forêts est chargé. De plus, depuis la loi de 1985 relative à la valorisation et la protection de la forêt[22] « *la mise en valeur et la protection de la forêt française sont reconnues d'intérêt général* » ce qui implique que toutes les activités mises en œuvre dans ce cadre par des personnes publiques sont des activités de service public. Néanmoins, le juge a considéré que la domanialité privée de la forêt n'entrait pas en contradiction avec ces missions de service public administratif[23]. Il a refusé de reconnaître l'existence d'un service public administratif dans les mesures prises par l'Office national des forêts notamment concernant la préservation du gros gibier dans les forêts domaniales[24] ou bien permettant d'aménager la forêt pour l'ouvrir au public[25], ce qui peut être contesté.

Selon la note de François Julien-Laferrière sous cet arrêt, le Conseil d'État consacrait une « *catégorie de biens domaniaux insusceptibles d'entrer dans*

---

[19] « L'ouverture au public n'est pas l'affectation au public » : Ch. Lavialle, « Remarques sur le classement des forêts publiques dans le domaine privé », *in Mélanges en l'honneur de Pierre Bon*, Dalloz, 2014, p. 945.

[20] Romieu sous l'arrêt *Terrier* (CE, 6 févr. 1903, req. n° 07496, publié au recueil).

[21] CE, 3 mars 1975, n° 85544, *Courrière*, *préc.* ; Cass. 2e civ., 29 avr. 1998, n° 97-60.585, T. Schmitt, « Le bûcheron, la forêt et le service public », *D.* 2000, jurispr. p. 232.

[22] Loi n° 85-1273 du 4 déc. 1985 relative à la gestion, la valorisation et la protection de la forêt.

[23] CE, 24 avr. 1994, *GIE Groupétudebois*, n° 91549.

[24] CE, Section, 20 juill. 1971, *Bolusset*, req. n° 79259, Lebon.

[25] CE, 1975, *ONF c/ Abamonte*, *préc.*

le domaine public même s'ils en remplissent les conditions »[26]. En 2006, le législateur a suivi la jurisprudence en intégrant les bois et forêts dans le domaine privé des personnes publiques. Le juge et le législateur ont ainsi fait le choix d'une appréciation globale de l'affectation de la forêt : dès lors qu'il y a exploitation économique dans une forêt, c'est cette fonction qui va l'emporter. L'affectation à un service public, en matière de forêt, n'a pas d'effet si elle n'est pas principale. Pour certains, cette solution n'est pas logique, mais elle reste conforme à la conception traditionnelle de la forêt et la réalité de l'exploitation forestière.

II. Les résistances à l'usage de la domanialité

Si le classement des forêts suppose que la domanialité publique serait incompatible avec les exigences de gestion et d'exploitation de la forêt (**A**), c'est aussi que le domaine privé est adapté au régime forestier (**B**).

A. L'inadéquation de la domanialité à l'exploitation des forêts

Il ne faut pas oublier que la forêt « *n'est pas une promenade publique aménagée pour que le public y vienne* »[27]. On va équiper et aménager ces espaces[28] pour répondre aux sollicitations du public[29] mais la destination première de la forêt reste toujours son exploitation économique. Les forêts n'ont jamais été principalement affectées à l'usage du public sinon elles deviennent des promenades publiques, à l'instar des Bois de Boulogne et de Vincennes[30], entrant ainsi dans le domaine public des personnes publiques.

Suite à l'arrêt *Abamonte*, il aurait pu être décidé de diviser les forêts et d'incorporer les parties ouvertes au public dans le domaine public. Cependant accepter de partager les forêts sur une appréciation *in concreto* de leur utilisation pourrait conduire à l'apparition d'un contentieux sur l'utilisation de telle ou telle parcelle[31] en plus de fragmenter le régime juridique.

Il apparaît, par ailleurs, que la gestion forestière semble être incompatible avec la domanialité publique, « *tournée vers la préservation du bien* »[32]. Le principe d'inaliénabilité s'opposerait notamment aux ventes de coupes de bois et à la gestion des droits de chasse. Or, il est possible d'opposer à cet argument

---

[26] F. Julien-Laferrière, Note sous l'arrêt Abamonte, *AJDA*, 1976 p.448.

[27] J. Liagre, *La forêt et le droit*, éd La Baule, 1997, n° 1835.

[28] Voy. J. Liagre, « L'aménagement des forêts publiques : point de vue d'un juriste », *Revue forestière française*, NS, 1999.

[29] La forêt publique accueille près de 500 millions de visiteurs par an.

[30] Voy. CE, 14 juin 1972, *Eidel,* req. n° 84967, publié au recueil Lebon et CE, 23 févr. 1979, *Gourdain*, req. n° 04897.

[31] M. Chouquet, *Le domaine privé des personnes publiques*, LGDJ, Bibl. de droit public, 2017, p. 110.

[32] J. Liagre, *La forêt et le droit*, *op. cit.* p. 66.

que l'arbre pourrait changer de statut une fois coupé. La pratique se fait en droit des biens : le blé qui pousse est un immeuble alors qu'il devient meuble dès qu'il est coupé. L'arbre sur pied qui compose la forêt inaliénable pourrait voir son statut changer dès lors qu'il aurait une autorisation de coupe de bois. Le bois coupé serait un bien meuble aliénable comme les autres. Si toutes les forêts publiques relevaient de la domanialité publique, il serait également possible de créer des servitudes spécifiques pour permettre l'exploitation, les coupes de bois ou la gestion des droits de chasse. Les forêts des personnes publiques peuvent déjà être grevées de plusieurs servitudes légales issues du droit commun[33] ou de servitudes d'utilité publique telles celles qui existent pour les transports d'énergie électrique ou les implantations de lignes télégraphiques.

L'opportunité de l'appropriation publique concernant les forêts privées s'est également posée. Leur morcellement et la diversité des propriétaires privés peuvent conduire à une sous-exploitation des ressources forestières et à une dégradation de l'environnement. C'est pour cette raison qu'une partie des outils de gestion restent aux mains de l'administration et que les moyens de contractualiser les objectifs de protection de la nature sont encouragés. La Société forestière de la Caisse des dépôts se voit imposer une charte de gestion durable et elle soumet son activité à des certifications similaires à celles de l'Office national des forêts. Les particuliers peuvent aussi y participer en passant des conventions de gestion avec l'ONF[34] en plus des plans simples de gestion. Il en ressort que les forêts privées et publiques sont gérées selon des modalités proches, ce qui « *amoindrit l'intérêt d'une appropriation publique malgré la supériorité qu'une partie de la doctrine lui concède* »[35]. L'action de la puissance publique serait donc plus efficace en règlementant qu'en acquérant les forêts.

B. Le régime forestier adapté à la protection des forêts

La règlementation des forêts est très spécifique : on ne soustrait pas la domanialité pour appliquer à la forêt un régime lambda, mais au contraire un régime particulier, dérogatoire du droit commun et d'ordre public qui se rapproche de la domanialité publique en termes de garanties et de protection. Certes, les forêts ne sont inaliénables que de manière relative mais c'est en réalité le cas pour tous les biens du domaine public, puisqu'ils peuvent être vendus dès lors que l'on met fin à leur affectation. Pour les forêts domaniales

[33] *Cf.* art. 671, 673 et 682 du Code civil.

[34] Le juge y voit alors une application conventionnelle du régime forestier (Cass. crim., 27 mai 1933). Ce mécanisme est très peu usité. (Voy. M. Lagarde, « La gestion contractuelle d'une forêt privée par l'Office national des forêts », *La forêt privée* 1989, n° 189, p. 17).

[35] R. Hostiou, « Supériorité de l'appropriation publique sur la propriété privée en tant qu'instrument de sauvegarde de l'environnement littoral », *AJDA*, 1995, p.660.

il est nécessaire d'obtenir une autorisation législative[36] ce qui garantit une protection consistante. Le problème se pose différemment pour les forêts communales puisqu'aucun texte ne prohibe leur aliénation[37], elles peuvent donc « *faire l'objet de droits réels et sont prescriptibles et aliénables* »[38]. Néanmoins, la commune doit au préalable obtenir la distraction du régime forestier[39]. Dès lors que le nouveau propriétaire, qu'il soit public ou privé, présente des garanties de bonne gestion, l'administration en charge des forêts peut autoriser la distraction du régime forestier[40]. Les communes demandent cependant la distraction plus en vue d'échange de terrains que pour des aliénations. Intégrer les forêts dans le domaine public des communes permettrait éventuellement de mieux contrôler ces possibilités.

La vente des forêts domaniales n'est possible que si une loi l'autorise afin de les protéger face à des ventes simplement dictées par un impératif pécuniaire. Cependant, les conditions de l'aliénation ont été assouplies en 2006. L'ancien article L. 62 du Code du domaine de l'État prévoyait que : « *Les bois et forêts domaniaux ne peuvent être aliénés qu'en vertu d'une loi. Toutefois, il peut être procédé, dans la forme ordinaire, à la vente des bois domaniaux d'une contenance moindre de 150 hectares qui (...) sont séparés et éloignés d'un kilomètre au moins des autres bois et forêts d'une grande étendue* ». En 2006, l'article L. 3211-5 du Code général de la propriété des personnes publiques a supprimé la condition de distance. Pour Michel Lagarde, cela revient à avoir « *brisé la protection essentielle* » qui existait puisque par voie règlementaire l'État pourra désormais vendre des parcelles inférieures à 150 hectares, y compris par morceaux. Si l'on peut considérer que la domanialité n'est pas le régime le plus adapté en matière de protection des forêts, c'est à la condition que le régime forestier maintienne des règles dérogatoires très protectrices pour la forêt. Plus les contraintes mises en place par le régime forestier s'affaiblissent plus la question de l'opportunité de classer les forêts dans le domaine public risque de ressurgir.

Tant que la fonction économique de la forêt reste la première fonction de la forêt, la domanialité ne sera pas le meilleur moyen de protection, car cela reviendrait à nier cette principale affectation. Le régime forestier permet une protection certaine des bois et forêts tout en permettant leur exploitation économique. Il a été conçu exprès en ce sens. Cependant, la fonction principale de la forêt pourrait changer, à l'heure où les enjeux environnementaux sont incontournables, ce qui ferait évoluer son régime.

---

[36] Sous réserve des exceptions prévues par l'article L. 3211-5 (et précisées par l'article L. 3211-5-1) du CGPPP.

[37] Exception faites des forêts appartenant au département de Mayotte ou de la Réunion qui restent inaliénables et imprescriptibles (art. L. 275-2 et L. 274-1 Code forestier).

[38] M. Deffairi, *La patrimonialisation en droit de l'environnement*, IRJS éd, coll. Bibl. de l'IRJS, 2015, p. 269.

[39] CE, 30 avr. 1909, *Ministre de l'Agriculture c/ Soubielle*, Lebon, p. 433.

[40] Question écrite n° 3088 de M. Dosière. JOAN Q, 10 févr. 2003, p. 1005.

La compensation écologique suite à des opérations de défrichement : évolutions et perspectives

Marthe LUCAS
Maître de conférences en droit public
Université d'Avignon
Institut méditerranéen de biodiversité et d'écologie

Le défrichement se définit en droit français par la réunion d'un critère matériel, la destruction de l'état boisé d'un terrain, et d'un critère intentionnel, la volonté de supprimer définitivement la destination forestière de celui-ci[1]. Suivant les cas et les conditions définies par la loi, cette opération requiert l'obtention d'une autorisation pour les propriétaires de forêts privées comme publiques, à l'exception des forêts domaniales. À l'issue d'un délai de deux mois, le silence de l'administration vaut autorisation tacite pour les premiers et refus pour les seconds. Dans les deux cas, l'autorité administrative peut, au vu des fonctions remplies par le bois à défricher (lutte contre l'érosion des sols, qualité des eaux, équilibre biologique d'une région, etc.), s'opposer à la délivrance de l'autorisation[2] ou y adjoindre diverses mesures. Dans ce cas, l'article L. 341-6 du Code forestier prévoit d'un côté, des mesures de réduction (réduction des risques naturels, réduction des impacts sur les fonctions remplies par le bois défriché ou conservation sur le terrain de réserves boisées) et de l'autre, des mesures compensatoires à proprement parler, à savoir des travaux de boisement ou reboisement compensateur ou des travaux d'amélioration sylvicoles.

À côté de ce dispositif spécifique au Code forestier, la compensation écologique renvoie plus communément au droit de l'évaluation environnementale. Définie dernièrement par la loi du 8 août 2016, elle désigne les mesures prises suite aux impacts résiduels causés à la biodiversité d'un plan ou d'un projet. Visant un objectif d'absence de perte nette qui implique le respect d'une équivalence écologique entre le dommage et la compensation, ces mesures doivent être localisées à proximité de l'impact configurées pour une durée égale à celui-ci[3]. Une opération de défrichement peut ainsi donner lieu à de telles mesures compensatoires au titre du Code de l'environnement (loi sur l'eau, dérogation espèces protégées ou Natura 2000) voire à des mesures de compensations carbones (dont il ne sera pas question ici)[4]. De ce

---

[1] Art. L. 341-1 C. for. Les deux conditions doivent être vérifiées cumulativement.

[2] Art. L. 341-5 C. for.

[3] Art. L. 163-1 C. env.

[4] La compensation carbone désigne à la fois un dispositif volontaire et un dispositif obligatoire visant une partie des opérateurs émettant des GES. Selon le programme national de la forêt et

fait, l'atteinte au milieu forestier que constitue un défrichement semble doublement contrebalancée.

Faut-il pour autant considérer la compensation écologique comme un outil de protection du milieu forestier ? Si la protection s'entend au sens de « précaution (...) qui consiste à prémunir une personne ou un bien contre un risque, à garantir sa sécurité et son intégrité par des moyens juridiques ou matériels »[5], il est alors impossible de compter la compensation parmi les instruments juridiques de protection. En effet, cette mesure faisant toujours suite à un impact initial[6], ici le défrichement, elle constitue par suite moins un acte de prévention d'un dommage que la recherche d'une réparation de celui-ci. Les mesures compensatoires ne veillent pas à la sauvegarde de la forêt mais plutôt à son renouvellement dans la mesure où elles visent au maintien d'un certain niveau quantitatif et peut-être qualitatif de la forêt française. En d'autres termes, il s'agit d'assurer une certaine stabilité du couvert forestier, sans dénaturer les fonctions initiales jouées par les bois défrichés. C'est donc seulement sous cette acception qu'elles participent à la protection de la forêt au sens large.

La question posée est donc de savoir si et comment les mesures compensatoires suite à un défrichement ont permis, permettent ou permettraient de garantir la multifonctionnalité de la forêt dans le temps. Pour y répondre, il convient d'étudier les finalités de la compensation du Code forestier suivant une approche historique avant d'examiner en quoi le mécanisme actuellement prévu répond ou non aux enjeux forestiers actuels et futurs.

I. Regard rétrospectif sur les finalités des compensations prévues par le Code forestier suite à un défrichement

Parler de compensation écologique ou environnementale avant les années 1970 relève plutôt de l'anachronisme. Pourtant, sans l'énoncer ainsi, il semble bien que le Code forestier en ait été le véritable précurseur suivant un objectif de durabilité du milieu forestier dès le XIXe siècle (**A**). La vision systémique

---

du bois (2016-2026), la filière forêt-bois permet de compenser environ 20 % des émissions françaises de CO_2, d'une part, grâce au stockage de carbone en forêt (sols et biomasse aérienne) ainsi que dans les produits bois ; et, d'autre part, grâce à la substitution d'énergies fossiles (Loisier A.-C., Rapport n° 563 d'information fait au nom de la commission des affaires économiques par le groupe d'études « Forêt et filière bois » sur la situation et les perspectives de l'Office national des forêts, enregistré à la Présidence du Sénat le 12 juin 2019, p. 14). La compensation carbone ne sera pas traitée ici dans la mesure où elle ne fait pas nécessairement suite à un défrichement.

[5] Cornu G. (dir.), *Vocabulaire juridique*, PUF, Association Henri Capitant, 10e éd., 2014, p. 815.

[6] Camproux-Duffrène M.-P., « Les unités de biodiversité, questions de principe et problèmes de mise en œuvre », *RJE* NS/2008, p. 87-93.

des mesures compensatoires a revêtu ces dernières années un caractère économique plus marqué au risque de marginaliser toujours plus leurs finalités écologique et sociale (**B**).

A. Origines du (re)boisement compensateur : pour une durabilité multifonctionnelle de la forêt

La forêt est depuis l'Antiquité une ressource vitale. C'est pourquoi lorsque le taux de boisement tombe à 15 % au moment de la Révolution, la mise en place d'un régime d'autorisation préalable de défrichement s'accompagne, quelques dizaines d'années après, d'une réflexion sur la mise en place d'un mécanisme de compensation qui consisterait à replanter des arbres. Ainsi, le projet de code forestier de 1819 énonce que la loi autorise par exception les défrichements à partir de 2 ha mais « exige, en compensation, la replantation d'autres terrains, et proportionne leur étendue à leur qualité, comparée à ceux défrichés »[7]. Selon ce projet, l'autorisation de défricher ne pourrait être accordée qu'à la charge de replanter la même surface que celle défrichée ou le double en étendue[8]. Si la publication du Code forestier en 1827 ne retient pas cette obligation[9], les contours du procédé sont similaires à ceux adoptés plus d'un siècle après.

En 1979, la délivrance de l'autorisation peut être conditionnée à l'obligation de conserver des réserves boisées *in situ,* suffisamment importantes eu égard aux rôles utilitaires du bois défriché ou bien à l'exécution de travaux de reboisement *ex situ*[10]. En 2001, alors que la loi d'orientation sur la forêt proclame d'intérêt général la mise en valeur et la protection des forêts et la multifonctionnalité des forêts[11], la liste des prescriptions susceptibles d'être incorporées à l'autorisation de défrichement est allongée. Officiellement, les parlementaires redoutent que la suppression de la taxe sur le défrichement conduise à une augmentation des défrichements. L'ajout et le durcissement de conditions à l'octroi de l'autorisation de défrichement

[7] Ardant I.-Ph., *Projet de code rural et de code forestier*, Bibliothèque nationale de France, 1819, p. 67.

[8] Art. 138, *Projet de code rural et de code forestier*, Bibliothèque nationale de France, 1819, p. 71.

[9] Anc. art. L. 311-4 C. for. À défaut, une politique de reboisement des montagnes est orchestrée par une loi de 1860, pour faire face aux problèmes d'érosion apparus sur les flancs nus de montagne, ce qui a fait dire à certains qu'il s'agissait là d'une compensation avant l'heure (B. Labat, *Compensation forestière ou compensation en forêt ? Enjeux et ambiguïtés de la compensation écologique dans le contexte forestier*, Humanité et biodiversité, 2015, p. 23).

[10] Décret n° 79-113 du 25 janv. 1979 portant révision du code forestier (1re partie législative du nouveau code forestier) (*JO* du 7 févr.).

[11] Art.1er de la loi n° 2001-602 du 9 juill. 2001 d'orientation sur la forêt (*JORF* du 11 juill.).

permettrait de « contrebalancer ce risque »[12]. Parmi cette liste, à côté des mesures de conservation de réserves boisées, apparaît pour la première fois l'expression de « boisement compensateur ». Face à la reconnaissance de la multifonctionnalité des forêts, on aurait pu s'attendre à ce que la compensation ne soit pas spécifiquement tournée vers le rétablissement de la fonction écologique. Elle est au contraire mise ici en exergue, ce qui en fait en 2001 le dispositif le plus abouti d'un point de vue écologique.

Il s'agit de compenser la destruction d'un bois indépendamment de toute distinction entre nature ordinaire et nature protégée en principe par des opérations de boisements ou reboisement, soit des mesures en nature bénéficiant directement au milieu forestier. La finalité affichée est d'ailleurs de maintenir les fonctions écologiques et sociales du bois défriché, quitte à avoir recours à des ratios surfaciques de 1 à 5. Le préfet peut également imposer la réalisation du boisement compensateur « dans la même région forestière ou dans un secteur écologiquement ou socialement comparable », ce qui permet une meilleure cohérence écologique et que les personnes affectées par les impacts bénéficient aussi des retombées du reboisement. Enfin, en cas de non réalisation des mesures compensatoires, la sanction se veut dissuasive : les lieux défrichés doivent être rétablis en nature de bois et forêts dans un délai fixé par l'autorité administrative compétente de l'État.

Le dispositif prévu par l'ancien article L. 311-4 du Code forestier fait ainsi figure de modèle dans un contexte où la compensation écologique est éclatée à travers plusieurs législations sans être définie juridiquement[13]. Exemplaire, il contient néanmoins deux limites. D'une part, jusqu'en 2015, la prescription de mesures compensatoires n'est pas systématique et relève du pouvoir discrétionnaire du préfet[14]. D'autre part, par dérogation, la faculté est offerte à l'autorité administrative d'opter, sur proposition du demandeur, pour le versement d'une indemnité à l'État. Cette compensation par dérogation d'ordre financier doit être affectée à l'achat de terrains boisés ou à boiser susceptibles de jouer le même rôle écologique et social.

Au regard de ces éléments, sous réserve qu'elle soit prescrite, la compensation issue du Code forestier s'efforce de pérenniser le couvert forestier en prenant particulièrement en compte les fonctions écologiques et sociales des bois défrichés. Les intérêts économiques jusqu'alors implicitement garantis sont néanmoins en train de prendre le pas sur cette approche multifonctionnelle.

---

[12] Brottes Fr., Rapport n° 3054 fait au nom de la commission de la production et des échanges sur le projet de loi, modifié par le sénat, d'orientation sur la forêt, enregistré à la Présidence de l'Assemblée nationale le 15 mai 2001.

[13] Lucas M., *Étude juridique de la compensation écologique*, LGDJ, 2015, p. 134 et s.

[14] V. par ex. CE, 10 juill. 1995, *Association « vivre dans la presqu'ile de Saint-Tropez »*, n° 138503.

B. L'actuelle prévalence économique de la compensation

La finalité économique de la compensation qui n'était pas explicite en 2001 le devient en 2014[15]. Simultanément, l'exécution de travaux d'amélioration sylvicoles comme nouveau mode de compensation à côté des boisements fait son apparition. Au-delà, la prévalence économique sur les fonctions écologique et sociale vient plus particulièrement de l'importance grandissante donnée à la compensation pécuniaire et de l'affectation des sommes ainsi récoltées.

Pratique minoritaire en 2001, l'indemnité versée par le pétitionnaire doit servir en théorie à l'acquisition de terrains boisés ou à boiser par l'État, rétrocédés le cas échéant à des collectivités territoriales. En réalité dès 2006, l'indemnité compensatrice tombe dans le budget général de l'État sans être affectée à l'achat de forêt en vertu du principe fiscal de non affectation des recettes[16]. Depuis 2014, afin de faire face aux critiques, ces indemnités alimentent le fonds stratégique de la forêt et du bois (FSFB) qui finance des « projets d'investissements prioritairement en forêt et des actions de recherche, de développement et d'innovation »[17] suivant les orientations stratégiques du programme national de la forêt et du bois et les priorités arrêtées dans ses déclinaisons régionales. Il pourra s'agir de « développement des débouchés et des usages du bois dans la construction ; meilleure structuration des acteurs de la filière ; ou encore recherche d'un meilleur équilibre sylvo-cynégétique »[18]. Les actions financées s'entendent dès lors plus comme un soutien à l'activité forestière, à l'image de la compensation collective agricole[19], que comme une protection écologique des bois. En outre, les ressources du FSFB perçues au titre de cette compensation financière étant plafonnées à hauteur de 2 millions, le surplus continue d'alimenter le budget général de l'État[20].

---

[15] Loi n° 2014-1170 du 13 oct. 2014 d'avenir pour l'agriculture, l'alimentation et la forêt (*JORF* du 14 oct.).

[16] Allain E., « Règles applicables en matière de défrichement suite à la réécriture du code forestier et à la réforme de l'étude d'impact et de l'enquête publique », *Le Moniteur*, 16 août 2013, note 5.

[17] Art. L. 156-4 C. for. L'instruction technique DGPE/SDFCB/ 2017-179 du 24 févr. 2017 conditionne tout paiement par le FSFB à la poursuite d'un objectif parmi les 5 énumérés dans le programme national.

[18] « Taxe de défrichement », Réponse du Ministère de l'action et des comptes publics à la question écrite n° 08457 de M. Bernard Fournier, publiée dans le *JO Sénat* du 14/02/2019, p. 821.

[19] Sur une critique de ce dispositif, v. not. Lucas M, « Les faux semblants de la compensation collective agricole. Une mise en perspective à la lumière de l'expérience de la compensation écologique », *in* Demeester M.-L., Mercier V. (dir.), *Agriculture durable. De la production agricole à une alimentation responsable*, Tome II, PUAM, 2018, p. 131-146.

[20] *Ibid.*

Or, ce mode de compensation qui n'assure plus aucune correspondance entre le milieu détruit et celui recréé devient la règle et non plus l'exception. Non seulement, l'autorité administrative ne peut plus refuser cette initiative, mais pour les cas où le demandeur ne choisirait pas entre compensation en nature ou financière, l'indemnité est d'office mise en recouvrement[21]. Au demeurant, opter pour la prescription de boisement ou reboisement compensateurs suppose que le préfet de département en ait défini les règles (localisation et ratio) au préalable par arrêté[22]. Dans le cas contraire, l'autorisation de défrichement étant délivrée tacitement[23], la compensation financière sera applicable par défaut.

Au regard de ces éléments, le Code forestier n'offre pas de garanties équivalentes à la compensation écologique du Code de l'environnement : nulle mention d'équivalence écologique ou de compensation pérenne dans le temps et une proximité géographique très variable[24]. La finalité écologique (et sociale) se trouve occultée suite à une généralisation de la compensation financière dont les recettes sont affectées majoritairement au profit d'autres intérêts. Reste à savoir si ce changement de perspective est justifié par le contexte forestier français.

II. Regard prospectif sur la pertinence des compensations face aux enjeux forestiers actuels

Deux hypothèses semblent pouvoir justifier le recul de mesures compensatoires en nature du Code forestier définies en fonction de l'impact causé et bénéficiant directement au milieu forestier. La première serait de considérer que la part écologique de la compensation en cas de défrichement est désormais assurée par le Code de l'environnement (**A**). La seconde serait que le régime actuel correspond mieux à la situation écologique de la forêt française (**B**).

A. La complémentarité des compensations en question pour assurer le rétablissement de la fonction écologique des bois défrichés

La promotion d'une compensation sous forme financière tournée vers l'innovation et la gestion durable de forêts est-elle critiquable si le projet de

---

[21] Le Guyader Ch., Treffot M.-L., « Des différentes compensations aux atteintes aux milieux naturels. Les compensations sectorielles », *JCP N* n° 17, 27 avr. 2018, 1177, p. 39-42, spéc. p. 42.

[22] Art. R. 341-4 C. for.

[23] Art. L. 341-3 C. for.

[24] Art. L. 341-6 1° C. for. « Sans indication de localisation, ces travaux compensateurs peuvent être effectués dans un autre secteur du département ou même dans un autre département », (Instruction technique DGPE/SDFCB/2017-712 du 29 août 2017, p. 27).

défrichement doit réaliser par ailleurs une compensation écologique renforcée au titre du Code de l'environnement ?

En vertu du principe de l'indépendance des législations, les modalités de compensation des atteintes à la biodiversité définies par l'article L.163-1 du Code de l'environnement ne s'appliquent pas au Code forestier. Nulle obligation dans ce cas d'imposer l'équivalence écologique, une proximité géographique ou une pérennité des mesures compensatoires au titre d'une autorisation de défrichement. Toutefois depuis 2017, lorsque le projet à l'origine du défrichement nécessite par ailleurs une autorisation loi sur l'eau et/ou installation classée, il requiert l'obtention d'une autorisation environnementale[25]. Délivrée conformément à la préservation des intérêts protégés par le code forestier et celle des fonctions remplies par le bois défriché[26], cette autorisation comporte en théorie à la fois la compensation prévue au titre de l'article L. 163-1 du Code de l'environnement et la compensation du Code forestier[27]. En pratique, en raison d'un manque d'anticipation, « la compensation forestière se règle souvent en argent »[28] même dans ces hypothèses.

Même si les deux compensations restent souvent distinctes dans les faits, il existe bien une apparente complémentarité entre les deux codes[29]. Certains en déduisent ainsi que « le mécanisme de la compensation forestière ne vise qu'à préserver la ressource-bois, et non les autres richesses que la forêt renferme puisque c'est la compensation environnementale qui va rééquilibrer les effets néfastes de ces atteintes-là »[30]. La compensation écologique du Code de l'environnement enlèverait donc la finalité écologique aux compensations prévues par le Code forestier. Aller aussi loin occulte pourtant le fait qu'à l'heure actuelle, un grand nombre de défrichements se trouve en dehors soit du champ de l'autorisation environnementale (parce qu'ils requièrent seulement une autorisation d'urbanisme par exemple), soit de l'évaluation environnementale[31], ou même ne nécessitent aucune autorisation. Cette vision ne tient pas non plus compte du fait que la compensation écologique ne

[25] En dehors de ce cas de figure, l'autorisation de défrichement peut en outre exiger des mesures compensatoires au titre d'une dérogation espèce protégée ou de la législation Natura 2000.

[26] Art. L. 181-3 II 9° C. env.

[27] Instruction technique DGPE/SDFCB/2017-712 du 29 août 2017, p. 29.

[28] De Los Angeles S., « Une équation forestière : défricher = compenser », *DPEA*, 18 sept. 2017.

[29] À noter, une autorisation environnementale peut concerner des déboisements qui ne sont pas soumis à une autorisation de défrichement mais à une étude d'impact après examen au cas par cas car leur surface est supérieure à 0,5 ha.

[30] De Los Angeles S., « Une équation forestière : défricher = compenser », préc.

[31] Les défrichements dont la surface est supérieure ou égale à 25 ha doivent systématiquement réaliser une étude d'impact, mais l'étude d'impact est décidée au cas par cas sur décision de l'Autorité environnementale pour les défrichements compris entre 0,5 et 24, 99 ha. L'absence de réponse dans un délai de 35 jours vaut obligation de réaliser l'évaluation environnementale.

concerne en pratique qu'une petite part des atteintes à l'environnement : celles causées à la biodiversité protégée.

Cet état des lieux plaide donc plutôt en faveur d'une certaine harmonisation des dispositions entre les deux codes d'une part en rendant obligatoire (et non plus alternative) la prescription de mesures de réduction et de compensation écologique et d'autre part en maintenant de façon plus explicite la finalité écologique de la compensation du Code forestier… à moins que la forêt française n'ait plus besoin de ce dispositif.

B. Une compensation justifiée par la situation de la forêt française ?

Devant la complexité des opérations de boisement ou de reboisement compensateur, la compensation financière procure des avantages indéniables : les maîtres d'ouvrage n'ont pas à rechercher de terrains à boiser, à trouver des partenaires, à calculer le gain écologique réalisable, à réaliser le suivi, etc. Seulement, la compensation financière ne prévient pas la perte surfacique des milieux concernés à long terme. Faut-il le regretter ?

Aujourd'hui, les forêts recouvrent « 31 % de notre territoire »[32], soit deux fois plus qu'en 1830[33]. En 2019, un rapport sénatorial sur l'Office national des forêts rapporte que « depuis 1950, sa surface a augmenté de plus de 50 % »[34]. Partant de là, la compensation par reboisement « ne se justifie plus nécessairement. Dans ces territoires [ruraux], en effet, le reboisement se fait tout seul, par dynamique d'extension forestière spontanée, et celle-ci s'accomplit plus rapidement que les défrichements – nonobstant bien sûr les disparités régionales »[35].

Pourtant, la situation de la forêt française très morcelée demeure, à bien des égards, fragile. La forêt française reste menacée, au même titre que les espaces agricoles ou naturels, par la construction de grandes infrastructures, l'extension de l'urbanisation[36] et les effets du changement climatique. Quid de l'augmentation des incendies de feu de forêt en région méditerranéenne ? Quid de la mort de multiples résineux dans les Vosges en 2019, conséquence de la sécheresse et de l'invasion de scolytes rendue possible par le stress hydrique ? Le « déficit de renouvellement des peuplements forestiers tant

---

[32] Rochard D., « "Morcellement, transmission et gestion de la forêt", Rapport de synthèse », *JCP N*, n° 13, Dossier 1147, 30 mars 2018, p. 53-55, spéc. p. 53. C'est l'occupation du sol la plus importante après l'agriculture qui couvre plus de la moitié de la France métropolitaine.

[33] « La gestion durable de la forêt publique, une stratégie française », 20 mars 2018, Site du ministère de l'agriculture et de l'alimentation, https://agriculture.gouv.fr/la-gestion-durable-de-la-foret-publique-une-strategie-francaise, consulté le 22 août 2019.

[34] Loisier A.-C., Rapport n°563 d'information, préc., p. 53.

[35] Labat B., *Compensation forestière ou compensation en forêt ?*, préc., p. 25.

[36] En 2001, « le solde (espace boisé moins espace artificialisé) serait négatif de l'ordre de 7 000 hectares par an au détriment de la forêt », (*La forêt : une autre chance pour la France*, Rapport Bianco http://agriculture.gouv.fr/spip/IMG/pdf/Rappbianco-0.pdf, p. 63).

feuillus que résineux »[37] est tel qu'un avis sur le projet de loi de finance 2019 estime qu'à long terme « notre forêt « va dans le mur » car elle est en train d'épuiser les générations d'arbres plantés dans les années 1960 »[38]. Par voie de conséquence, « la priorité doit être accordée au reboisement »[39].

Dans ce contexte, les travaux de boisement ou reboisement compensateur peuvent être un des leviers intéressants permettant de redynamiser la forêt française sur le plan économique[40] comme écologique… sous réserve d'un remaniement du Code forestier. Il ne s'agit pas de boiser pour boiser mais bien de tenir compte des besoins locaux, quitte à introduire une troisième forme de compensation en nature : la restauration de bois existants dans une finalité écologique et sociale[41]. Ensuite, le boisement compensateur n'a de sens que si les plantations croissent. La prise en compte du facteur climatique comme celle de l'exposition au risque incendie pourraient ainsi justifier des écarts au critère de proximité géographique et à celui d'équivalence écologique en utilisant des essences forestières plus adaptées que celles qui ont été défrichées. Des chercheurs proposent notamment de recourir au titre de mesure compensatoire à la migration assistée : à savoir déplacer des boisements de façon à anticiper les évolutions climatiques et garantir leur survie[42]. Enfin, à l'heure où on cherche une meilleure visibilité et cohérence territoriale, pourquoi ne pas réfléchir à la définition de modalités de compensation dans des documents de planification forestière à l'échelle de la région ou du département ? Le préfet pourrait dès lors se fonder sur un tel plan identifiant des zones morcelées où la mutualisation de boisements compensateurs est recommandée et imposant, le cas échéant, une compensation en priorité par boisement dans les zones soumises à une forte

---

[37] Henry J.-Y., « La forêt française : états des lieux et acteurs, enjeux », *JCP N* n° 13, 30 mars 2018, 1145, p. 46-49, spéc. p. 48.

[38] L. Duplomb, Férat Fr., Cabanel H., avis n° 148 (2018-2019) fait au nom de la commission des affaires économiques, sur le Projet de loi de finances pour 2019 : Agriculture, alimentation, forêt et affaires rurales déposé au Sénat le 22 novembre 2018.

[39] *Ibidem.* Pour maintenir une forêt économiquement rentable et écologiquement efficace, l'Allemagne finance aujourd'hui 300 millions de plants par an, la Pologne un milliard et la France seulement 70 millions - soit le cinquième du renouvellement nécessaire.

[40] *Ibid.* Un programme raisonné de plantations créerait immédiatement 20 000 emplois dans une filière forêt-bois qui en représente environ 450 000 contre trois fois plus chez nos voisins allemands qui tirent de leur forêt un chiffre d'affaire triple du nôtre.

[41] Nonobstant la démonstration d'une additionnalité écologique par rapport aux plans de gestion préexistants.

[42] Sansilvestri R., Roturier S., Colas B., Fernadez-Manjarres J., Frascaria-Lacoste N., « Intégrer le facteur climatique dans la compensation écologique. L'exemple des écosystèmes forestiers », chap. 16, *in* Levrel H., Frascaria-Lacoste N., Hay J., Martin G., Pioch S., *Restaurer la nature pour atténuer les impacts du développement. Analyse des mesures compensatoires pour la biodiversité*, Quae, 2015, p. 182-190. Ils définissent la migration assistée comme « un déplacement volontaire de population d'une espèce d'une région où elle est menacée vers une région située au-delà de son aire de répartition actuelle et où elle est supposée survivre sous le climat futur ».

artificialisation en vue de lutter plus efficacement contre le recul de la forêt. De fait, « les reboisements se justifieraient peut-être davantage dans ces zones où les pertes d'aménités (paysage, air pur, etc.) pèsent le plus fortement sur les usagers de la forêt, plus nombreux en zone périurbaine qu'ailleurs »[43]. La fonction sociale de la compensation pour l'heure quasiment inexistante serait du même coup mieux prise en compte.

Conclusion

La compensation en nature par boisement ou restauration est très complexe à concrétiser même si plusieurs acteurs forestiers dont l'Office national pour la forêt ou les Sociétés d'aménagement foncier et d'établissement rural (SAFER) apportent aujourd'hui leur savoir-faire. La compensation financière reste donc pertinente dans certains cas. D'un montant dissuasif[44], elle pourrait d'ailleurs avoir un effet préventif en réduisant le volume de bois défriché. Seulement, en l'état actuel, cette forme de compensation soutient la filière bois sur le plan économique sans garantir le rétablissement des fonctions écologiques et sociales du bois défriché. Au vu de l'état écologique des forêts françaises, il convient donc de la combiner le plus possible à une compensation en nature qui, seule, permet d'en assurer la viabilité. L'efficacité de la compensation écologique en forêt suppose d'une part d'en adapter les critères pour mieux tenir compte des spécificités du milieu forestier et d'autre part, de redonner à l'autorité administrative son pouvoir discrétionnaire de prescrire au cas par cas la forme de compensation la plus à même de répondre aux enjeux locaux. À cette fin, il conviendrait de doter l'administration de moyens suffisants pour instruire les dossiers et d'outils de planification mettant en relief les fonctions écologiques et sociales des bois, leur interrelation et leur dynamique au-delà de la seule compensation des atteintes à la biodiversité protégée.

[43] Labat B., *Compensation forestière ou compensation en forêt ?*, préc., p. 25.
[44] Son montant actuel au minimum de 1000 euros l'est peu.

Les obligations réelles environnementales et la forêt

Nadège *REBOUL-MAUPIN*
Maître de conférences en droit privé
Université Versailles-Paris-Saclay
Membre du laboratoire de droit des affaires et nouvelles technologies
DANTE / EA 4498
Directrice M2 Structures et Techniques Juridiques des Affaires (MSTJA)
Co-directrice de l'Institut d'Études Judiciaires (IEJ)

La protection juridique de la forêt est apparue de manière lente avec une mise en place et un développement d'un cadre normatif conséquent. Il est d'ailleurs constaté qu'avant la Conférence de Rio en 1992, une telle protection était quasi inexistante. Depuis lors, il y a eu naissance d'une panoplie de normes tant nationales qu'internationales, contraignantes et non contraignantes, protégeant de manière directe ou indirecte les ressources forestières de notre planète. Pour s'en tenir aux aspects nationaux, il faut rappeler que la forêt, en tant que « *vaste étendue de terrain plantée d'arbres* » (définition Larousse), s'étend sur 30 % de notre territoire. Elle est publique ou privée. Cette dernière représente les ¾ de la forêt française qui est majoritairement feuillue avec 136 espèces d'arbres différentes.

La forêt remplit avant toute chose une fonction vitale nécessaire à la vie des hommes et de la planète ; c'est ensuite une réserve d'animaux, puis un lieu de promenade. Sa fonction économique, source de matière première, apparaît en dernier.

A priori, le dispositif des obligations réelles environnementales n'a pas été encore utilisé pour la forêt. La raison en est simple : cette dernière est extrêmement réglementée. Les réglementations sont issues du Code forestier qui prend en compte la spécificité de la forêt et viennent apporter des limites particulières au droit de propriété. Pour autant, les réglementations ne sont pas seulement limitées au Code forestier même si ce dernier demeure le siège principal de la matière. Les coupes y sont réglementées, le défrichement est soumis à autorisation et certains espaces boisés sont classés... Si l'Office national des forêts régit les forêts publiques, les propriétaires privés y font largement appel pour leurs forêts privées. La réglementation intempestive des forêts limite, nous semble-t-il, le recours à l'utilisation des obligations réelles environnementales. Il faut dire que, pour l'instant, il n'y en a eu que très peu de conclues, seulement deux, au profit de conservatoire d'espaces naturels, l'une par un agriculteur et l'autre pour un site patrimonial que son propriétaire voulait protéger. Mais si, *a priori*, les ORE pourraient sembler un dispositif à faible utilité en matière de forêts au vu du contexte forestier très réglementé, il n'en demeure pas moins qu'elles présenteront certainement à l'avenir une réelle attractivité laissant la liberté à ses propriétaires de pouvoir prendre des mesures parfois insolites pour leurs forêts.

I. Le présent sans obligation réelle environnementale : l'impératif d'une forêt réglementée (et soumise)

Pour l'instant, la forêt fait l'objet de nombreuses réglementations qui ne laissent guère de place à l'obligation réelle environnementale comme nouvelle technique civile de préservation de la biodiversité. Au titre de cet ensemble normatif, la forêt est sérieusement contrôlée dans son défrichement, gérée dans la protection de ses boisements, et même classée. Il n'empêche que cette réglementation générale des forêts publiques qui demeure un exemple pour la forêt privée n'annihile pas la possibilité pour les propriétaires privés de contractualiser des objectifs de conservation afin d'assurer « toujours plus » une meilleure gestion et préservation de la nature. La spécialité de certaines de nos forêts, tant dans leurs espaces que leurs espèces, nécessitent une ordonnance spécifique pour l'état de santé de chacune d'entre elles. La forêt réglementée dans la qualité de ses espaces naturels à conserver, à défricher ou à classer, est une réalité que l'Office nationale des forêts s'astreint à gérer et qui ne peut qu'être constatée. Ceci étant, il ne faut pas oublier que la finalité de gestion et préservation pérenne de l'environnement en vue de reconquérir la biodiversité encourage les initiatives privées de contractualisation.

A. La réglementation au service d'une protection de la forêt publique : une réalité constatée de défense de la nature

La protection des forêts publiques : une protection unitaire

- représente 12 à 18 % des surfaces forestières en France

- ONF est chargé de la gestion des forêts publiques : établissement public à caractère industriel et commercial (1964), il est chargé de gérer la forêt selon un plan de gestion, de renforcer la prise en compte de la biodiversité par le maintien d'une trame de vieux arbres, par l'optimisation de l'équilibre forêt-gibier par des plans de restauration d'espèces et de lutte contre les espèces envahissantes (sangliers…).

- prévention (lutte contre les risques naturels, lutte contre l'incendie…) lutte contre les espèces envahissantes. Prise en compte du changement climatique.

- objectif de protection de la nature

- forêts de protection : classement d'un massif en forêt de protection : vient englober la protection de la diversité biologique de ces zones

- impact aussi de la certification : Le **Programme de reconnaissance des certifications forestières (PEFC)** est une certification forestière privée qui promeut la gestion durable des forêts. PEFC est le premier système de certification forestière en termes de surfaces forestières certifiées et la première source de bois certifié au monde· La certification PEFC repose sur un processus de concertation et de consensus entre propriétaires forestiers, entreprises de transformation du bois, associations de protection de la nature et usagers de la forêt.

- inaliénabilité : une règle importante pour sa protection à laquelle il est possible de déroger en vue de concilier les enjeux écologiques et économiques : combler certains déficits publics. ET enfin, le régime est assoupli pour les forêts communales qui peuvent être aliénées au bénéfice d'une personne publique ou privée. Elles sortent du régime forestier mais sans que leur protection ne soit abandonnée. Phénomène d'influence de ce régime protecteur unitaire sur les forêts privées.

B. La réglementation au service d'une protection de la forêt privée : une réalité contrastée de défense de la nature

La protection des forêts privées : une protection multiple

- représente 70% des surfaces forestières françaises détenues par des propriétaires privés
- contrôle de l'administration se veut épars : par la loi du 9 juillet 2001, l'administration conserve une maîtrise partielle de l'activité de gestion sylvicole des forêts privées. Plan simple de gestion agréé par le centre régional de propriété forestière (agrément obligatoire si plus de 25 hectares) / défrichement : interdiction de principe du défrichement (motifs énumérés L.311-3 C.for.)
- application d'incitations et d'aides publiques : principe prescripteur-payeur : aides publiques accordées aux propriétaires forestiers privés si mise en valeur et protection des bois et forêts.
- L.121-4 et s. : accomplissement prioritaire des objectifs de coupes et travaux. Prime à l'intérêt économique encore important. Versement d'aides publiques si le propriétaire privé protège la nature.
- unification sur un certain nombre d'aspects avec le régime forestier public même si on y retrouve des initiatives privées.
- initiative de protection privée des forêts : une finalité recherchée
- propriétaire privé comme propriétaire public voit son activité sylvicole soumise à un ensemble de réglementations
- défense de la nature imposée dans le cadre impératif du plan simple de gestion et encouragée par la contractualisation d'objectifs de conservation
- au-delà de la réglementation, le **contrat vient au secours de la forêt**.
- **initiatives supplémentaires pour une gestion durable des forêts** pour des intérêts économiques (impact écologique de la forêt) –

- Démarche volontaire : CDC Biodiversité est une société filiale de la Caisse des dépôts et consignations, qui en est l'actionnaire unique. Créée en 2008 après trois ans de maturation, son **rôle consiste à mettre en œuvre, à la demande des maîtres d'ouvrage, l'intégralité des mesures compensatoires imposées par les services de l'État après une instruction administrative et technique.** Pour la CDC, il s'agit donc de piloter la réalisation effective de ces mesures compensatoires et d'en assurer la pérennité pendant toute la durée de l'engagement pris par le maître d'ouvrage. Ces engagements à agir s'étalent sur des périodes comprises entre vingt et soixante ans ; elles pourraient aller au-delà.

Dans les faits : la réparation compensatoire doit avoir lieu avant la réalisation des travaux d'aménagement. Cette dernière se situe donc à la croisée de l'ingénierie écologique et de l'ingénierie financière. Elle joue le rôle de tiers de confiance, garant à long terme de la tenue des engagements pris en faveur de la nature.

- Mais la puissance publique garde toujours un certain contrôle dans la gestion des forêts privées. La forêt est un objet atemporel qui nécessite la **maîtrise du long terme** et surtout quand les propriétaires privés vendent leurs forêts. Pour ce faire, il est possible d'utiliser un nouvel instrument du droit civil afin de forcer la fonction environnementale. Il s'agit, par exemple, de démembrement de la propriété (DRJS) mais aussi de mécanismes contractuels à teneur concrète comme l'ORE. Sans établir textuellement de servitude environnementale, la loi « Biodiversité » donne naissance à un nouveau mécanisme juridique, les obligations réelles environnementales (C. env., L.132-1). Les écueils de la servitude environnementale sont contournés par l'ORE qui, sans existence de fonds dominant, vise à imposer des obligations *in faciendo.* Le contrat au secours des forêts privées visant à stopper plus finement encore l'érosion de la biodiversité.

II. L'avenir avec des obligations réelles environnementales : vers une forêt contractualisée !

Si la réglementation laisse planer le goût d'un certain dirigisme tant en matière de forêts publiques que de forêts privées, il n'en demeure pas moins pour ces dernières, représentant 70 % de l'espace forestier, que l'accomplissement d'ORE viserait à faciliter le développement d'actions pérennes en matière de biodiversité. Elles devraient permettre aux propriétaires d'imposer à leurs fonds forestiers un objectif de protection négocié contractuellement avec des personnes morales garantes d'un intérêt environnemental.

A. L'objet des obligations réelles environnementales négociées contractuellement par le propriétaire de la forêt

Ce nouveau dispositif est un outil contractuel issu de la loi pour la reconquête de la biodiversité de 2016. Il est institué à l'article L.132-1 du Code de l'environnement qui dispose que « *Les propriétaires de biens immobiliers peuvent conclure un contrat avec une collectivité publique, un établissement public ou une personne morale de droit privé agissant pour la protection de l'environnement en vue de faire naître à leur charge, ainsi qu'à la charge des propriétaires ultérieurs du bien, les obligations réelles que bon leur semble, dès lors que de telles obligations ont pour finalité le maintien, la conservation, la gestion ou la restauration d'éléments de la biodiversité ou de fonctions écologiques* ». En pratique, il va permettre à un propriétaire public ou privé de mettre en place de manière volontaire des mesures de protection de l'environnement grâce à un contrat passé avec une personne morale garante d'un intérêt environnemental. En pratique forestière, le propriétaire d'une forêt privée peut déjà contractuellement confier la gestion de celle-ci à l'ONF (C. for., L.315-2). Dans ce cas, l'ONF propose d'assurer la conservation, la garderie et la régie des propriétés forestières privées. La conservation comprend la garderie des bois, la surveillance de l'exploitation des coupes et de l'exercice des droits d'usage, la répression des infractions forestières et de chasse. La garderie est assurée par des agents assermentés de l'ONF ou par des gardes particuliers. Enfin, la régie comprend la marque et l'estimation des coupes ; la préparation des ventes ; le récolement des coupes ; la marque des bois dépérissants et des produits accidentels ; l'étude, la surveillance et la direction des travaux de repeuplement et des travaux d'entretien. La gestion si complète et encadrante n'empêche pas que certains propriétaires privés pourront vouloir recourir aux ORE. Le cocontractant du propriétaire sera le plus souvent l'Office national des forêts, mais il peut aussi être l'un des conservatoires régionaux d'espaces naturels ou le Conservatoire de l'espace littoral et des rivages lacustres. Tout en restant propriétaire de sa forêt, le signataire peut s'obliger envers l'un de ces organismes à ne pas développer certaines activités, à ne pas utiliser certains pesticides, à préserver des espèces d'arbres ou d'animaux, d'insectes… ou encore à adopter des modes de défrichement ou de déboisement particuliers afin d'assurer la photosynthèse, moteur de la croissance végétale. Pour l'instant, il n'y a à ma connaissance aucune obligation réelle environnementale signée en matière de forêts. Une des premières obligations environnementales[1] a été signée avec un propriétaire privé par le Conservatoire d'espaces naturels Normandie-Ouest. Une famille d'agriculteurs dans le pays d'Auge ornais a engagé pour 50 ans sa propriété de 20 hectares dans un programme de préservation de la

[1] Il y d'autres obligations réelles environnementales portant sur des zones humides qui ont déjà été signées entre des collectivités locales et le CEN de Savoie.

biodiversité : préservation des haies et des mares, non-utilisation de pesticides, absence de fauchage et de pâturage d'un coteau calcaire abritant l'Orchis grenouille, une espèce très rare d'orchidée. Le cocontractant, en l'espèce le Conservatoire d'espaces naturels (CEN) de Normandie-Ouest, accompagne gratuitement le propriétaire. L'engagement de ce dernier perdurera en cas de vente de la propriété car l'obligation réelle environnementale est attachée non pas aux personnes mais à la parcelle pour la durée voulue par le propriétaire. Elle est, par sa nature, un droit personnel *propter rem*. L'ORE va engager une personne en raison d'une chose dont elle a la maîtrise. L'intérêt majeur, c'est qu'elle va suivre le bien, en tant que charge foncière. L'ORE est conclu *intuitu rei* et se transmet aux ayants cause à titre particulier. L'opposabilité de la charge immobilière aux acquéreurs successifs reste néanmoins tributaire de son inscription au fichier immobilier. Des mesures fiscales, certes timides, ont été prises pour rendre le dispositif attractif. Ces quelques oboles motiveront-elles les propriétaires forestiers à donner à leurs biens une destination davantage écologique ? Il est assez difficile de le penser. Dans tous les cas, l'ORE est un instrument d'harmonisation de la propriété individuelle avec les prérogatives de la collectivité.

B. Les vertus des obligations réelles environnementales : préservation d'un patrimoine commun aux générations futures.

À la différence des nombreux dispositifs réglementaires forestiers de protection de l'environnement, la nouvelle obligation réelle est par essence volontaire. La prise de conscience des propriétaires semble plus importante et démontre une attitude plus citoyenne d'accès à la nature avec l'idée de promouvoir la conservation des milieux en faisant de la forêt un lieu de promenades et d'accueil des générations futures. Le recours aux obligations réelles environnementales affecte les propriétés forestières et privilégie un droit d'accès à la nature pour tous. Si l'ONF est un partenaire engagé pour la forêt en ce qu'il est chargé de garantir la gestion durable des espaces forestiers à travers l'application du régime forestier, il est aussi appelé à être le cocontractant privilégié du propriétaire de l'immeuble privé forestier au travers d'obligations réelles environnementales. L'heure est à la fonction écologique des forêts, en tant que Bien commun de la Nation. Une fois de plus, la propriété individuelle cède sa place à une propriété plus sociale. L'utilité des forêts est primordiale pour préserver la biodiversité. À l'heure où la forêt suscite un nouvel engouement chez les particuliers en devenant un nouvel instrument de placement financier, il faut veiller à ce que le marché économique se concilie avec les enjeux écologiques et d'exploitation. Pour cela, il est bon que la contractualisation d'objectifs environnementaux regagne du terrain dans une matière où la contrainte normative à l'excès ne peut que nuire à l'avenir de nos forêts. Trop de normes vient tuer la protection. Laissons aux propriétaires forestiers reprendre en main leur responsabilité !

Reconnaître la forêt comme un partenaire, comme une demi-personnalité… Voir en ce sens la Charte sur l'arbre comme être vivant doué de sensibilité. Nouveaux contrats avec le vivant…

Nadège Reboul-Maupin

Recrutée en tant que maître de conférences à la Faculté de droit de l'Université de Versailles-Saint Quentin en septembre 1997, quelques mois après la soutenance de ma thèse, le 14 janvier 1997, j'assume depuis 21 ans diverses et nombreuses responsabilités liées à l'enseignement et à la recherche universitaires ou à des charges scientifiques et administratives. Commercialiste de formation, je suis devenue civiliste ; par ma thèse de doctorat et la plupart des enseignements dispensés depuis mon inscription en thèse, j'ai pu développer une spécialité en droit des biens, tout en m'intéressant et me consacrant à d'autres droits spéciaux, tels que le droit de l'environnement et le droit de la santé.

Depuis 2005, j'ai étendu **mon activité d'enseignement et de recherche au droit de l'environnement**. J'ai pu assumer un cours de droit privé de l'environnement en Master 1 de droit privé puis, l'intérêt suscité par cette matière m'a conduite à l'approfondir dans le cadre de séminaires sur la « réhabilitation des sols pollués » et « les servitudes environnementales » dans le cadre du Master 2 Environnement, Sécurité et Qualité des entreprises et lors d'un séminaire de « Droit pénal de l'environnement » au sein du Master 2 Droit pénal de l'entreprise. Ces enseignements m'ont permis de diriger une thèse en droit comparé de l'environnement et de participer à certains colloques sur le droit de l'environnement à l'Université de Paris 1-Panthéon Sorbonne, et plus précisément, sur « La loi du 30 juillet 2003, dite Loi Bachelot, relative à la prévention des risques technologiques et naturels et à la réparation des dommages » suite à la catastrophe AZF, ou à la Faculté de droit Montpellier sur le statut du bio-acteur, et ils ont participé à l'appréhension de la matière même du droit des biens d'une façon plus moderne et renouvelée. Le dynamisme et l'enrichissement que j'ai voulu apporter au droit des biens s'est fait par un jeu d'influence du droit de l'environnement. Il est donc venu interagir dans ma recherche de droit des biens appliquée et fondamentale. Ma recherche, tant individuelle que collective, en témoigne. Pour preuve, l'article récent dans le cadre d'un ouvrage collectif sur « le droit des biens au service de la transition écologique » ou bien un article, en collaboration, avec M. le professeur Benoît Grimonprez sur « les obligations réelles environnementales ». J'ai pu aussi approfondir et attribuer des fonctions écologiques à certains instruments du droit des biens (droit de propriété ; droit du voisinage : troubles anormaux ; servitudes). Enfin, j'ai participé à une chronique de droit de l'environnement et de droit des biens à la *Revue trimestrielle de droit immobilier* sous la direction de M. le Professeur Billet.

Sur le plan collectif, en 2008, j'ai encadré le master de l'environnement à Saint-Quentin en collaboration avec M. Le Professeur Neyret en conviant tous les étudiants de sciences juridiques et politiques à participer à un mouvement de réflexion impulsé à l'époque par le Grenelle de l'environnement.

Bibliographie
Mise en perspective du droit des biens et de l'environnement

Ouvrages :

Droit des biens :
N. REBOUL-MAUPIN, *Droit des biens,* Hyper Cours, Dalloz, 7e éd., 2018.
Droit de l'environnement :
N. REBOUL-MAUPIN et L. NEYRET, *Déclaration pour la protection juridique de l'environnement, La justice au quotidien*, Éd. l'Harmattan, n° 45, 2009.

Quelques articles :
« Droits réels et propriété. Les influences du droit réel de jouissance spéciale sur le droit de propriété », *Rev. Dr. et ville*, déc. 2018, p. 205.
« Le droit du voisinage : instrument possible de préservation de l'environnement », *in Ouvrage collectif sur le droit des biens au service de la transition écologique*, Dir. B. Grimonprez, Dalloz, Thèmes et commentaires, 2018, p. 85.
« Les obligations réelles environnementales : chronique d'une naissance annoncée », avec B. Grimonprez, D. 2016, p. 2014.
« Les biens du bioacteur : quelle influence du droit de l'environnement sur le droit des biens ? », *BDEI,* févr. 2009, suppl. n° 19, p. 26-35.
« Voisinage et environnement, le trouble anormal à l'honneur ! », *Environnement,* oct. 2008, étude, n°10, p. 11-14.
Chronique trimestrielle en droit de l'environnement et droit des biens, RTDI, *de 2014 à 2016.*

L'Office national des forêts à la croisée des chemins

Jacques LIAGRE
Chef du département juridique de l'Office National des Forêts

C'est un endroit qui ressemble à la Louisiane
À l'Italie
Il y a du linge étendu sur la terrasse
Et c'est joli
On dirait le Sud
Le temps dure longtemps
Et la vie sûrement
Plus d'un million d'années
Nino Ferrer, *Le Sud*

Faisons un rêve... J'ai voulu pour cette intervention, sortir un peu des usages. Donner à mes propos une connotation de nature à faire songer, réfléchir et s'évader... Faisons un petit effort d'imagination. Laissons-nous déjà nous envoler ailleurs...

Le temps et l'espace...

La forêt occupe un territoire, s'y ancre, y forme un paysage, une richesse vivante et fragile à la fois. Et le forestier intervient sur ce territoire, veille sur la forêt, la protège, l'entretient, l'exploite. Tout est calme, serein, une odeur de sous-bois, de feuilles mortes, un frisson de vent dans les cimes.

Impossible de dire où et quand cela se passe.

Réveillons-nous... Voilà que soudain tout s'accélère. *Les hommes sont devenus pressés*. De la Ferrari au Boeing, de l'Airbus A 380 au TGV... il s'agit désormais d'aller toujours plus vite. « Aller plus vite, courir plus vite, Aller vite ! *Mais aller où ? Ah ! Comme cela vous importe peu de savoir où vous allez. Imbéciles !* » (Georges Bernanos).

Le facteur Cheval ne pourrait plus, aujourd'hui, ramasser ses cailloux en portant le courrier. D'ailleurs qu'est-ce qu'un préposé des postes à l'heure de l'email ?

Alors comme une horloge devenue folle, le climat même s'est déréglé...

Et en ce premier quart du XXIe siècle l'ONF est là, entre hier et demain, à la charnière de deux mondes, hier s'efface, demain émerge. Demain qui, comme tout monde inconnu, inquiète.

La forêt brûle au Brésil. Des drones attaquent une puissance pétrolière. Les glaces fondent au Pôle Nord. L'Angleterre sort de l'UE... La France compte 34 968 communes et 27000 sections de commune ! La filière bois en France emploie plus de 400 000 personnes. 600 000 m^3 d'Épicéa sont actuellement ravagés par les scolytes en Grand-Est (30 % récolte annuelle épicéa). 140 Millions de m^3 ont été renversés les 26 et 28 décembre 1999.

On pourrait ainsi aligner une multitude d'informations, de données, de chiffres, de cris d'alarme… c'est la toile de fond, le décor du monde où nous vivons. Et c'est dans ce monde-là que l'Office national des forêts exerce ses missions avec les moyens dont il dispose.

L'ONF : c'est 9 000 personnes, 6 Directions territoriales, 51 agences territoriales et 6 agences travaux en métropole (sauf la Corse). 5 directions régionales en Corse, Guadeloupe, Martinique, Guyane et Réunion.

L'Office tient de la loi deux missions obligatoires :

- Gérer, équiper, entretenir les forêts domaniales en métropole (1,7 M ha) + les DOM. (6 M ha) - *2e al. art. L 221-2 CF et art. D 221-2 et D 221-3 CF*
- Mettre en œuvre le régime forestier dans 12 000 forêts de collectivités (2,8 M ha) et les FD *1er al. art. L 221-2 CF.*

Le législateur donne aussi la faculté à l'Office de réaliser des prestations sur conventions – *art. L 221-6 CF.* Celles-ci peuvent être :

- soit passées hors mise en concurrence s'il s'agit de missions d'intérêt général effectuées à la demande de l'État ou de Collectivités (par exemple surveillance des risques de feux de forêt, lutte contre l'érosion, protection des milieux dunaires…). Ces missions sont facturées au prix coûtant sans possibilité de marge bénéficiaire.

- soit passées avec des clients privés ou des collectivités publiques (respect des règles de la commande publique), l'ONF agissant ici comme un prestataire du marché concurrentiel.

Dans ce cadre, l'Office a été amené à prendre des participations dans diverses sociétés commerciales de manière à disposer de plus de souplesse pour agir sur le marché concurrentiel, notamment en matière de mise sur le marché de bois énergie ou d'activités de conseil à l'international. Ces filiales sont regroupées au sein d'une filiale globale ONF Participations détenues par l'ONF.

Le premier problème auquel se heurte durement l'ONF est celui, récurrent, de son équilibre financier

a. La trésorerie est soumise à des cycles irréguliers de rentrée de liquidités. Le montant élevé de certains lots de bois issus des forêts domaniales ne permet pas aux acheteurs de payer cash, ces opérateurs économiques étant souvent des entreprises assez modestes. Il faut donc recourir à un mécanisme de paiement différé (billets à ordre). Ce qui fait que l'ONF peut mettre jusqu'à 8 mois pour recouvrer l'intégralité du prix de certaines ventes. Ce qui peut créer des périodes redoutables d'assèchement de nos comptes, *a fortiori* lorsque l'État lui-même se fait mauvais payeur et diffère le paiement du versement compensateur et des MIG accomplies pour son compte par l'ONF.

b. Un modèle économique qui n'est plus viable

Longtemps le bois a financé la forêt. Ce n'est plus le cas. Les cours du bois baissent (ouverture des frontières) et les charges augmentent inexorablement. De plus le système est vicié à la base puisque les frais de garderie dus par les collectivités propriétaires de forêts relevant du régime forestier pour contribuer au financement de ce régime sont calculés au prorata des recettes tirées des propriétés forestières, donc principalement des ventes de bois. Ainsi chaque fois que le prix du bois baisse, les frais de garderie baissent…

c. Impossibilité de trouver un financement des aménités de la forêt

Tout le monde sait aujourd'hui que la forêt est source de multiples services rendus à la communauté des citoyens : la qualité de l'eau et de l'air, la qualité de vie (paysage, tranquillité…) sont autant de services rendus naturellement par les massifs forestiers au bénéfice des populations et des territoires environnants.

Mais, sous prétexte que ces services sont précisément rendus de manière naturelle, personne n'entend rémunérer les propriétaires forestiers.

Le législateur a bien cherché à poser le principe d'un droit pour les propriétaires forestiers à se faire rémunérer, l'article L 121-2 CF prévoyant que la politique forestière de l'État « *favorise la recherche de contreparties pour les services rendus en matière environnementale et sociale par les bois et forêts qui présentent une garantie de gestion durable* ».

Malheureusement, entre favoriser la recherche de contreparties et trouver des contreparties il y a plus qu'un grand pas à franchir. Et à ce jour, la forêt publique comme privée d'ailleurs, reste sans aucun retour pour les services rendus.

Jusqu'à quand subirons-nous cette forme d'hypocrisie politique et économique ?

d. Le cas du CAS Pension

En 2006, le Gouvernement institue un mécanisme de financement des retraites des fonctionnaires qui fait contribuer ses services au prorata de leur masse, ceux-ci devant abonder un Compte Spécial d'Affectation destiné à financer les pensions de ces fonctionnaires retraités (CAS Pension).

Le mécanisme est assorti d'un taux progressif assez spectaculaire d'année en année. Ainsi, la Contribution de l'office national des forêts connaît un écart de 45 M € en 2018 par rapport au paiement des cotisations retraites supportées par un employeur du privé[1]. De 2009 à 2018 la différence de montant versé par l'Office serait de près de 379 M €

En conclusion sur ce premier point : tous les experts s'accordent pour dire qu'il manque à l'Office entre 40 et 55 millions € / an pour équilibrer ses comptes. Inexorablement, l'ONF s'endette : 400 M € fin 2019.

Le second problème vient des injonctions paradoxales que l'ONF reçoit de sa tutelle et de la Société

A. « Produire plus et Protéger mieux » !

Certes. Mais qui finance les pertes de recettes pour chaque hectare mis sous statut de protection et donc devenu inexploitable ? Le sujet est très simple à comprendre : chaque progrès fait en faveur des milieux naturels et de la biodiversité correspond à un amaigrissement des rentrées financières dans les comptes de l'ONF.

Mais aussi qui finance l'alourdissement des coûts ? Lorsque le statut de protection n'interdit pas de poursuivre la gestion et l'exploitation de la forêt mais oblige à effectuer les interventions dans des conditions techniques plus contraignantes, donc plus coûteuses, on crée inévitablement un alourdissement des charges… sans contrepartie financière.

B. « les forêts domaniales doivent s'ouvrir le plus largement possible au public » tout en protégeant les milieux et en assurant la sécurité du public…

Cette politique d'accueil du public en forêt (art. L 122-10 CF) est elle aussi source de charges importantes sans contrepartie financière puisqu'il est hors de question de rendre payant l'accès aux forêts domaniales. La question de la sécurité du public est notamment très préoccupante. Non seulement il y a un public de plus en plus nombreux qui se rend en forêt (augmentation de la population, regroupement des populations dans les villes qui incite le public à aller se ressourcer dans les espaces boisés) mais encore ce public, de plus en plus citadin, est de moins en moins conscient des risques naturellement présents dans les massifs forestiers et les milieux naturels. Enfin, le développement des sports de nature et la passion de nombreux jeunes pour des sports à risque[2] ne fait qu'accroître le poids de notre devoir de sécurité.

---

[1] Rapport de juillet n. 2019 rendu par les ingénieurs et inspecteurs généraux Barthod, Berger, Bied-Charreton, Coursay, Cuisinier, Dalle, Ronceray : Évaluation du Contrat d'Objectif et de Performance (COP) 2016-2020 de l'Office national des forêts / Pistes d'évolution. Voir notamment p. 10.

[2] Voir le très intéressant ouvrage de Jean Corneloup, *Les théories sociologiques de la pratique sportive*, Éd. PUF, Pratiques corporelles, 2002. Notamment les p. 105 et s. et 189 et s.

Si, face à des sinistres nés de l'imprudence manifeste de certaines personnes, victimes de leurs propres excès dans leurs activités, l'ONF peut dégager sa responsabilité[3], il n'en va pas de même lorsque les tragédies surviennent du fait de phénomènes purement naturels (chutes d'arbres, de branches, de rochers), l'ONF dans son rôle de gestionnaire légal des forêt domaniales ayant tous pouvoirs techniques et financiers d'administration sur ces forêts (art. D 221-2 CF) ne pouvant alors que supporter l'obligation de réparer les préjudices nés du fait des choses placées sous sa garde (art. 1242 c. civil).

C'est ainsi que sur 2016 et 2017, une malencontreuse série d'accidents graves ou mortels engageant la responsabilité de l'ONF a conduit une grande partie des compagnies d'assurance, au vu du taux de sinistralité de l'Office, à ne pas se porter candidat lors de la procédure de mise en concurrence du marché d'Assurance RC. L'ONF a ainsi failli se retrouver sans assureur.

Autre souci : quand les collectivités propriétaires ne jouent pas le jeu

- Un des problèmes de la forêt française : son émiettement

• On sait qu'il n'y a pas de gestion forestière rationnelle si on intervient sur des unités de gestion d'une surface inférieure à 25 ha (seuil d'ailleurs retenu par défaut par le code forestier pour l'obligation de doter une forêt privée d'un plan simple de gestion - art. L 312-1 CF).

• Par ailleurs, moins il y a d'interlocuteurs, mieux on mutualise les moyens et plus on allège les coûts. Si, au lieu de rencontrer douze conseils municipaux pour élaborer douze aménagements forestiers en accord avec les collectivités propriétaires, l'ONF pouvait élaborer un seul aménagement élaboré au profit des douze forêts communales regroupées en une seule structure de gestion (syndicat de gestion forestier ou groupement syndical forestier[4]), le projet n'étant à élaborer en concertation qu'avec cette seule structure, il est évident que l'on bénéficierait d'un énorme gain de temps. Cela permettrait aussi une forte simplification du processus d'élaboration de l'aménagement forestier de manière à créer une véritable cohérence et unité d'action pour fixer des objectifs à l'échelle d'un massif forestier pris dans sa globalité.

[3] À propos d'un adolescent grièvement blessé lors d'une manœuvre dangereuse de son VTT en FD de Saint-Germain-en-Laye : cassation 2e ch. civ., 14 juin 2018, pourvoi n° T 17-14.781 ; à propos de randonneurs ayant voulu utiliser comme banc une grume gisant au sol dans une pente : CAA Marseille n° 12MA03847 du 19 juin 2014 ; exploitant forestier tué par la chute d'un arbre mort conservé au titre de la biodiversité : Grenoble 2e ch. civ., 18 oct. 2016, n° 14/05R08.

[4] Titre III du Livre II du code forestier.

À ce jour, il est patent que la démarche de regroupement entre les multiples personnes morales propriétaires est loin d'être très développé. Et ce malgré les engagements pris en 2014.

– Une tension croissante entre collectivités propriétaires de forêts « riches » et « pauvres » quant au financement du régime forestier (frais de garderie et contribution à l'hectare). Faudrait-il « sortir » du régime forestier quelque 500 000 ha de forêts peu productives[5] ?

La quatrième source de difficultés pour l'Office national des forêts est liée au dérèglement climatique

D'une part, ouragans et tempêtes se succèdent à un rythme assez soutenu depuis la fin des années 1980 avec un renforcement de la violence des vents depuis 1999 (ouragans Lothar et Martin), 2009 (Klaus), 2010 (Xynthia), 2018 (Eleanor).

Par ailleurs, périodes de sécheresse et de canicule agressent les peuplements et détruisent des régénérations (notamment été 2003, 2019).

C'est toute la politique forestière nationale qui doit ainsi être revue et adaptée face à cette situation dont la rapidité d'évolution et très préoccupante.

Quel rôle pour l'ONF en cette matière ? Avec quels moyens humains et financiers ?

D'autre part, le dérèglement climatique a pour effets secondaires de multiples attaques de parasites et un net accroissement des populations de gibiers (les hivers plus doux entraînant moins de mortalité dans les jeunes portées).

La chalarose du frêne dans les Hauts de France, et la grave crise actuelle du scolyte *typographe* qui ravage plus de 600 000 m^3 d'épicéa dans l'Est de la France en sont deux exemples symptomatiques.

Les dégâts du grand gibier dans les régénérations causent dans certaines zones un vrai problème de régénération. Le Rapport de Mission Parlementaire Cardoux et Péréa - mars 2019 – expose ainsi que :

* 26% des FD (440 000 ha) subissent une dégradation de l'équilibre forêt gibier,

* pour 8 % des FD (136 000 ha) l'équilibre est compromis.

Enfin, la Société civile elle-même devient un obstacle pour un exercice efficace des missions de l'ONF.

---

[5] Proposition envisagée dans le rapport de juillet 2019 rendu par les ingénieurs et inspecteurs généraux Barthod, Berger, Bied-Charreton, Coursay, Cuisinier, Dalle, Ronceray : Évaluation du Contrat d'Objectif et de Performance (COP) 2016-2020 de l'Office national des forêts / Pistes d'évolution. Voir notamment p. 19.

Aujourd'hui beaucoup de nos concitoyens s'estiment en droit de combattre ce qui est contraire à leurs convictions. Peu importe ce qu'ils connaissent du sujet.

Ce n'est plus « *je pense donc je suis* »

C'est « *j'ai raison donc je cogne* »

Entre agressions verbales (insultes et menaces) ou physiques (incendie criminel d'une maison forestière logement d'agent), pneus crevés, incendie volontaire de trois dépôts de bois, sabotage d'une dizaine de miradors de chasse, etc. les exactions se multiplient.

Est-ce ainsi que les hommes vivent ?

Toutes ces situations d'agressivité, voire d'agression, créent un vrai malaise chez les forestiers, tout comme il existe désormais, un même malaise, pour les mêmes causes, chez les agriculteurs.

Pour conclure, il résulte de tout cela que si les difficultés financières constituent un des problèmes majeurs pour l'ONF, elles ne sont pas, malheureusement, les seules difficultés à résoudre pour notre Établissement. Les causes de fragilité et d'instabilité sont nombreuses et résultent tant de la multiplicité des attentes de la Société, parfois contradictoires, que des comportements des uns et des autres, entre une tutelle parfois peu capable de porter efficacement ses politiques, des partenaires et interlocuteurs d'horizons divers qui peuvent être tentés ici ou là de « la jouer perso », et une opinion publique versatile qui voudrait tout et son contraire.

Le vrai sujet ce n'est pas l'ONF. L'Office n'est pas un but en soi. Le but c'est la forêt et les services qu'elle rend à la Communauté des hommes. Ce qui est donc fondamental c'est :

Quelle(s) structure(s) pour agir demain en faveur des forêts de l'État et des collectivités ?

- Compte tenu des politiques visant à réduire le nombre des fonctionnaires et notamment des effets désastreux du CAS Pension sur les finances de l'ONF, faut-il encore des fonctionnaires à l'ONF ? ou bien aurait on intérêt de ramener l'Office au statut d'EPIC de droit commun ? Mais dans ce cas, comment mettre un tel choix en adéquation avec les pouvoirs de police judiciaire actuellement reconnus à certaines catégories de personnels de l'ONF en matière de recherche et constatation d'infractions (2° de l'art. L 161-4 et II de l'art. L 161-8 CF) ? Est-ce à dire qu'il faudrait une législation nouvelle pour résoudre cette difficulté relative à la police forestière dans les forêts relevant du régime forestier ?
- Le statut d'EPIC lui-même est-il encore viable en France ? On sait que depuis quelques années la jurisprudence de la CJUE cherche à remettre en cause le statut d'EPIC du fait qu'en tant que personnes publiques, les EPIC

bénéficient du principe d'insaisissabilité de leur patrimoine (art. L 2311-1 du code général de la propriété des personnes publiques). Voir en sens

CJUE 13 septembre 2018 Comm. c/ France & IFP Energies nouvelles n° C-438/16 ; CJUE 3 avril 2014 Commission c/ France n° C-559/12P

• Faut-il évacuer les activités conventionnelles de l'ONF sur le marché concurrentiel vers des filiales ou ces activités doivent elles rester internes à l'Office ? Le sujet de fond qui se cache derrière cette question est d'assurer la meilleure transparence possible sur le financement des activités commerciales des filiales agissant sur le marché concurrentiel.

• Comment l'ONF de demain pourra continuer à exercer une gestion globale et multifonctionnelle des forêts dans une Société civile et politique qui n'assume pas ses choix ?

Dans le rapport précité de juillet 2019 les ingénieurs et inspecteurs généraux ont clairement souligné le fait que *« le changement climatique est porteur de risques de nature catastrophique qui pèseront sur les dépenses futures de l'Office »*. Une augmentation des accidents climatiques « extrêmes » est donc à redouter qui entraînerait une mortalité et le dépérissement inquiétant des peuplements sans oublier l'aggravation du risque d'incendie et de propagation du feu et l'intensification des attaques de ravageurs (notamment Scolytes) sur des arbres fragilisés. Face à de telles alertes, on voit qu'il y a encore d'immenses tâches à accomplir que l'ONF, ou la structure qui lui succèdera, devra se mettre en situation de vigilance et se tenir prêt à agir et réagir en fonction des circonstances. Mais quelles que soient les aptitudes et la volonté de l'Établissement, il ne pourra guère être efficace s'il n'est pas soutenu par ses partenaires, accepté par la Société civile, investi de missions claires et cohérentes entre elles, et doté des moyens utiles et nécessaires pour les mettre en œuvre, c'est-à-dire bénéficiaire d'un soutien affirmé de l'État, seul porteur de la politique forestière nationale.

C'était pourtant bien
On aurait pu vivre
Plus d'un million d'années
Nino ferrer
Le Sud

- Suivons le chemin !
- Quel chemin ?
- Le chemin que nous traçons !
Dialogue du film d'animation
La route d'Eldorado

V

L'histoire du droit forestier français

Présentation du Centre de Nancy d'AgroParisTech

Christophe VOREUX
Directeur adjoint du centre de Nancy
Ingénieur en chef des ponts, des eaux et des forêts
Directeur des études et de la pédagogie du centre de Nancy d'AgroParisTech

L'école forestière de Nancy hier et aujourd'hui

Cet article est tiré d'une présentation faite aux participants à la troisième journée du colloque sur la protection juridique des forêts qui s'est tenue au centre de Nancy d'AgroParisTech le 27 octobre 2019.

À comparer une gravure du milieu du XIXe siècle avec une photographie récente, le portail d'entrée de l'école forestière de Nancy n'a pas changé d'aspect depuis plus d'un siècle (**fig re 1**). Une continuité profonde marque l'histoire presque deux fois centenaire de cette grande école d'ingénieurs, mais des évolutions sont aussi intervenues : contrairement à son portail d'entrée, l'école forestière de Nancy n'est pas restée immobile.

Figure 1
L'entrée de l'école forestière au XIXe siècle et en 2015

La situation forestière en France avant 1825

Lorsqu'on compare la population de la France à la surface de ses forêts, de l'an 1er de notre ère à l'an 1800, on relève une forte corrélation négative : la population quadruple, passant de moins de 10 millions d'habitants à près de 40 millions en dix-huit siècles, tandis que dans le même temps la superfi ie des forêts est divisée par 3, passant de 30 millions d'hectares à moins de 10 millions. Ce double mouvement en sens contraire est bien connu des historiens et des géographes. Il s'explique en grande partie par le besoin de terres cultivables pour nourrir une population croissante (avant l'introduction de l'agronomie qui permettra ensuite de diminuer la pression sur la terre en augmentant le rendement des cultures). Parallèlement, le besoin de bois pour la société est lui aussi grandissant : construction de bâtiments, chauffage, cuisson des aliments, verrerie, poterie, métallurgie, tuilerie, charronnerie, construction navale : tous ces secteurs de l'activité humaine consomment beaucoup de bois (jusqu'au temps de l'exploitation de la houille, du pétrole et du gaz), allant jusqu'à laisser craindre une « faim de bois », et causant localement des récoltes excessives par rapport à ce que la forêt peut soutenir, provocant même localement la ruine de certains massifs.

En Europe, des écoles, des facultés, des académies forestières, voient le jour à partir de 1780, afin d'enseigner la sylviculture et de réfléchir à sa mise en œuvre sur des bases scientifiqu s. En 1824on en dénombre une douzaine dans les États allemands, en Russie, en Autriche. Rien de tel en France. Sous l'ancien régime, on entrait dans l'administration forestière du royaume de France en achetant sa charge ou par héritage (ainsi, le poète Jean de La Fontaine fut maître des Eaux et Forêts, charge qu'il obtint de son père). Le corps forestier était largement issu de la noblesse et ne put se maintenir après la Révolution. Les fonctions forestières durent alors être confi es à des hommes que rien n'avait préparés à cela, par exemple à de vieux braves, offi ers invalides réformés de l'armée, qui les recevaient au titre d'un supplément de retraite. S'était en outre développé un système d'apprentissage aux côtés de forestiers expérimentés.

Principal promoteur d'un enseignement supérieur forestier autour de 1820, Baudrillart s'indigne du retard de la pratique par rapport aux connaissances : « La science était dans les livres et la routine aveugle administrait les forêts. »

Création et organisation de l'école forestière

L'École royale forestière[1] est créée par une ordonnance du roi Louis XVIII prise le 26 août 1824,sans que le lieu d'installation soit précisé. Trois semaines

[1] Le nom de l'école forestière de Nancy a varié en deux siècles. Créée en tant qu'« École royale forestière », elle voit son nom très souvent simplifié en « École forestière », jusqu'au Second Empire : on parle alors de l'« École impériale forestière ». En 1870, elle devient « École nationale forestière » jusqu'en 1898 où elle est nommée « École nationale des Eaux et Forêts » (l'ENEF). En 1940, elle reprend le nom d'« École nationale forestière » brièvement puisqu'en 1942, un retour en arrière intervient : l'école redevient pour vingt-trois ans « École nationale des Eaux et Forêts ». Après quoi elle est incorporée en 1965 à l'École nationale du génie rural, des eaux et des forêts (l'ENGREF), dont elle constitue le « centre de Nancy ». Enfin, depuis 2007, elle a pour nom « centre de Nancy d'AgroParisTech ».
Si le nom a changé, l'école, après avoir été installée deux ans rue des Jardins (actuelle rue Drouin), a emménagé à son adresse actuelle (14, rue Girardet à Nancy) dès novembre 1826 pour n'en plus bouger.

après, le roi meurt. Son frère Charles X lui succède. C'est lui qui, le 1er décembre 1824 au château des Tuileries, ordonne : « L'école royale forestière créée par l'ordonnance du 26 août 1824 sera établie à Nancy. Les cours commenceront le 1er janvier 1825.»

L'histoire de l'école au XIXe siècle est excellemment racontée par Guyot dans son livre *L'enseignement forestier en France : L'école de Nancy...* paru en 1898, complété par Huffel dans un article de 1929, *Les Débuts de l'enseignement forestier en France par Bernard Lorentz 1825-1830.* Le présent texte leur doit beaucoup pour ce qui est d'avant 1900. On pourra également consulter Le Tacon et Voreux (2019).

Voici quelles étaient les chaires d'enseignement vers 1868 :
Économie forestière, sylviculture, aménagement forestier ;

- Histoire naturelle, botanique, zoologie ;
- Mathématiques, dessin, constructions ;
- Jurisprudence et législation (cet enseignement est assuré par le directeur jusque vers 1840 où une chaire est créée, avec pour l'occuper des juristes forestiers réputés : Tocquaine, Meaume, Puton, Guyot, Guichet, Meyer, Lagarde, Liagre) ;
- Agriculture ;
- Langue allemande ;
- Responsable Inde (du temps où l'empire britannique avait confié à la France la formation de ses cadres forestiers pour l'Inde ; Rudyard Kipling évoque ces forestiers britanniques formés à Nancy dans ses œuvres) ;
- Enseignement militaire (il a même existé un régiment des chasseurs forestiers dont le drapeau est conservé à AgroParisTech-Nancy).

Le rayonnement de l'école forestière au XIXe siècle

Avec leur uniforme, leurs déplacements dans la ville, leur abonnement d'office au théâtre, leurs facéties tout estudiantines et parfois de très mauvais goût (les bagarres avec les étudiants en médecine en font partie), les élèves ne passent sans doute pas inaperçus au centre de Nancy.

Par ailleurs, malgré sa petite taille, avec des promotions atteignant au maximum 40 élèves masculins et suivant une formation de 2 ans, l'école confère à Nancy le rôle de capitale forestière de la France et les élus locaux ne l'oublieront pas lorsqu'elle traversera des moments difficiles.

L'importance nationale de l'école est attestée par son nom depuis 1870 et par l'intérêt qu'elle suscite auprès d'éminents personnages de l'État dont les plus célèbres furent le roi Charles X, l'impératrice Eugénie qui, venue en compagnie du prince impérial fêter le centenaire du rattachement de la Lorraine à la France, s'intéressera au sort de l'école, et le président Sadi Carnot qui a visité l'école en 1892. Dans les derniers deux cas, un arc de triomphe a été érigé par les élèves rue de la Constitution (**figure 2**), aujourd'hui rue Maurice Barrès.

<u>Figure 2</u>

Les arcs de triomphe de facture rustique construits par les élèves de l'école forestière **en 1868** pour le prince impérial et en **1892** pour le président de la République

1868

1892

Deux noms peuvent illustrer le rayonnement international de l'école avant la Grande Guerre : Gifford Pinchot, fondateur et premier directeur du service forestier des États-Unis d'Amérique en 1905, suivit une formation forestière de six mois à Nancy en 1889; le forestier et artiste japonais Tokouso Takashima viendra aussi se former à l'école forestière et il profitera de son passage pour se lier durablement d'amitié avec Émile Gallé, le fondateur de l'« autre école de Nancy » : celle de l'Art nouveau.

Le centre de Nancy d'AgroParisTech en 2019/2020

Actuellement, Nancy est l'un des neuf campus d'AgroParisTech, avec ceux de la rue Claude-Bernard (Paris Ve), de l'avenue du Maine (Paris XVe), de Massy (Essonne), de Grignon (Yvelines), de Reims-Pomacle (Marne), de Montpellier (Hérault), de Kourou (Guyane) et de Clermont-Ferrand (Puy-de-Dôme). AgroParisTech est l'Institut des sciences et industries du vivant et de l'environnement, fondé en 2007. C'est un établissement public d'enseignement et de recherche, qui délivre au nom de l'État les diplômes de master, de docteur et d'ingénieur. Ses compétences concernent l'agriculture et l'agronomie, la sylviculture, les territoires, l'eau, les milieux naturels, les aliments, les autres produits issus de l'agriculture et la sylviculture, l'ingénierie écologique, la santé humaine considérée dans ses rapports avec l'alimentation.

Dans le champ de la forêt, du bois et de la gestion des milieux naturels, c'est principalement le centre de Nancy qui porte les enseignements d'AgroParisTech, mais des collaborations avec les centres de Montpellier (forêt et société, pays du Sud), de Kourou (forêt tropicale humide) et de Clermont-Ferrand (aménagement des territoires) existent et sont bien actives.

Dix-huit enseignants-chercheurs ou ingénieurs, et une bonne vingtaine de personnels techniques et administratifs travaillent à l'école forestière, encadrant plus de 220 étudiants et amenant chaque année à la délivrance du diplôme pour environ 25 ingénieurs forestiers, 30 ingénieurs à spécialité de gestion des milieux naturels, 50 masters et 20 docteurs.

Le site peut compter sur une résidence étudiante de 76 chambres et 12 studios en plein centre-ville, sur un magnifique parc boisé, sur un centre de documentation forestière (le plus riche au monde francophone sur la forêt, avec des documents historiques inestimables), et sur plusieurs forêts écoles : la chênaie de Brin et son étang, la hêtraie du Bois du Chapitre, la thuriféraie[2] de Saint-Crépin. Le monument de la cour d'honneur consacré aux forestiers morts durant les guerres comporte 134noms ; il vient d'être restauré en 2019 grâce aux donateurs à l'occasion d'une souscription publique.

Enfin, pour les activités de recherche scientifiq e, deux unités mixtes de recherches (UMR) sont présentes sur le site : l'UMR Silva (ressources en bois, écologie forestière et biologie des arbres) et le BETA (Bureau d'économie théorique et appliquée : économie forestière, économie de l'environnement, modèles de filière…). L'école héberge à ce titre une trentaine de chercheurs, essentiellement de l'INRA.

L'école forestière de Nancy bénéfic e de la proximité : du centre INRA Grand-Est-Nancy ; de l'Université de Lorraine ; du laboratoire de l'inventaire forestier de l'Institut national de l'information géographique et forestière (IGN) ; d'un centre de formation de personnel du ministère de l'Agriculture, l'Infoma.

AgroParisTech est confiant dans le fait que l'école de Nancy saura tirer de ses racines anciennes l'énergie et l'imagination nécessaires pour affronter les difficultés de demain : impact du changement climatique sur les forêts, évolution de la gestion des forêts vers une grande attention portée au droit de l'environnement et aux attentes multiples et contradictoires de la société, exigence sociale d'un développement durable, moins énergivore et plus respectueux des processus naturels. Les forestiers ont des atouts pour cela. Ils

---

[2] C'est-à-dire une forêt de genévriers thurifères.

comptent dans leurs rangs des précurseurs, tel Philibert Guinier qui introduisit l'enseignement de l'écologie dans les études forestières dès les années 1930. Une bonne preuve de l'adaptation de la formation forestière à d'autres secteurs est que parmi les premiers directeurs de parcs nationaux français dans les années 1970, on a compté des ingénieurs forestiers : leur formation les avait très bien préparés à gérer sur le long terme et dans l'intérêt public des milieux naturels même non boisés. C'est donc avec confian e que l'école forestière de Nancy a entamé le XXIe siècle.

Références

Barthod, Christian : « Redécouvrir Gifford Pinchot (1865-1946) », *Revue forestière française*, 2015, vol. 67, n° 1,
p. 53-75. https://doi.org/10.4267/2042/56886.
Guyot, Charles : *L'enseignement forestier en France : L'école de Nancy...* Crépin-Leblond, 1898.
Huffel, Gustave : « Les Débuts de l'enseignement forestier en France par Bernard Lorentz 1825-1830 », *Annales de l'école nationale des eaux et forêts et de la station de recherches et expériences*, 1929, vol. 3, n° 1 ; p. 1-135.
Le Tacon, François : « Émile Gallé, le fondateur de l'École de Nancy, et le monde forestier », *Revue forestière française*, 1999, vol. 51, n° 6, p. 699-725. https://doi.org/10.4267/2042/5480.
Le Tacon, François et Voreux, Christophe : « L'École forestière de Nancy (1825-2019) », *Le Pays Lorrain* - 116 année, vol. 100 - Septembre 2019.

Images : Centre de Nancy d'AgroParisTech

Retour sur l'ordonnance de Colbert 1669

Jérôme FROMAGEAU
Doyen honoraire de la Faculté Jean Monnet
Université Paris-Saclay

Nancy

Cet article est la transcription de la communication présentée lors de la troisième journée du colloque sur la protection juridique des forêts, dans le cadre de l'année Colbert.

Comme l'a fait justement remarquer Paul Arnould, un des grands spécialistes de l'histoire de la forêt française : « Pour les historiens et les familiers des choses de la forêt, un homme, une date, un texte législatif émergent dans la longue saga des actes institutionnels majeurs concernant la forêt française. Il s'agit de la grande ordonnance sur les eaux et forêts, signée par Louis XIV en août 1669, mais en fait « mitonnée » par Colbert »[1]. Nous voudrions ici, dans le cadre prestigieux de l'École de Nancy (AgroParisTech-Nancy), à l'occasion de ce colloque et de l'année Colbert, insister sur l'importance de cette ordonnance, fondement historique du droit forestier.

Il convient d'abord de rappeler que l'ordonnance s'inscrit dans un vaste mouvement de réformes législatives qui caractérisent si bien la période la plus brillante du règne de Louis XIV. Pour l'essentiel, il s'agit des ordonnances sur la réformation de la justice civile de 1667, sur la justice criminelle de 1670, sur le commerce de 1673 et sur celle de la Marine de 1681.[2] Autant de textes qui s'inscrivent dans un réel souci de clarification du droit, étape fondamentale dans ce que l'on pourrait appeler la préhistoire de la codification du droit…

Pour ce qui concerne l'ordonnance des Eaux et Forêts, le roi souhaite « rétablir cette noble et précieuse partie » du domaine pour qu'elle « produise avec abondance au public tous les avantages qu'il en peut espérer, soit pour les commodités de la vie privée, soit pour les nécessités de la guerre, ou, enfin, pour l'ornement de la paix et l'accroissement du commerce ». Il convient de surmonter le « chaos impénétrable, dont il étoit presqu'impossible de tirer

---

[1] Paul Arnould, *Au plaisirs des forêts, Promenade sous les feuillages du monde*, Fayard, 2014, p. 207.

[2] Sur les grandes ordonnances, *cf.* Jean Gaudemet, *Les naissances du droit*, Domat-Montchrestien, 1997, pp. 156-158, et Jean-Marie Carbasse, *Introduction historique au droit*, 1999, n° 113, p. 201.

quelques secours » et « d'établir sur ce sujet une jurisprudence uniforme dans toute la France ».[3]

En réalité, il ne s'agit pas de révolutionner la législation forestière, mais bien plutôt d'en proposer une synthèse, de réaliser une sorte de codification à droit constant ; aboutissement d'un long travail d'enquêtes et de recherches commencé neuf années plus tôt.[4] C'est pourquoi, avant de présenter l'ordonnance et d'en évaluer les effets, il est intéressant d'évoquer ici la « grande réformation » qui a précédé son adoption sous la direction de Colbert.

En effet, par un arrêt du Conseil du 11 octobre 1661 sur « la clôture et le règlement des forêts du Domaine royal », Louis XIV ordonne la création d'un Conseil de réformation des eaux et forêts, présidé par Guillaume de Lamoignon et composé de vingt-sept commissaires choisis parmi des conseillers d'État (dont Aligre, de Sève, de La Marguerie, Machault, Hotman), des magistrats, des jurisconsultes, des intendants et des grands maîtres connus pour leur dévouement à la chose publique, tout particulièrement Louis de Froidour de Sérizy dont l'œuvre a été remarquablement étudiée par Michel Bartoli[5].

La grande réformation poursuit deux objectifs, d'une part, procéder à un état des lieux, un état exact des forêts du royaume et, d'autre part, réunir en un seul texte l'ensemble de la législation des Eaux et Forêts concernant non seulement les forêts royales, du domaine de la couronne et des apanages, mais aussi les forêts ecclésiastiques et celles des communautés rurales. Dans le prolongement des « visitations des forêts » ordonnées par la monarchie dès le XIVe siècle, les commissaires procèdent à l'inventaire des droits dont peuvent être titulaires les riverains, dressent la liste des abus, des usurpations et des délits commis dans ces forêts - la monarchie va récupérer ainsi plus de 70 000 arpents de bois usurpés[6]) tout en réformant l'administration (une partie des officiers forestiers est révoquée).

Le bilan de cette réformation, qui a été poursuivi au-delà de 1669 et qui s'est ainsi déroulé pendant une vingtaine d'années, est globalement positif.

---

[3] *Cf.* Gallon, *Conférence de l'ordonnance de Louis XIV… chez la veuve Saugrin et Pierre Prault, Paris 1725, 2 vol. in 4, édition originale rédigée par Gallon…*, 1725, t. 1, Avertissement.

[4] *Cf.* Voir M. Devèze, *Une admirable réforme administrative : La grande réformation des forêts royales sous Colbert 1661-1680*, Nancy, École Nationale des Eaux et Forêts, 1962. *Cf.* Louis Borgenot, *Colbert et la forêt, 1619-1683*, Hôtel de la Monnaie, ministère de la Culture, 1983, pp. 175-185, p. 75.

[5] Michel Bartoli, *Louis de Froidour (1626 ? – 1685) Notre héritage forestier*, Office National des Forêts, Les dossiers forestiers, N° 23 - 2011.

[6] *Cf.* René Georlette, « Quelques aspects de l'histoire des forêts françaises depuis la fin du Moyen Âge jusqu'à la promulgation de l'ordonnance de 1669 », *Revue forestière française*, 1957, 2, pp. 113-127. (10.4267/2042/27278.hal-03383930).

Non seulement les 1 300 000 livres qui ont financé l'opération ont été largement compensées par les amendes infligées aux délinquants et usurpateurs dont le montant atteignit quelque deux millions de livres, mais elle a permis de remettre de l'ordre dans la gestion des forêts et d'améliorer le revenu de l'exploitation des forêts royales qui passa de 169 000 livres en 1661 à 1 029 000 livres en 1683…

Dans le même temps, sur la base des enquêtes menées sur place par les commissaires, le conseil a procédé à la rédaction de l'ordonnance, synthèse de l'ensemble du corpus juridique des règlements particuliers constitués depuis le Moyen-Âge ainsi que des principaux ouvrages de doctrine.

Pour en réaliser la synthèse, la démarche a consisté à réunir en un seul texte (nous dirions aujourd'hui en codifiant à droit constant) l'ensemble des ordonnances adoptées sur le fait des Eaux et Forêts et des règlements particuliers pour bâtir une législation adaptée aux besoins économiques. Le conseil a donc procédé au recollement des ordonnances de 1318, de 1346 - la célèbre ordonnance de Brunoy - celles de1376 et 1402, remises en vigueur en 1516 ; celles de 1517, 1519, 1520, 1537 toutes dues à François Ier ; de l'édit de 1555 d'Henri II réorganisant l'administration forestière et ceux de Charles IX en 1561 et 1573 relatifs à l'organisation des exploitations. Quant aux règlements particuliers minutieusement examinés à Versailles, ils ont été rédigés par les commissaires réformateurs pour les forêts qu'ils avaient la charge de réformer. Enfin les commissaires ont consulté les principaux ouvrages de doctrine, tels que *l'Instruction sur le faict des eaues et forests...* par Jacques de Chauffourt... (1602), Les Édits et ordonnances des Roys, Coustumes des Provinces, *Règlemens, Arrests et Jugemens notables des Eaues et Forêts, Recueillis et Divisez En Trois Livres, Avec observations De Plusieurs Choses Dignes de Remarque*, de. Louis de Sainctyon (1610), les Edicts et Ordonnances, arrests réglemennts des Eaux et forests compilés par Claude Rousseau (1633) et les œuvres de Clausse de Fleury qui avait été, au début du siècle, Surintendant et grand maître des Eaux et Forêts de France.

C'est donc pourquoi l'ordonnance s'inspire très largement des législations précédentes, jusqu'à transmettre l'esprit de l'ordonnance de Brunoy de 1346 « socle des lois forestières ultérieures »[7]. Il a le mérite d'en proposer une

[7] En 1346, Philippe VI promulgue cette ordonnance « qui réglemente les prérogatives de la nouvelle administration des Eaux et Forêts : il est interdit de « *forer* » au hasard, les coupes réglées sont généralisées, leur importance et leur emplacement sont planifiés. Ce texte constitue le socle des lois forestières ultérieures et instaure une notion, qui, quelques siècles plus tard fera couler beaucoup d'encre, celle de développement durable ». L'article 4 de l'ordonnance précise en effet que : « *les maîtres des eaux et forêts enquerront et visiteront toutes les forez et bois et feront les ventes qui y sont, en regard à ce que les dites forez puissent perpétuellement soutenir en bon estat* ». *Cf.* Benoît Boutefeu, « L'aménagement forestier en France : à la recherche d'une gestion durable à travers l'histoire, Vertigo, volume 6, n°2, septembre 2005, *L'aménagement forestier : les enjeux sociaux économiques et environnementaux.* https://doi.org/10.4000/vertigo.4446

synthèse, une sorte de compendium d'une législation multiséculaire simplement perfectionnée, véritable code forestier avant la lettre (avant celui de 1827 qui d'ailleurs s'en inspire à plus d'un titre) unifiant ainsi le droit, définissant des règles de gestion sylvicole à appliquer. Il consacre le centralisme en matière forestière dans l'intérêt général qui s'attache à la conservation des bois et forêts[8]. Il est pour l'essentiel, orienté vers l'accroissement des ressources ligneuses, spécialement en bois de futaie indispensable à l'essor de la marine militaire et marchande, à l'activité industrielle et commerciale du royaume. Colbert et les commissaires conçoivent les forêts en termes de production, le choix et la sélection des espèces ne sont envisagés qu'en fonction de leurs seules capacités de réponse aux techniques intensives. « En donnant, ouvertement la priorité à la fourniture de fortes pièces », l'ordonnance « oriente la production forestière vers un objectif précis, et unifie les méthodes de gestion pour parvenir à ce redéploiement ». L'État, jusque-là soucieux de réprimer les abus, s'occupe désormais d'avantage de leur prévention. « L'aspect gestionnaire l'emporte progressivement sur la finalité judiciaire »[9].

Pour ce faire, l'ordonnance réglemente la police générale de toute l'économie forestière du royaume, limite strictement les usages, réorganise le service des officiers et les juridictions spéciales en matière d'Eaux et Forêts qui reçoivent compétence civile et pénale sur la forêt, la chasse et les voies fluviales et terrestres.

Ce mode de gestion patrimoniale du domaine forestier envisage prioritairement les forêts royales (martelage, assiette et vente des coupes, droits d'usage au pâturage et au bois) mais aussi les forêts des ecclésiastiques et celles des communautés, d'usagers, d'habitants qui sont assujetties à un contrôle des officiers royaux (un âge minimum est fixé pour l'exploitation des bois, les coupes de futaie doivent faire l'objet d'une déclaration préalable). Par ailleurs, afin de protéger la haute futaie, les titres XXIV et XXV de l'ordonnance, conformément aux textes antérieurs, précisent que le quart de la superficie des forêts de l'église et des communautés, est obligatoirement érigé en réserve dont la coupe éventuelle est subordonnée à l'obtention de lettres patentes, dispositions que l'on retrouvera plus tard dans l'article 93 du Code forestier de 1827 pour les communes et établissements publics (bel exemple de continuité sur cent cinquante ans comme le fait justement remarquer Daniel Perron)[10].

---

[8] On peut d'ailleurs se demander, à ce niveau, si le droit forestier n'est pas la première discipline juridique à avoir véritablement affirmé le concept d'intérêt général devenu par la suite l'un des piliers des principes du droit public français, comme l'écrit Jacques Liagre (*Cf. La forêt et le droit. Droit forestier et droit général applicables à tous bois et forêts*, Éditions La Baule, 1997, p. 83.

[9] *Cf.* Andrée Corvol, *L'homme et l'arbre sous l'Ancien Régime*, Economica,1984, p. 164.

[10] Daniel Perron, *La forêt française Une histoire politique*, l'aube, 2021, p. 16.

De même, les bois des seigneurs, comme ceux des particuliers, pour des raisons d'intérêt public, obéissent à certaines prescriptions d'exploitation : règlement des taillis au moins à dix années, réserve de dix baliveaux par arpent de futaie, possibilité pour les officiers royaux de contrôler l'application de ces règles.

De fait, l'ordonnance, institue la soumission tacite aux règles du pouvoir royal de tous bois et forêts des communaux. Cette « soumission » est d'une portée générale et absolue, elle concerne toutes les plantations boisées, y compris les plantations d'alignement[11].

Au total, il s'agit bien d'aménagement au sens actuel du terme, même si on parle alors plutôt de « règlement » que d'aménagement[12], terme qui sera repris par le code forestier de 1827. En effet, les interventions des forestiers devant nécessairement être définies et organisées dans l'espace et le temps, la gestion forestière ne peut se concevoir que sur une longue période, ce qui implique qu'elle soit menée avec un maximum de continuité. Cet aménagement est conçu pour renouveler la ressource ligneuse conformément à ce qu'il est convenu d'appeler la doctrine du rendement soutenu qui correspond « à la fixation et au maintien à perpétuité d'un haut niveau de production annuelle ou périodique, régulière, de ressources renouvelables sans réduction de la productivité du sol » reposant sur la durée du cycle végétatif des essence forestières. Il convient d'une part, d'assurer la pérennité de l'affectation à la forêt et, d'autre part, de faire en sorte que la gestion de la forêt optimise les objectifs de production en évitant les coupes abusives pendant la durée du cycle forestier[13], consécration de la doctrine du rendement soutenu à l'origine de celui de développement durable comme l'explique Kristin Bartenstein en étudiant l'émergence, au tout début du XVIIIe siècle, d'une des premières réflexions théoriques modernes sur le concept de développement durable[14].

Pour autant, l'ordonnance étant d'emblée considérée comme attentatoire au droit de propriété, le roi a d'ailleurs été contraint de tenir un lit de justice

---

[11] Principe à nouveau consacré dans le code forestier de 1827, *cf.* Jacques Liagre, *La forêt et le droit. Droit forestier et droit général applicables à tous bois et forêts*, Éditions La Baule, 1997, p. 158.

[12] Un très bel exemple en est donné à propos de Louis de Froidour, *cf.* Michel Bartoli, Louis de Froidour, 1626 ? – 1685, ONF, Les dossiers forestiers n° 23, 2011, p. 127 et suivantes.

[13] *Cf.* Georges-André Morin, « La continuité de la gestion des forêts françaises de l'ancien régime à nos jours, ou comment l'État a-t-il pris en compte le long terme », *Revue française d'administration publique,* 2010/2, n°134, pp. 233-248.

[14] Von Carlowitz, un noble œuvrant autour de 1700 comme forestier en Saxe, parfaitement au courant des innovations qu'il relève à travers l'ordonnance de 1669, rédige un guide pratique destiné à assurer une gestion efficace des forêts sur le très long terme, pour garantir un rendement soutenu. *Cf.* Kristin Bartenstein, « Les origines du concept de développement durable », publié dans la *Revue juridique de droit de l'environnement* ,2005, volume 3, pp. 289-297.

devant la Parlement de Paris tant les résistances étaient fortes, sa mise en vigueur dans les forêts des communautés et dans les forêts privées n'a pas été des plus simples à réaliser[15] ; et ceci pour plusieurs raisons. Aucune formation à la gestion des forêts n'est envisagée, celle-ci est confiée à des officiers qui sont exclusivement juristes[16]. Les juridictions royales, tout comme les grueries seigneuriales, ne vont l'appliquer qu'avec réticence : dans de nombreuses provinces, elle n'est réellement prise en compte qu'après une soixantaine d'années

Les communautés ecclésiastiques et laïques se soumettent mal à ces dispositions. Leurs bois sont désormais réglés par la réserve de futaie, ce qui cause un véritable tort au pacage et ne permet plus de pratiquer le soutrage[17] (ramassage de la terre de bruyère comme engrais) : il n'est pas facile d'empêcher les bestiaux d'entrer dans les bois car ceux-ci sont souvent entremêlés avec les pâturages et le paysan ne peut se passer de la litière qu'il récupère traditionnellement en sous-bois.

L'ordonnance conçoit les forêts en termes de production, le choix et la sélection des espèces ne sont envisagés qu'en fonction de leurs seules capacités de réponse aux techniques intensives. Élaborée à Paris, au centre d'une forêt avant tout constituée de chênes, l'ordonnance impose une unité sylvicole qui ne convient qu'aux forêts de plaines et de coteaux du Bassin-Parisien[18]. Or il est évidemment contestable pour un forestier d'appliquer en forêt de résineux une réglementation des coupes des semis, etc. qui ne peut convenir qu'aux forêts de feuillus du type de celles que l'on trouve en Ile-de-France [19].

En l'absence de consensus, l'ordonnance a bien du mal à passer dans les faits. Du point de vue du droit pénal forestier, le texte est inadapté[20]. La volonté du droit de l'État, particulièrement restrictive en matière d'usages, entre en conflit avec la pratique coutumière[21]. « La forêt, ce sont des usages. Les traumatiser, c'est attenter à des droits essentiels pour les populations qui se rebelleront »[22]. L'ordonnance ne parvient pas à concilier les nécessités

---

[15] *Cf.* Michel Devèze, *Une admirable réforme administrative : La grande réformation des forêts royales sous Colbert 1661-1680*, Nancy, École Nationale des Eaux et Forêts, 1962, p. 236.

[16] *Cf.* Michel Bartoli, *Louis de Froidour (1626 ?-1685), Notre héritage forestier*, n°23, Office National des Forêts, Les dossiers forestiers, 2011, p. 82.

[17] Ramassage de la terre de bruyère comme engrais.

[18] Daniel Dessert, *Colbert ou le mythe de l'absolutisme*, Fayard, 2019. p. 228.

[19] Un bon exemple de l'ineffectivité de l'ordonnance en forêt de montagne est fourni par Christian Fuhauf, *in Forêt et société. De la forêt paysanne à la forêt capitaliste en pays de Sault sous l'Ancien Régime (vers 1670-1791)*, Paris, CNRS, 1980.

[20] *Cf.* Andrée Corvol, « Le délinquant au bois, essai de psychologie quantitative » *in L'environnement et la forêt*, Collogue sur la forêt et I 'environnement, A.I.D-E.C.-SFDE, Dijon 1984, Lyon : Publications périodiques spécialisées, pp. 186-195.

[21] *Cf.* Andrée Corvol, *L'homme et l'arbre sous l'Ancien Régime*, Paris Economica, 1984, p. 211 et suivantes.

[22] Daniel Perron, *La forêt française. Une histoire politique*, l'aube, 2021, p. 91.

d'une exploitation toujours plus intensive avec les modes de jouissance traditionnels. De ce point de vue, il est clair que la monarchie provoque elle-même l'ineffectivité du droit par son refus de prendre en compte les contraintes inhérentes aux conditions de vie de ses sujets, mais il est aussi évident que les usagers ne sont pas convaincus du bien-fondé de cette législation.[23]

Par ailleurs, la réorganisation du service des officiers et des juridictions des Eaux et Forêts ne fait qu'accroître la technocratisation. Les Maîtrises et les Grands Maîtres sont perçus comme les instruments d'une administration tyrannique, avant tout répressive et patrimoniale. Peu nombreux, à la tête de circonscriptions trop vastes pour administrer efficacement avec un personnel de qualité relative souvent en conflit avec celui des grueries seigneuriales, les Grands Maîtres ne parviennent pas à restreindre l'exploitation excessive des espaces boisés et restent totalement insensibles aux recherches scientifiques alors en cours[24].

Avant d'être des techniciens de la sylviculture ils sont prioritairement des juristes chargés de juger les auteurs d'infractions. Ils n'ont pas les moyens d'imposer une politique de reboisement : à de très rares exceptions près, les forêts qui sont exploitées ne sont pas repeuplées si bien qu'au milieu du XVIIIe siècle, il n'y a plus de rapport entre le potentiel forestier et la demande en bois. Contrairement à l'esprit même de l'ordonnance, l'administration forestière ne parvient pas à limiter la multiplication des taillis au détriment des futaies[25].

Cet échec est d'autant plus évident que les missions de protection sont en réalité partagées entre plusieurs services totalement indépendants les uns des autres. En effet, l'inefficacité globale, sur le plan de la gestion des espaces soumis à la vigueur de l'ordonnance de 1669, s'explique sans doute aussi parce que d'autres administrations concurrentes sont appelées à intervenir ; il s'agit essentiellement des Intendants et du Secrétariat d'État à la Marine.

Malgré tout, comme le souligne Paul Arnould, la grande ordonnance de Colbert, symbole de l'absolutisme royal, même si son influence est largement surestimée, est devenue, pour des générations de forestiers, « un code mythique ». Elle reste en tout cas une référence incontournable pour qui veut comprendre ce qu'était la forêt sous l'Ancien Régime. « Tous les textes de loi ultérieurs se situeront obligatoirement par rapport à ce monument législatif.

---

[23] *Cf.* Andrée Corvol, « Ambiguïté et complémentarité des systèmes répressifs en milieu forestier », *in Jalons pour une histoire des gardes forestiers*, Groupe d'Histoire des Forêts Françaises, Paris, CNRS, pp. 21-27.

[24] *Cf.* Jean-Claude Waquet, *Les Grands Maîtres des eaux et Forêts de France de 1669 à la Révolution*, Genève – Paris, Droz, 1978, pp. 292-295.

[25] Jean-Claude Waquet, *ibid.*, pp. 286-289.

Sans doute parce qu'il synthétise, de façon magistrale, tous les acquis des législations antérieures »[26]. Au-delà de la Révolution, une grande partie de ses acquis seront repris dans le code forestier de 1827 qui s'en est largement inspiré.

[26] Paul Arnould, *op. cit*, p. 206.

Éléments de bibliographie

Arnould Paul (2002) : « Histoire et mémoire des aménagements forestiers », *Ingénierie Eau Agriculture Territoires, numéro spécial Aménagement Forestier*, Antony, Cemagref éditions, pp. 9-20.
Roger Blais, « L'histoire forestière français, son actualité, ses historiens », *in L'homme, la forêt, le bois*, 101e Congrès de l'Association Française pour l'Avancement des sciences, Nancy, 7-10 septembre 1983, Revue du Palais de la Découverte, volume 13, n° 130, 1985, pp. 5-15.
Andrée Corvol, *L'homme et l'arbre sous l'Ancien Régime*, Economica,1984 et *L'homme au bois Histoire des relations de l'homme et de la forêt XVIIe-XXe siècle,* Fayard, 1987 (deux ouvrages incontournables pour comprendre les obstacles à la mise en œuvre efficace de l'ordonnance).
Daniel Perron, *La forêt française Une histoire politique*, l'aube, 2021 (excellent panorama de l'histoire du droit forestier français, en particulier pour ce qui concerne l'ordonnance de 1669, voir les pages74 à 95).

Sur la grande Réformation

Michel Bartoli, *Louis de Froidour (1626 ?-1685), Notre héritage forestier*, n°23, Office National des Forêts, Les dossiers forestiers, 2011 (impressionnante étude sur un des plus grands forestiers de l'Ancien Régime).
Michel. Devèze, *Une admirable réforme administrative : La grande réformation des forêts royales sous Colbert 1661-1680*, Nancy, École Nationale des Eaux et Forêts, 1962.
René Georlette, « Quelques aspects de l'histoire des forêts françaises depuis la fin du Moyen-Age jusqu'à la promulgation de l'ordonnance de 1669 ». *Revue forestière française*, 1957, 2, pp. 113-127 (10.4267/2042/27278. hal-03383930).

Sur les origines du concept de développement durable :

Kristin Bartenstein, « Les origines du concept de développement durable », publié dans la *Revue juridique de droit de l'environnement* (2005, volume 3, pp. 289-297). Benoît Boutefeu, « L'aménagement forestier en France : à la recherche d'une gestion durable à travers l'histoire », Vertigo, volume 6, n°2, septembre 2005, *L'aménagement forestier : les enjeux sociaux économiques et environnementaux.* https://doi.org/10.4000/vertigo.4446
Georges-André Morin, « La continuité de la gestion des forêts françaises de l'ancien régime à nos jours, ou comment l'État a-t-il pris en compte le long terme ? », *Revue française d'administration publique,* 2010/2, n°134, pp.233-248.

Franz Schmithüsen, « 300 ans d'application de la durabilité au secteur forestier », *Unasylva* 240, vol.64, 2013/1, pp. 3-11.
Enfin, on lira avec grand intérêt, dans les actes du colloque *Le droit de la forêt au XXIe siècle Aspects internationaux*, (publiés sous la direction de Marie Cornu et Jérôme Fromageau, L'Harmattan, 2004), les articles d'Alexandre Kiss, de Chantal Cans et de Jacques Liagre, pp. 269 - 298.

Table des matières

II
Retour sur les sources du droit de la protection des forêts
Sous la présidence de Aude Farinetti

III
Les instruments juridiques de protection des forêts
Perspectives comparées
Sous la présidence de Pauline Abadie

IV
Les instruments juridiques de protection des forêts
Exemples français
Sous la présidence de Laurent Fonbaustier

V
L'histoire du droit forestier français

Structures éditoriales du groupe L'Harmattan

L'Harmattan Italie
Via degli Artisti, 15
10124 Torino
harmattan.italia@gmail.com

L'Harmattan Hongrie
Kossuth l. u. 14-16.
1053 Budapest
harmattan@harmattan.hu

L'Harmattan Sénégal
10 VDN en face Mermoz
BP 45034 Dakar-Fann
senharmattan@gmail.com

L'Harmattan Cameroun
TSINGA/FECAFOOT
BP 11486 Yaoundé
inkoukam@gmail.com

L'Harmattan Burkina Faso
Achille Somé – tengnule@hotmail.fr

L'Harmattan Guinée
Almamya, rue KA 028 OKB Agency
BP 3470 Conakry
harmattanguinee@yahoo.fr

L'Harmattan RDC
185, avenue Nyangwe
Commune de Lingwala – Kinshasa
matangilamusadila@yahoo.fr

L'Harmattan Congo
219, avenue Nelson Mandela
BP 2874 Brazzaville
harmattan.congo@yahoo.fr

L'Harmattan Mali
ACI 2000 - Immeuble Mgr Jean Marie Cisse
Bureau 10
BP 145 Bamako-Mali
mali@harmattan.fr

L'Harmattan Togo
Djidjole – Lomé
Maison Amela
face EPP BATOME
ddamela@aol.com

L'Harmattan Côte d'Ivoire
Résidence Karl – Cité des Arts
Abidjan-Cocody
03 BP 1588 Abidjan
espace_harmattan.ci@hotmail.fr

Nos librairies en France

Librairie internationale
16, rue des Écoles
75005 Paris
librairie.internationale@harmattan.fr
01 40 46 79 11
www.librairieharmattan.com

Librairie des savoirs
21, rue des Écoles
75005 Paris
librairie.sh@harmattan.fr
01 46 34 13 71
www.librairieharmattansh.com

Librairie Le Lucernaire
53, rue Notre-Dame-des-Champs
75006 Paris
librairie@lucernaire.fr
01 42 22 67 13

www.ingramcontent.com/pod-product-compliance
Lightning Source LLC
LaVergne TN
LVHW011311061026
849535LV00005B/1508
* 9 7 8 2 3 3 6 4 3 9 5 6 3 *